MAGIE UND MYSTIK
IM 3. JAHRTAUSEND

2. BUCH

EMIL STEJNAR

EXERZITIEN FÜR FREIMAURER

INSTRUKTIONEN UND LOGENVORTRÄGE

STEJNAR VERLAG

Das vorliegende Buch ist Teil eines einzigartigen Lehrkurses der Magie und Mystik. Emil Stejnar hat mit seinem Werk die Magie und Mystik aus der mittelalterlichen Welt der Wunder in die moderne Welt der Wissenschaft geführt. Seine Thesen und Forschungsergebnisse werden auch in akademischen Kreisen anerkannt.

13. erweiterte Neuauflage

Umschlaggestaltung & Satz: Rittberger + Knapp
Umschlagmontage aus: ©agsandrew - Fotolia.com

ISBN 978-3-900721-02-2

www.stejnar-verlag.com

Die Bücher der "Magie und Mystik im 3. Jahrtausend" bieten eine seriöse, umfassende Einführung in das Gesamtgebiet der Esoterik und Geisteswissenschaften. Die Instruktionen und Erkenntnisse, die zuvor nur wenigen ausgewählten Personen zugänglich waren, wurden durch die Veröffentlichung der nun vorliegenden 13 Bände einem großen, begeisterten Leserkreis bekannt. Stejnar beweist, Esoterik kann spannend, intelligent und in der Praxis im Alltag ungemein hilfreich sein.

Die Bücher der "Magie und Mystik im 3. Jahrtausend" umfassen 13 Bände. Jeder Band ist in sich abgeschlossen und behandelt ein wichtiges Thema.

1. BUCH: Das Buch der Meister und seine Erben.
2. BUCH: Exerzitien für Freimaurer.
3. BUCH: Die Vier Elemente.
4. BUCH: Außerkörperliche Erfahrungen.
5. BUCH: Astrologie.
6. BUCH: Der Adept Franz Bardon.
7. BUCH: Das Schutzengelbuch.
8. BUCH: Der Thebaische Kalender.
9. BUCH: Diät-Yoga.
10. BUCH: Andy Mo - Ein Erdgeist verzaubert die Welt.
11. BUCH: An der Pforte zur letzten Latern.
12. BUCH: Träumen kann gefährlich sein.
13. BUCH: Gnosis Tantra Quabbalah.

INHALT

Der Weg vom Embryo zum lallenden Säugling, der Plan, nach dem sich dieses Wunder vollzieht, ist großartiger als der Weg vom Schüler zum Akademiker und vollzieht sich doch ohne dein Zutun. Genauso gibt es eine Macht, die dich über Jahrhunderte schützend begleitet. Vertraue ihr. Tu das, was du kannst und was in deiner Macht liegt. Sei unbekümmert um den Ausgang. Glaube daran, dass nichts Gutes, was du tust oder auch nur zu tun gedenkst, und sei es noch so unbedeutend, verloren gehen kann in den Geschehnissen der Zeit. Glaube, dass dem Lauf der Dinge ein vielleicht unübersehbarer, aber weiser Plan zugrunde liegt, in dem der Sieg des Guten vorgesehen ist, und trachte danach, dass es komme. Glaube, dass gerade auf das Trachten von dir Einzelnem alles berechnet ist und doch ein erhabener Genius über das Schicksal waltet, der alles, was du beginnst, vollendet, vielleicht erst nach vielen Jahrhunderten. Glaube, dass auf jeden Schritt, den du um der guten Sache willen für Wahrheit, Gerechtigkeit und Nächstenliebe tust, und scheint er dir noch so verloren, im Plan der Vorsehung gerechnet ist, dass gerade du jeden Tag für die Ewigkeit lebst und dass es nur von dir abhängt, ob das Gute siegt.

Fragmente aus dem "Thesaurus Pansophica"
Fraternitatis Rosae Crucis, überarbeitet
von Recnartus.

VORWORT

Einige Auszüge aus dem Buch der Meister wurden schon in den siebziger Jahren, in Form von Logenvorträgen, Instruktionen und "Briefen", persönlichen Freunden zugänglich gemacht. Die Briefform mit der persönlichen Anrede werde ich auch im Weiteren beibehalten.

Manche Texte sind bereits veröffentlicht worden. So auch die Einleitungen für die 1990 im ARCHIV HERMETISCHER TEXTE herausgegebenen vier "Wegweiser zum Buch der Meister". Wenn ich nachstehend einige Kapitel in dieser seinerzeit überarbeiteten Version belasse, so hat das seinen besonderen Grund.

Erstens haben mich Freunde gebeten, diese verstreuten und inzwischen vergriffenen, nicht jedem zugänglichen Texte zusammenzufassen. Zweitens hoffe ich, dass damit der eine oder andere Leser, der die "Wegweiser" noch nicht kennt, angeregt wird, sich auch mit diesen, heute weniger bedeutsam erscheinenden Elementen der Hermetik zu beschäftigen, nämlich mit den beiden gestürzten Säulen der westlichen Tradition: mit der Freimaurerei und der magischen Macht ihrer Initiation – und mit der christlichen Kirche und ihrer Glaubenskraft zündenden Mystik.

Ich hoffe auch, dass durch die lebendigeren Logenvorträge, die ja dasselbe Thema – Anatomie des feinstofflichen Körpers, hermetische Psychologie, Wesenszellen und Glieder des Lichtleibes, Seelengarten, Hierarchie der Genien – von verschiedenen Seiten ausleuchten, die neuen Theorien leichter fassbar und die Textpassagen aufgelockert werden. Dass Wiederholungen aufscheinen, ist mir nur recht, denn bekanntlich prägt sich dem Bewusstsein etwas, das man öfter hört, viel besser ein.

Wer von den Lesern kein Freimaurer ist und auch keiner Loge beitreten will, vertausche die Bezeichnung "Freimaurer" mit "Meister der Hermetik". Er wird auch ohne Mitgliedschaft in einer Loge, beim gewissenhaften Durcharbeiten der Meisterbücher, an ein Initiationserlebnis herangeführt werden. Ein entsprechendes Ritual findet er im 3. Buch der Meister. Dieses "Ritual der Hermetischen Vier" birgt einen Schlüssel, mit dem er alle "Tempeltore" öffnen kann.

Ich will aber weder zum Beitritt noch zum Austritt aus einer Loge oder Kirche raten. Die Meisterbücher, die auf dem festen Boden der Tradition ruhen, sollen zwar helfen, sich von jeder Bindung an Glaubensstrukturen zu befreien, die nicht dem eigenen persönlichen Wissen und Verständnis entspringen, aber zuvor muss man die beiden glaubenstragenden Säulen, die Religion auf der einen und die Gnosis auf der anderen Seite, in sein persönliches Tempelfundament eingebaut haben.

Denn das, was heute den Aufbruch einer geistig mündigen Menschheit signalisiert, ist über das pubertäre Entwicklungsstadium noch nicht hinausgekommen und daher für die meisten Suchenden, vorerst noch, ein schlechter Ersatz für Kirche oder Logentempel.

Die wenigsten Suchenden sind nämlich wirklich in der Lage, ihren Weg allein zu finden und zu gehen. Wer aber noch einer Wegleitung bedarf – das zeigt sich, wenn er sich in einer Glaubensgemeinschaft "Gleichgesinnter" wohl fühlt –, kommt, wenn er das sichere Fundament der Traditionen verlässt, vom Regen in die Traufe: Er wird, ohne die Stütze und Geborgenheit einer "Mutterkirche" oder "Mutterloge", früher oder später in den Ranken einer der vielen zweifelhaften esoterischen Gruppen, die im Zwielicht der anbrechenden goldenen Morgendämmerung wie Sumpfblüten aus dem Morast des modernen Aberglaubens sprießen, hängen bleiben. Was für viele am Anfang wie eine befreiende Erkenntnis erscheint, führt nicht selten erst recht in die Abhängigkeit von vernunftwidrigen Gedankenstrukturen dogmenähnlicher Lehre.

Man denke da zum Beispiel an den zweifelhaften Wert einer im Prinzip zwar hoffnungsvollen, in der Regel aber zumeist falsch interpretierten Reinkarnationstheorie, oder an die einseitige Aufforderung zum befreienden "Tu, was du willst", ohne gleichzeitig ethisch-moralische Selbstdisziplinierung zu verlangen.

Es gäbe noch viele Beispiele, wie Sekten und Pseudogurus Fragmente der hermetischen Wissenschaft in Form gefährlicher Halbwahrheiten, publikumswirksam verpackt, für teures Geld und mit billigen Versprechungen auf dem Esoterikmarkt feilbieten.

Damit möchte ich nicht jedem esoterischen Heilslehrer und jeder Sekte betrügerische Absichten unterstellen: Auch Eitelkeit und Dummheit sind verdunkelnde Attribute des Schattens.

Daher sind nach wie vor KIRCHE und FREIMAUREREI, auch wenn beide Institutionen ihre Aufgabe scheinbar nicht mehr erfüllen, immer noch die besseren Hüter der Tradition als die Scharlatane mit ihren Orden, Sekten und "esoterischen" Seminaren.

- Der Kirche obliegt es, die Mystik, also den Glauben an positive Mächte, die sich am Anfang eines geistigen Weges noch außerhalb des persönlichen Wesens und Machtbereichs zu befinden scheinen, zu vermitteln.
- Aufgabe der Freimaurerei ist es, durch Initiation und verliehene Würdegrade den Glauben an analoge Mächte und Kräfte im persönlichen Wesensinneren zu erwecken und zu bestätigen und damit das Vertrauen in die eigene geistige Macht und Gewalt zu stärken.
- Die gnostische Hermetik verbindet beide für eine geistige Entwicklung notwendigen Elemente und wird den, der den Weg geht, von jeder Abhängigkeit oder Bindung an eine Loge oder Glaubensgemeinschaft befreien.

Wer dem Meisterweg folgt, wird somit beiden Institutionen den ihnen gebührenden Wert beimessen und, ohne sich einseitig auf eine Richtung festzulegen, Gnosis und Religion, Magie und Mystik gleichermaßen pflegen.

IN EIGENER SACHE

Aus eigener Erfahrung weiß ich, dass man, wenn man ein Buch liest, auch etwas über den Verfasser des Werkes wissen will. Daher möchte ich meinen Lesern auch einige persönliche Daten, Meinungen und Erfahrungen über den Weg, den ich beschreibe, mitteilen.

Ich beginne daher die Neuauflage der Meisterbücher mit Auszügen aus einem Interview, das im Januar 1999 in der Zeitschrift "Gnostika" veröffentlicht wurde, und hoffe, dass diese Einführung den persönlichen Kontakt zu meinen Lesern vertieft. Das damals Gesagte liegt mir immer noch sehr am Herzen. Aus den danach eingegangenen Zuschriften weiß ich, dass es auf viele Leser sehr ernüchternd gewirkt hat und manchen mystischen Schwärmer auf den Boden der realen Welt zurückgeholt hat. Aber gerade für die Leser der Meisterbücher ist es wichtig, dass sie so bald wie möglich erkennen:

- Der einzige Meister, der einen führen kann, den findet man nur in sich selbst.

Ich bin kein Adept, und die Rolle eines Gurus habe ich nie gespielt. Ich beschreibe die erlebte Praxis eines Einweihungsweges nicht als Erleuchteter, sondern aus der Erfahrung eines Schülers, der selbst diesen Weg gegangen ist. Ich will nicht, dass meine Leser blind nachglauben, was ich beschreibe, sondern dass sie darüber nachdenken und sich eigene Gedanken darüber machen. Wer meine Bücher liest und dann noch Fragen stellt oder gar wissen will, ob er etwas darf oder soll, statt sich selbst zu fragen, der hat das Wesentliche vom gnostisch-hermetischen Einweihungsweg noch nicht verstanden. Die Meisterbücher sind Wegweiser, die den Weg zur Freiheit weisen und nicht den Suchenden in eine neue Abhängigkeit führen. Natürlich beantworte ich trotzdem alle an mich gerichteten Fragen und gebe die Wegleitung, die man noch braucht, solange man sich am Anfang des Weges befindet. Aber irgendwann müssen meine Leser in der Lage sein ihren Weg allein zu gehen.

Man darf ein Lehrwerk der Hermetik auch nicht mit normalen Fachbüchern vergleichen. Abgesehen davon, dass man nicht alles sagen kann, weil es sich nicht verständlich formulieren, sondern nur erfahren lässt, wird man manches nicht jedem anvertrauen wollen. Gewisse geistige Mechanismen erklärt man nicht, um zu verhindern, dass damit Missbrauch getrieben wird. Es gibt auch Erkenntnisse, die, würde man sie zu früh erlangen, den Frieden, die Zuversicht und jeglichen Glauben zerstören. Man müsste für jeden Leser, je nach dessen Einsicht, ein eigenes Buch schreiben. Und nicht nur das. Man müsste ihm, sobald er alles verstanden hat, erklären, dass eigentlich das meiste gar nicht stimmt. Dass es nur Wegweiser sind, die zu etwas ganz anderem führen sollen, gleich einem Lichtquell, der notwendige Stufen erhellt, damit er SEINEN Weg erkennt. Vorübergehende Krücken, die es einem einst selbst ermöglichten, sich zu erheben, die freimachen und zur Selbstverantwortung erziehen, mehr ist es nicht, was man dem Neophyten geben kann.

So ist auch in den Meisterbüchern zwar alles gesagt, was den geistigen Weg erhellt – und wer dem Weg folgt, wird sich zurechtfinden –, es ist aber nicht alles gesagt, was zu sagen wäre. Es gibt Erkenntnisse, die jeder selber machen muss, sonst wäre es für ihn nicht die "Wahrheit", die ihm dereinst als Glaubenslicht die Ebenen erhellt.

Was suchen denn die Suchenden? Die meisten suchen eine Führung und Wegleitung. Und sie suchen eine Stütze in Form eines Gurus, dem sie glauben können, weil sie sich selbst nicht zutrauen, ihren Weg zu finden. Sie suchen einen Meister, der ihnen Erkenntnisse offenbart, der ihnen bestätigt, sie seien würdig, und ihnen die große Erleuchtung und geistige Macht in Form einer Weihe oder Initiation überträgt. Sie suchen eine Gemeinschaft, die ihnen Geborgenheit vermittelt, und einen Glauben, der ihnen Zuversicht gibt. Manchen genügt, was die Religionen vermitteln, andere prüfen ihre Vernunft mit Erkenntnissen der Philosophen oder suchen den Stein der Weisen oder den heiligen Gral. Die einen begnügen sich mit trostreichen Geschichten von gerechten, mächtigen, ordnenden Göttern, gütigen Engeln und der Aussicht auf ein glückliches Leben nach dem Tod, die anderen versuchen magische Macht zu erlangen, um bereits das Diesseits zu beherrschen. Im Grunde genommen suchen alle nur das, woran sie glauben können. Auch die Hermetik ist für viele, ohne dass sie es merken, nur der Ersatz für eine verlorene Märchenwelt, die Hoffnung auf ein Jenseits gibt.

Das alles aber hat der gnostisch-hermetische Weg nicht zu bieten. Er beginnt am Ende aller dieser Wege. Und er muss allein gegangen werden. Niemand ist da, der versichert, dass die Lehre stimmt. Kein Meister, der führt, kein gütiger Engel, der beschützt, kein lieber Gott, der am Ende des Weges den Pilger in die Arme schließt.

Wer diesem Weg folgt, hat irgendwann nur mehr sich selbst, an den er Fragen stellen kann. Nicht nur, weil es keine seriösen Orden oder Eingeweihten gibt, die ihn führen könnten, sondern auch, weil jemand, der trotz aller bereits veröffentlichten Lehrwerke auf dem Weg nicht weiterkommt, entweder einem falschen Weg folgt oder gar nicht geht, sondern sich tragen lassen will.

Sämtliche Geheimnisse, die jemals Tempelschülern anvertraut wurden, sind heute in billigen Taschenbüchern nachzulesen. Mehr konnte man auch damals nicht vermitteln, im Gegenteil: Die hermetische Wissenschaft wurde durch die Werke Franz Bardons in einer noch nie dargelegten Ausführlichkeit offengelegt. Mit den in den Meisterbüchern beschriebenen Erfahrungen aus der Praxis ergänzt, ist der Weg auch ohne weitere Erläuterungen für jeden nachvollziehbar. Man vergleiche diese Werke doch mit den alten symbolträchtigen, schwülstigen Unterweisungen der Hermetiker, Alchemisten, Orden und Logen.

Wer trotzdem weiter in verstaubten Archiven sucht, und nicht in sich, oder einem Guru folgt, statt sich selbst wie ein Meister zu benehmen, zeigt damit, dass er noch nicht den Weg der Meister geht. Der Meister durchschaut die Geister, die sich hinter Orden, Logen, Kirchen und anderen "ehrwürdigen" Gemeinschaften, Erleuchteten und Gesalbten verbergen, und weiß, dass sie jeden, der ihnen folgt, in ihrer Sphäre binden wollen.

Ganz gleich, wie bedeutsam für die weitere Entwicklung der Kinderglaube und wie aufbauend das Initiationserlebnis in der Loge war, ganz gleich, wie hilfreich die Religion oder die Lehre der Tradition, zu der man sich bekennt, auch ist, die stützende geistige Struktur darf niemals bindend sein und das Ideal dahinter, die Richtung des jeweiligen "Geistes", darf nicht zur Ausrichtung der persönlichen Mitte werden. Daher ist es nötig, dass man alles, woran man glaubt, immer wieder in Frage stellt und sich früher oder später von dem, was einem bisher richtungsweisend war, wieder trennt.

Der Meister wird, was ihn anfangs stützte, als Krücke erkennen und den hinderlichen Gipsverband abstreifen, weil er ihn nicht mehr braucht. Was er braucht, findet er in sich selbst: die Fragen und die Antworten. Für ihn gibt es daneben nur einen Lehrmeister: das Schicksal. Er sucht und nützt bewusst alle gebotenen Möglichkeiten. Er unterweist und prüft sich selbst und betrachtet die Schicksalsmächte als seine einzigen Verbündeten und Wegbereiter, die ihm noch etwas zu sagen haben, auf die er hört und die er zu verstehen versucht.

- Man kann nur Meister sein, wenn man sich als Meister erkennt, sich wie ein Meister benimmt und keinen anderen als Meister über sich stellt.

Würde man das einem Neophyten sagen, der am Beginn seines Weges steht, wäre das für dessen geistige Entwicklung eine Katastrophe. Unsicherheit oder Überheblichkeit wären die Folge und ein Absturz unvermeidlich. Deshalb hatten die Mysterienschulen verschiedene Einweihungsstufen und Würdegrade, um den Schüler, Schritt für Schritt, auf seine eigentliche Selbstverantwortung vorzubereiten.

Ein Lehrwerk der Hermetik kann diese individuelle Betreuung nicht bieten. Auch die Meisterbücher können nur eine stufenweise Orientierungshilfe, aber keine Wegleitung sein, wenn man ihnen nicht schrittweise folgt. Selbst jene Leser, die mit mir in persönlichem Kontakt stehen, wissen, auch wer mir folgt, muss den Weg allein gehen.

Wer den Weg der gnostischen Hermetik geht, hat nämlich nicht nur die Macht des Schattens, sondern auch die des Lichts, die sich genauso hinter allen Religionsgemeinschaften und Orden verbirgt, durchschaut und auch das wahre Ziel der Mächte, die mit frohen Botschaften in Kirchen und mit verheißungsvollen Initiationen in Logentempeln die Menschen an sich binden, als Irrlicht erkannt. Er wird deshalb diese Krücken, selbst wenn er dann kriechen muss, weil er noch nicht laufen oder fliegen kann, in die Ecke stellen. Wer sich auf dem rechten Weg befindet, wird langsam ahnen, dass sogar der Geist der Hermetik und die Intelligenzen dahinter kein Interesse an seinem Erwachen haben, sondern dass auch sie ihn nur benützen und eine andere Verkleidung der selben Götter sind, für die die Menschen ihre Glaubens-, Geist- und Seelenkraft opfern, wodurch diese auf ihren Ebenen fortbestehen.

Mehr als diese "Wahrheit" kann schriftlich nicht vermittelt werden. Und doch ist die Erkenntnis zugleich der erste Schritt zur Befreiung aus dieser tragischen, aber für die Entwicklung der Menschheit notwendigen Symbiose mit den Wesen der Hierarchie. Raumsonden werden erst in die Nähe von Planeten gelenkt, die sie umkreisen, wodurch sie den nötigen Schwung bekommen, um entferntere Ziele zu erreichen. Auch geistig ist eine vorübergehende Annäherung an Mächte nötig, ehe man in "höhere" Sphären gelangen kann.

Was wir dabei vermitteln können, ist, wie man gerade die Anziehungskraft der falschen Zentren für den nötigen Schwung, der daraus befreit, richtig nützt.

Wem einmal die Tragweite der Erkenntnis von der Gefangenschaft im Einflussbereich der Genien voll bewusst wurde, der nimmt die mühsame Arbeit an sich selbst gerne auf sich. Die Übungen der Transformation dienen nicht nur der Stärkung der persönlichen Geisteskraft und der Befreiung von Schemen, sondern sie sind überhaupt die einzige Möglichkeit, mit der man dem Bannkreis der Intelligenzen, die die Menschen über ihre Wesenszellen in ihre Sphäre einbeziehen, entkommt.

Eine Anekdote mag das erhellen. Vom amerikanischen Expräsidenten Ronald Reagan, dessen Bewusstsein durch die Alzheimer-Krankheit beeinträchtigt war, wird erzählt, dass er die meiste Zeit des Tages damit verbrachte, Laub aus dem Pool im Garten zu fischen. Er merkte dabei nicht, dass die Leibwächter hinter seinem Rücken die Blätter wieder ins Becken warfen, damit er weiter beschäftigt war.

Jeder Mensch fischt Laub aus seinem Seelenpool und merkt nicht, dass es nur Köder sind, mit denen die Genien seine Aufmerksamkeit in ihrem Sinne stimulieren. Der eine schreibt sich gescheite Bücher von der Seele, der andere sammelt sie oder sammelt Anerkennung, Vermögen oder Erfolgserlebnisse durch Ideale oder durch Befriedigung im Genuss.

Selbst die hermetischen Übungen bleiben faules Laub im Kreislauf der Lebenstriebe, solange die kosmischen Leibwächter, die in Wahrheit irdische Gefängniswärter sind, unerkannt und ungehindert agieren können.

Sie zu enttarnen, ist das Ziel meiner Bücher, denn diese Erkenntnis ist der erste Schritt zur Genesung vom Wahn, der jeden in der Welt gefangen hält. Und jetzt endlich zu dem angekündigten Interview:

IM GESPRÄCH MIT EMIL STEJNAR

Herr Stejnar, Sie sind vor etlichen Jahren häufig in den öffentlichen Medien in Erscheinung getreten und haben dadurch einen großen Bekanntheitsgrad als Astrologe erreicht. Ihr Schutzengelbuch und die bisher erschienenen Meisterbücher haben dann Ihren Ruf als kompetenter Magier begründet. Sie haben mit Ihrer gnostischen Hermetik eine Tradition begründet, welche die Esoterik ins einundzwanzigste Jahrhundert führen soll.

Im Gegensatz zu unserem üblichen Vorgehen zuerst die sonst an letzter Stelle stehende Frage: Welche drei Bücher empfehlen Sie unseren Lesern, um sich damit einen Zugang zu Ihren eigenen Schriften – vor allem den Meisterbüchern – zu schaffen?

Ich habe immer Ihre Interviewpartner bewundert, weil sie alle auf diese Frage eine Antwort bereit hatten. Ich kann mich da nicht festlegen. Es gibt doch für jede Erkenntnisfähigkeit und Entwicklungsstufe ein anderes hilfreiches Buch, das eine Zeit lang als Wegweiser das Suchen erleichtert.

Da ist **Gustav Meyrink**, seine Werke sind viel mehr als Okkultromane, man sollte sie immer wieder lesen; und auch seine anderen Geschichten, zum Beispiel "Die Verwandlung des Blutes", wo er seinen persönlichen Weg und alle seine Irrwege beschreibt, sind ungemein aufschlussreich. Da ist weiter **Rudolf Steiner**. Ich lese ihn mit Wut im Bauch und prinzipiell nur am WC, weil ich da nicht davonlaufen kann. Trotzdem halte ich ihn für einen der bedeutendsten Esoteriker. Da ist **Thomas Ring**, der hervorragendste Psychologe unseres Jahrhunderts. Die ersten drei Bände seiner "Astrologischen Menschenkunde" bieten den besten Einstieg in die hermetische Anatomie. Da sind die Werke der christlichen Mystiker, die Bhagavad Gita, die Bergpredigt, die ...

Darf ich Sie trotzdem um drei Titel bitten?

Also gut. Aber ich muss Sie enttäuschen, die alten Scharteken der Gnosis und Hermetik sind nämlich nicht besonders geeignet, den gnostisch-hermetischen Weg zu erschließen.

Die alten Meister und Adepten verwendeten ein Vokabular, das wir heute nicht verstehen oder falsch übersetzen würden. Sie überlieferten hauptsächlich Theorien für Erkenntnisse und nur wenige nachvollziehbare Anweisungen für die Praxis. Daher für den Anfang (aber nicht nur für Anfänger, denn auch der Fortgeschrittene wird sich an diesen wertvollen Ratschlägen ein Leben lang orientieren können) ein Lebenshilfebuch für die Praxis: "**Unfug des Lebens und des Sterbens und das Ende des Unfugs**" von Prentice Mulford (Fischer Taschenbuch). Damit kann sich jeder auf rasche und einfache Weise davon überzeugen, dass es möglich ist, mit seinen Gedanken und Gefühlen sein Leben gezielt zu beeinflussen. Für die nächsten Operationen: "**Der Weg zum Wahren Adepten**" von Franz Bardon (Verlag Hermann Bauer). Es ist das beste Lehrwerk der Hermetik. Mit diesem wohl wertvollsten Okkult-Buch, das je geschrieben wurde, lernt man, wie man seinen Geist und seine Seele, also die Bewusstseinsträger seines wahren ICHSELBST und damit sich selbst, gezielt und willentlich verändern kann und dabei ganz nebenbei magische Fähigkeiten entfaltet. Und zuletzt für die ganz großen Meister: "**Das Kronen Zeitung Kochbuch**" (Verlag Dichand und Falk Wien). Neben phantastischen Rezepturen der Österreichischen Küche wird da auch das alchemistische Geheimnis der Zubereitung des wahren Wiener Milchrahm-Topfenstrudels offengelegt.

Wie sind Sie zur Esoterik gekommen?

Interessanter wäre die Frage, wie ich manchmal von ihr abgekommen bin, aber bitte. Es geschah kurz vor meinem fünften Geburtstag. Ich war lebensgefährlich erkrankt, die Ärzte hatten mich aufgegeben, aber irgendwie überlebte mein Körper, und ich erinnere mich genau an die Wende. Es war wie ein Initiationserlebnis.

Man hatte mein Bett auf die Terrasse des Krankenhauses geschoben, die noch milde Wintersonne ließ den Schnee auf den alten hohen Tannen glitzern, ich beobachtete alles wie neugeboren. Die Fieberphantasien waren gelöscht, ich war klarwach. Und plötzlich entdeckte ich mich selbst. So wie ich den Himmel und die Tannen beobachtete, beobachtete ich mich selbst und mir wurde bewusst, dass ich mich selbst beim Beobachten beobachtete. Das war jedoch kein außerkörperliches Erlebnis. Ich war mir meines SELBST auf eine Art bewusst, wie ich es erst viele Jahre später als Erwachsener wieder erleben durfte. Das Beeindruckende war aber nicht diese Erkenntnis, sondern das dabei vorherrschende, von innerer Ruhe und absoluter Zuversicht geprägte tiefe Glücksgefühl, das ich nie wieder vergessen werde.

Die grüne Schlange hatte zugebissen. Mit der Erfahrung, dass es möglich ist, sich selbst beim Beobachten zu beobachten, tauchte nämlich auch die lästigste Frage aller Fragen auf: "Wer bin ich?"

Ein paar Jahre lang genügte mir die Antwort des Pfarrers, ich glaubte an eine Seele und wurde ein frommes, fröhliches Kind. Aber in dem Haus, in dem wir wohnten, lebte eine Frau, die wusste eine Menge aufregender Gespenstergeschichten zu erzählen, sie hatte Bücher über Zauberer, Nixen und Feen, die sie mir borgte, und aufs Pendeln, Kartenlegen und die Astrologie verstand sie sich auch. Ich war fasziniert, und bald kamen andere Fragen dazu.

Ich begann zu lesen und verschlang neben Karl May und Tom Sawyer alles, was mir über Magie und Mystik in die Hände kam. Als ich neun Jahre alt war, schenkten mir meine Eltern ein Abonnement der Zeitschrift "Mensch und Schicksal", das war die "Esotera" der Vierziger- und Fünfzigerjahre. Zu meinem zwölften Geburtstag wünschte ich mir die "Geheimen Figuren der Rosenkreuzer", die ich natürlich nicht verstand, und dann begann ich auch noch mit okkulten Übungen. Stundenlang fixierte ich einen schwarzen Punkt auf einem weißen Papier, um den "magischen" Blick zu erlangen, und machte erste Hypnoseexperimente mit tief beeindruckten Freunden.

Doch dann begann ich wirklich ernsthaft nachzudenken. Die

Zweifel kamen, mit ihnen die Philosophen und eine eitle Periode atheistischer Überheblichkeit. Darauf folgten die übliche schmerzhafte Phase pubertärer Leere und zur Genesung der unvermeidliche Buddhismus. Dann Paul Brunton, Duval, Spießberger und natürlich die alten Mystiker und Meister, und endlich Franz Bardon. Inzwischen hatte ich auch meine Lehrzeit als Gold- und Silberschmied abgeschlossen, wanderte mit achtzehn nach Schweden aus und zog mich dort zurück, um ein "Adept" zu werden. Da stand ich wieder vor der Mutter aller Fragen: "Wer bin ich – was ist ICH?"

Konnten Sie eine befriedigende Antwort darauf finden?

Leider nein. Aber ich fand eine ganze Menge Schutt und Schrott und auch Wesentliches, Daseinsnotwendiges, das ich nicht bin, obwohl es mein Bewusstsein scheinbar trägt. Ich empfehle daher jedem, der nach Selbsterkenntnis strebt, er soll zuerst herausfinden, was er nicht ist, und dabei versuchen, seine Bewusstseinsträger und die Welt gründlich in den Griff zu bekommen, ehe er der Welt entsagt und hofft, in "höheren Sphären" sein wahres Ichselbst zu finden. Und wenn er dann nach dem Sinn des Daseins fragt, empfehle ich ihm, er soll zuerst seinem Dasein einen Sinn geben. Denn dann wird er merken, dass sich dabei etwas aus ihm herauskristallisiert, nämlich die Grundlage für sein wahres ICHSELBST. Erst jetzt kann er darangehen, diese erweiterte Form des Bewusstseins zu seinem Studium und zu seiner Welt zu machen.

Haben Sie eine Antwort auf die Frage nach dem Sinn des Daseins?

Also persönlich begegne ich dieser lästigen Frage am liebsten mit einer knusprig gebratenen Ente, einem gepflegten Bierchen und dazu vielleicht Mozart und einem leckeren hübschen Nachtisch. Das beantwortet sie in der Regel ganz von selbst. Aber wer will, kann im Leben auch andere Erfahrungen sammeln. Erfahrungen, die man sonst vielleicht auf keiner anderen Ebene über sich und das Dasein machen kann. Und die ganz Eifrigen dürfen daneben als geistseelisches Fitnesstraining sich selbst und die Welt verbessern.

Was würden Sie nun einem Schüler der Hermetik, der Ihre Meisterbücher noch nicht gelesen hat, als Erstes raten?

Natürlich, dass er sie schleunigst liest. Aber dann sollte er alles, was er gelesen hat, vergessen und die Mühen des Alltags als Schulung sehen und den täglichen Kleinkram bewusst wie eine Yogaübung angehen. Das ist viel gescheiter, als stundenlang zu meditieren oder hunderte Bücher zu studieren. Er soll sich weiter immer so geben, wie er ist und wie es seinem Wesen entspricht, und um keinen Preis der Welt etwas tun oder sagen, das er nicht wirklich vertreten kann. Wenn er sich dabei so oft wie möglich ins Bewusstsein ruft, dass er als Geist im Körper steckt und als feinstoffliches Wesen handelt, wird er nach und nach erwachen, sein Mitgefühl wird sich vertiefen, seine Willenskraft wird sich verstärken, und wenn er Glück hat, kommt er jetzt zur Vernunft und will dann gar kein Eingeweihter mehr werden.

Woran erkennt man denn einen Eingeweihten?

Leider ist mir in diesem Leben noch kein Adept begegnet und auch ich selbst bin kein Erleuchteter. Ich habe noch eine Verdauung, viel mehr Fragen als Antworten und wie bereits erwähnt, manchmal eine mächtige Wut im Bauch. Trotzdem glaube ich, dass man einen Hermetiker, der sich auf dem Weg zur Adeptschaft befindet, recht gut von den Schlitzohren, die sich dafür ausgegeben, oder den Wirrköpfen, die sich dafür halten, unterscheiden kann. Darf ich dazu aus dem "Buch der Meister" zitieren:

Die wahre Meisterschaft zeigt sich nicht in Wundertaten oder spektakulären mystischen Erlebnissen, sondern an der inneren Einstellung, mit der man das Leben meistert, und daran, wie man mit seinen Sorgen, Problemen und mit seinen Mitmenschen umgeht.

Bescheidenheit und Genügsamkeit stimmen das Wesen zufrieden und harmonisch auf die Gegebenheiten ein. Wünsche schwinden, die früher von Bedeutung waren. Gelassenheit bei Misserfolgen und Geduld wahren den Abstand zu bedrängenden Ereignissen. Das Bedürfnis nach Zurückgezogenheit wächst, während Anerkennung durch andere immer unwichtiger erscheint. Absolute Ehrlichkeit, Zuverlässigkeit, Toleranz und verständnisvolles Mitgefühl anderen gegenüber zeichnen den Charakter aus. Für andere ein Opfer zu bringen, wird als Bereicherung empfunden. Verzicht erfordert keinen besonderen Kraftaufwand mehr.

Erwartungen realisieren sich scheinbar ohne besonderes Zutun. Man kennt seine Schwächen und nützt seine Stärken und bewahrt Gleichmut im Glück und im Leid.

Ein Meister der Hermetik sucht nicht mehr nach verstaubten Manuskripten, ehrwürdigen Orden, geheimen Formeln, Ritualen oder unbekannten Instruktionen, er sucht seinen Meister nicht in einem "Guru", sondern findet ihn in den heiligen sekundenlangen Ewigkeiten, in denen er sich mit seinem wahren ICHSELBST, das er selbst im Laufe seiner geistigen Entwicklung aus sich heraus gearbeitet hat, identifiziert.

Man darf sich vom hermetischen Weg nicht zu viel und schon gar nichts Außergewöhnliches erwarten. Wenn das Gewöhnliche beginnt, erträglich zu werden, ist man auf dem rechten Weg. Die Zeichen und Wunder geschehen erst dann, wenn man sie nicht mehr erwartet.

Sie haben als Begründer der von Ihnen genannten *Gnostischen Hermetik* nicht nur in der Esoterik, sondern auch für die Psychologie zum Teil völlig neue Denkmodelle aufgestellt.

- Für Sie ist die Seele kein nebulöses Lichtgespinst, sondern ein feinstofflicher Organismus, dessen Organe, Glieder und Wesenszellen, in Analogie zu den astrologischen Planetenprinzipien, ganz bestimmte anatomische und physiologische Funktionen erfüllen.

- Im Geist sehen Sie kein höheres und niederes ICH, sondern nur ein einziges wahres ICHSELBST, das aber nicht vollkommen oder göttlich ist, sondern sich, je nach Erfahrung, mit seinen unterschiedlichen Wesenszellen identifiziert.

- Dieses ICHSELBST landet für Sie nach dem Tod nicht im Jenseits, sondern erwacht zuerst in seinem persönlichen Seelengarten, einer Art Seelenblase, wo einem alle Gedanken und Gefühle, die man hatte, wie wesenhafte Geister gegen übertreten und die erlebte Umwelt formen. Dabei bezeichnen Sie diese Geister als Elementale und Elementare und sehen in ihnen die persönlichen Wesenszellen des feinstofflichen Leibes, die es zu beherrschen und veredeln gilt. Nur wenn es gelingt, sie zu kontrollieren, könne man auch seine feinstofflichen Glieder und Organe, die aus diesen Wesenszellen aufgebaut sind, willentlich gezielt gebrauchen und sich in andere Sphären versetzen, also in das wirkliche Jenseits mit seinen echten Genien und Geistern.

- Sie stellen dazu eine Verbindung von den Urqualitäten der vier Elemente zu den menschlichen Bewusstseinszellen, den persönlichen Eigenschaften, her und trachten danach, aus der Theorie der Antike ein praktisches Einweihungssystem zur persönlichen Selbstvervollkommnung zu machen.

- Sie haben aber auch recht ketzerische Theorien aufgestellt. So sehen Sie zum Beispiel die Menschen als Melkkühe der Götter. Das wird für viele Esoteriker nicht gerade ermutigend sein, auch wenn Sie Auswege in Aussicht stellen.

Und jetzt meine Frage an Sie, woher haben Sie das alles? Aus welchen geheimen Archiven oder geistigen Quellen haben Sie Ihr Wissen geschöpft?

Die akademischen Fußnoten fehlen zwar in meinen Büchern, aber nicht alles ist wirklich neu. Ich habe nur, ohne an der Tradition zu kratzen, die Gnosis und die Hermetik von der Patina der Zeit befreit. (Über die hat sich ja neulich in Gnostika ein Nichtokkultist beklagt.) Aber ich verdanke meine Erkenntnisse weder medialen Eingaben, noch wurden sie sonst woher gechannelt. Ich habe auch nicht bei alten Meistern abgekupfert, sondern versucht, dort weiterzudenken, wo andere aufhörten.

Es ist klar, dass man beim Schreiben immer das gesamte bereits vorhandene Wissen mitverarbeitet und beim Nachdenken niemals etwas Neues erfindet. Selbst das scheinbar wirklich Neue wird aus der jeweiligen Ebene und der ihr vorstehenden Intelligenz geschöpft oder eingegeben. Deshalb begegne ich allen Inspirationen mit großer Vorsicht. "Worte und akustische Mitteilungen aus anderen Ebenen müssen, wenn man ihnen trauen soll und darf, so sein, als spräche man sie zu sich selbst", stellte schon Gustav Meyrink fest. Das gilt für alle Eingebungen, und ich habe deshalb alles, was ich veröffentlichte, überaus kritisch zu prüfen versucht.

Die gnostische Hermetik sieht sich zwar nicht als Wissenschaft, sondern als Fortsetzung der Tradition – sie will Denkanstöße und keine Axiome oder Dogmen geben –, aber sie lehnt jede Form von Glauben ab, der nicht logisch nachvollziehbar ist.

Leichtgläubigkeit ist ja in unserer heutigen, aufgeklärten Zeit ein genauso weit verbreitetes Übel wie im finstersten Mittelalter. Nicht nur in der Esoterikszene, wo ein Haufen Irrer, von denen die eine Hälfte (die Gesalbten, wie sie Gustav Meyrink nannte) etwas predigt, von dem sie keine Ahnung hat, und die andere Hälfte (die Eingeseiften) ehrfürchtig lauscht und glaubt, was sie nicht versteht. Viel peinlicher ist, dass dieser kranke Geisteszustand mindestens genau so vielen so genannten Wissenschaftlern den Verstand vernebelt. Gerade Akademiker kaufen blauäugig ihrem Guru oder anderen Schelmen, Okkultverlagen und Pharmafirmen den größten Schwachsinn ab. Das wird bedenklich, wenn zum Beispiel graduierte Ärzte glauben, sie können, statt mit Erfahrung und Intuition, mit zu "Bioresonanzgeräten" umfunktionierten Lügendetektoren Krankheiten aufspüren und sich auch gleich – Hokuspokus! – das geeignete homöopathische Heilmittel anzeigen lassen.

Die Naturwissenschaftler wären gut beraten, wenn sie nicht, von Glaubensfragen verunsichert, die Grundlagen der Wissenschaftlichkeit verlassen würden, genauso wie die Esoteriker zu ihrer Magie und Mystik stehen sollten, statt sich zu genieren und krampfhaft zu versuchen, alles wissenschaftlich zu erklären.

Aber gerade diese Kluft zwischen Wissenschaft und Esoterik versuchen wir in Gnostika zu überbrücken. Sie halten das für schlecht oder aussichtslos?

Aber nein, ganz im Gegenteil. Magie und Wissenschaft stehen ja nicht im Widerspruch zueinander. Es sind doch nur die Intoleranten, die Uninformierten, die einseitig ausgerichteten Fanatiker, die einander widersprechen oder, weil sie die Materie nicht verstehen, diese Auswüchse entstehen lassen.

GNOSTIKA wird zwar, je nach Beitrag, immer wieder uneinsichtige Leser aus beiden Lagern verlieren, aber ich glaube, dass es trotzdem wichtig ist, aufgeschlossenen Menschen ein für sie fremdes Weltbild erschließen zu helfen. Schwer genug wird das schon sein. Die Esoteriker müssen dazu vorher die Begriffe, mit denen sie operieren, genauer definieren, zum Beispiel: Was bezeichnet man mit Geist und was mit Seele? – es gibt da nicht einmal ein gemeinsames Vokabular, das ein befruchtendes Gespräch zwischen den Esoterikern der unterschiedlichen Traditionen untereinander ermöglichen würde – und die Wissenschaftler müssen den Esoterikern einerseits unvoreingenommen, aber wachsam zuhören und ihnen andererseits verständlich zeigen, dass die Erkenntnisse der Naturwissenschaft oft viel aufregender und phantastischer sind als die Berichte aus der Welt der Gnomen und Dämonen und ungemein befruchtend für das esoterische Weltbild sein können. Nach dem hermetischen Gesetz "wie unten, so oben" bietet die Naturwissenschaft überhaupt die einzige zuverlässige Methode, auf der grobstofflichen Ebene Rückschlüsse auf andere "höhere" Ebenen zu ziehen.

Wo sehen Sie die Möglichkeit eines Brückenschlags?

Zwischen der Psychologie auf der einen und der Astrologie auf der anderen Seite ist er bereits vollzogen. Ein guter, seriöser Astrologe weist heute auch ein fundiertes psychologisches Wissen auf, und umgekehrt nützen immer mehr Psychologen die vielen Möglichkeiten, die ihnen die Astrologie bietet.

Die Astrologie vermittelt ein anschauliches Seelenmodell, das auch die individuelle unsichtbare Wesensstruktur eines jeden Menschen verstehen lässt. Darüber hinaus ermöglicht sie, schon im Voraus zu erkennen, wann ein bestimmtes Seelenorgan besser oder schlechter funktionieren wird. Dieser "Seelenwetterbericht" ist, ähnlich wie eine Wirtschaftsprognose für die Wirtschaft, für die bewusste Planung des Lebensweges ungemein hilfreich und versetzt jeden Therapeuten in die Lage, ohne zeitaufwändige Tests und zweifelhafte Methoden sowohl die persönlichen Schwachstellen im Seelengefüge seiner Patienten als auch die Ursachen einer momentanen Störung und die voraussichtliche Entwicklung des Seelenzustandes zu erkennen.

Ich habe in den 25 Jahren meiner Tätigkeit als astrologischer Lebensberater tausende Horoskope auf ihre Richtigkeit überprüft, und ich kenne wirklich keinen Menschen, der, sobald er sich die Grundregeln der Astrologie angeeignet hat und sich selbst praktisch damit beschäftigt, noch daran zweifeln würde. Andererseits wundert es mich überhaupt nicht, dass sich viele, ansonsten intelligente und aufgeschlossene Menschen erst gar nicht damit beschäftigen, weil sie sich von all dem Schwachsinn, der auch als Astrologie feilgeboten wird, abgestoßen fühlen. So lange sich auch seriöse Astrologen dazu hergeben, Zeitungshoroskope zu verfassen, und Laien, die keine Ahnung von Astrologie haben, Bestseller über "Mondastrologie" schreiben, so lange jeder Scharlatan sich Astrologe nennen darf, wird sich das auch nicht ändern.

Die Astrologie ist zwar keine Wissenschaft, man könnte sie höchstens den erscheinungserklärenden Wissenschaften zuordnen, aber sie liefert derart überzeugende Beweise, dass neben den Gesetzen der grobstofflichen Welt noch ein feinstofflicher Mechanismus das Leben und das Bewusstsein beeinflusst, dass man sich diesen Fakten nicht verschließen kann.

Zum Unterschied von manchen anderen Esoterikern standen Sie immer mit beiden Beinen fest im Leben. Sie haben Familie, waren Besitzer eines gutgehendes Juweliergeschäftes und nicht nur als Schmuckdesigner, sondern auch als Astrologe international anerkannt und setzten sich jahrzehntelang, nicht nur in der Freimaurerei, sondern auch im Profanen für die Anerkennung einer seriösen Esoterik ein. Aber plötzlich haben Sie sich völlig zurückgezogen. Sie empfangen nur noch ganz wenige Freunde und über Esoterik führen Sie überhaupt keine Gespräche mehr. Warum? Sind Sie enttäuscht, haben Sie resigniert?

Auf Perioden, wo man etwas bewirken kann, folgen Zeiten, in denen man sich zurückziehen muss. Deshalb verglich eine hermetische Loge um die Jahrhundertwende ihr Wirken mit der goldenen Morgendämmerung. Wer mit der Natur vertraut ist, kennt dieses Phänomen: Da färbt sich der Himmel goldrot, die Sonne geht auf, denkt man, aber dann wird es plötzlich wieder dämmrig und finster. Die spektakuläre Pracht verschwindet für zehn Minuten, ehe dann wirklich die Sonne über dem Horizont erscheint. In dieser dunklen Phase befinden wir uns gerade.

Was da vielversprechend ein neues Zeitalter einleitete, ist inzwischen in ein peinliches, unappetitliches "New Age" ausgeartet. Damit kann ich mich beim besten Willen nicht mehr identifizieren. Aber ich kann auch nichts dagegen tun. Denn wir müssen diese erneute Dämmerung naturbedingt hinnehmen. Wir können höchstens an stillen Orten für die wenigen, die uns folgen, ein kleines Licht entzünden.

Was wir nicht dürfen, ist, den anderen die Fackeln auszutreten, nur weil diese einen Wegabschnitt erhellen, der uns nicht gefällt. Das Phänomen des O.T.O. (Ordo Templi Orientis) zum Beispiel ist nicht erschöpfend behandelt, indem man seine Gründer und Großmeister als Schelme enttarnt und ihre Praktiken verteufelt. Das wäre das gleiche, als würde man den Wert des Christentums an der Seriosität und den Werken der Kardinäle und Päpste messen.

Was es zu untersuchen gilt, ist das Phänomen des Suchens und Glaubens. Diese im wachen Menschen schlummernde Urkraft des Bewusstseins, die auch den Leser dieser Sätze dazu bewegt, GNOSTIKA zu erwerben, drängt jeden in eine andere Richtung.

Die faustischen Naturen suchen in Logen, Orden und "geheimen Bünden" und finden dort durch eine Weihe oder Initiation als Ritterschlag die Selbstbestätigung, die ihnen die nötige Stärke verleiht, dem geistigen Weg zu folgen. Die mystisch Veranlagten finden in der Religion ihre Stütze und vertrauen statt der eigenen Macht eher dem lieben Gott und den Mächten der Hierarchie. Und die rein Intellektuellen sichern sich mit den Thesen der Philosophie und Wissenschaft ab. Meyrink entschuldigte sich für eine kritische Bemerkung gegenüber Theisten sofort mit der Bemerkung, er wolle damit nicht gegen Religion reden, denn das hieße, den Lahmen die Krücken unter den Füßen wegzuschlagen. Wir müssen vorsichtig sein, dass wir keinem seine Krücke nehmen, nur weil diese aus einem anderen Holz geschnitzt ist als jene, die uns selbst gerade stützt.

Aufklärung darf nicht so weit gehen, dass damit ein Licht verdunkelt wird. Wir hatten das ja schon einmal, als man den Teufel abschaffte und damit gleichzeitig auch den Weg zum Glauben an einen Gott und die guten Geister verbaute. Da ist ein bisschen Aberglaube sicher leichter zu ertragen. Irgendwann geht dann die Sonne doch noch auf.

DIE ARBEIT MIT DEM GEIST

Zur Einführung in die Gedankenwelt der Meisterbücher bringe ich in dieser Neuauflage einen Artikel, den ich 2003 für die Zeitschrift GNOSTIKA (www.aagw-gnostika.de) schrieb. Er ist eigentlich eine Zusammenfassung der Meisterbücher, die alle Thesen noch einmal in Erinnerung rufen soll. Es ist aber auch ein Rückblick und eine ehrliche Bilanz. Ich hoffe, dass diese Gedanken die Begeisterten und Phantasten unter meinen Lesern etwas ernüchtern und die noch immer Skeptischen ermuntern und zum Nachdenken und Nachmachen anregen. Immerhin begann ich bereits vor sechzig Jahren, mich mit dem Thema Astrologie, Magie und Mystik auseinander zu setzen, und tue es heute noch. Da kommt einiges an Erfahrung zusammen, Erfolge und Enttäuschungen. Dass ich mich immer noch damit beschäftige, zeigt aber, dass es sich lohnt, den Geist und die geistigen Welten bewusst in sein Leben einzubauen.

Esoterik – wozu?

Was bringt einem der ganze Zauber? Ich beschäftige mich seit bald sechzig Jahren mit den so genannten okkulten Wissenschaften und kann nicht behaupten, dass mir das bei der Beantwortung der grundlegenden Lebensfragen wesentlich geholfen hätte. Man steht auf einem Berg Erkenntnisschrott und weiß bestenfalls, wie es nicht sein kann. Aber genau das ist bereits eine ganze Menge und ungemein befreiend für Geist und Seele. Der Schöpfergeist lässt sich zwar philosophisch nicht erfassen, aber den eigenen Geist kann man erforschen. Der Geist, in dem das persönliche Bewusstsein erwacht, den kann man, da man ihn ständig mit sich herumträgt, begreifen. Man muss ihn allerdings dort suchen, wo er ist, in seinem persönlichen inneren Bewusstseinsraum und nicht in Büchern und Thesen.

Wer zum Beispiel morgens, wenn er den Entschluss fasst, aus dem Bett zu steigen, den Impuls untersucht, der ihn dann wirklich aus den Federn treibt, ist seinem ICH auf der Spur. Der bewusste Umgang mit seinen Gedanken, Gefühlen und Willensimpulsen, wie ihn die hermetische Tradition praktiziert, ist nach meiner Erfahrung ein gangbarer Weg, der zu brauchbaren Erkenntnissen über das Wesen des Geistes führt. Und dass der Geist, wenn man ihn einmal erfasst, sehr nützlich sein kann, erlebt man spätestens, wenn man mit ihm praktisch arbeitet. Trotz häufiger Zweifel – vier Bereiche der Esoterik führten mir die Macht und Existenz des Geistes immer wieder vor Augen:

1. meine Erlebnisse im außerkörperlichen Zustand,
2. die nachvollziehbare magische Wirkung gezielt eingesetzter Vorstellungskraft,
3. die Erfahrung mystischer Erhebung durch den Zauber der Natur und Musik,
4. die Astrologie.

Die Unabhängigkeit des Geistes von der Materie sah ich damit aber nicht restlos bewiesen. Nur die Astrologie deutet auf einen genialen Plan gesetzmäßiger Zusammenhänge, die Bewusstsein, Raum und Zeit miteinander sinnvoll verknüpfen. Sowohl die naturwissenschaftlich nicht erklärbare Tatsache, dass die genetische Prägung im Augenblick der Konzeption mit dem späteren Horoskop in Einklang steht, als auch der statistisch nachweisbare Zusammenhang, der zwischen bestimmten astrologischen Konstellationen und charaktertypischen Anlagen sowie prognostizierbaren Veränderungen im Geist- und Seelenzustand oder Ereignissen besteht, sind für mich Hinweise darauf, dass geistige Mächte auch außerhalb eines organischen Körpers wirksam sind.

Was aber ist Geist?

Was ist das sich seines Selbst bewusst werdende ICH, das von sich sagt: ich bin, das denken, fühlen und wollen kann und von sich weiß, dass es ist?

Viele Esoteriker sind durch die neuesten Erkenntnisse der

Gehirn- und Genforschung verunsichert: "Moleküle der Gefühle" verursachen unsere Regungen und Gene bestimmen nicht nur die körperlichen Merkmale wie Blutgruppe, Augenfarbe und Krankheitsdispositionen, sondern auch manche unserer Fähigkeiten und Anlagen des Charakters. Wo bleibt da noch Platz für den Geist?

Trotzdem sehe ich keinen Widerspruch zwischen der Auffassung der Esoterik, dass es neben der grobstofflichen Welt noch eine geistige Ebene gibt, und der wissenschaftlichen Erkenntnis, dass elektromagnetische Vorgänge und molekulare Botenstoffe als Träger der Gedanken und Gefühle dienen. Gerade die Tatsache, dass dank der hormonellen Mechanismen und dem genetischen Code nicht nur organische Funktionen, sondern auch psychische Merkmale gespeichert und auf andere Generationen weitergegeben werden können, deutet darauf hin, dass dieses phantastische lebendige System (das wir noch lange nicht vollständig durchschauen) einer Idee folgt und nicht durch Zufall entstanden ist.

Aber auch wenn keine Absicht hinter der Schöpfung steckt – dass sich so hochkomplexe Lebewesen, die sich nicht nur ihres Daseins, sondern auch ihres Bewusstseins bewusst werden, entwickeln konnten, war sicher nur möglich, weil alle gemachten Erfahrungen gespeichert und auch wieder abgerufen werden konnten. So wie das Gedächtnis das Gehirn als Datenbank verwendet, benötigt die Natur das Genom. Auch die geistige Entwicklung wurde erst dadurch möglich. Man kann sagen, hier ist etwas gewachsen, das es in dieser Form zuvor nicht gab.

Das menschliche Bewusstsein, wie wir es heute erleben, gibt es auf diesem Planeten vermutlich erst seit einigen zigtausend Jahren. Es hat unvorstellbar lange gebraucht, bis sich die zur Entwicklung des Lebens nötigen physikalischen und chemischen Voraussetzungen gebildet hatten, und noch einmal unendlich lange, bis die ersten Mikroorganismen entstanden. Die lebendige Datenbank, die uns im Raum und in der Zeit bewusst werden lässt, war nicht in sechs Tagen erschaffen. Ein einziges Leben reichte nicht aus, um einer Maus die fehlenden zehn Prozent Gene einzuschleusen, die sie zum Menschen macht. Also musste es Möglichkeiten geben, die Erfahrungen und zielführenden Eigenschaften zu speichern.

Ob der Fortschritt zu immer komplexeren, bewussteren, intelligenteren Lebewesen nach zufälliger Mutation, aufgrund gemachter und für gut empfundener Erfahrungen, oder von "oben" gelenkt stattfand, ist für unsere Überlegungen nicht von Bedeutung. Selbst wenn sich der Geist, der uns heute das Selbstbewusstsein verleiht, erst im Laufe der Zeit mit der zunehmenden Komplexität der lebendigen Strukturen entwickelte und nicht schon im feurigen Plasma der Ursuppe dieses Planeten sein Endziel vor Augen hatte, selbst wenn unser Geist nicht der gleiche Geist ist, der alle Voraussetzungen für das Bewusstsein schuf – Materie, Zeit und Raum waren für die Evolution, zumindest jenes Geistes, mit dem wir uns heute identifizieren, notwendig. Ohne genetischen Speicher wäre weder die biologische noch die geistige Entwicklung möglich. Ganz gleich, ob dahinter ein Schöpfergott, Reinkarnation oder ein Gesetz der natürlichen Auslese steht. Die Macht des Geistes wird dadurch nicht in Frage gestellt.

Denn man weiß, dass nicht nur Gene den Geist, sondern umgekehrt auch Vorstellungen und Gefühle den Organismus beeinflussen, und dass auch organische und psychische Veränderungen, die erst im Laufe eines Lebens passieren, die angeborenen Gene verändern und damit Grundlage für neue Generationen werden können. Damit wird dem Geist, zumindest in seiner heutigen menschlichen Erscheinungsform, die Möglichkeit geboten, auf seine weitere Entwicklung einzuwirken.

Wenn also die moderne Wissenschaft jedem Gefühl bestimmte Moleküle zuordnet und bei jedem Gedanken biochemische Abläufe und elektromagnetische Impulse im Gehirn registriert, so ist das kein Widerspruch zur Esoterik, im Gegenteil. Das beschreibt nur die notwendige Grundlage für eine zielgerichtete Entwicklung. Es wird ja damit nicht ausgeschlossen, dass Bewusstsein auch ohne organischen Körper möglich wäre. Bewusst SEIN lassen uns ja nicht die neurophysiologischen Vorgänge im Gehirn, sondern die Gedanken und Gefühle und Wollensregungen, die wir dabei wahrnehmen. Und was diese sind, lässt sich wissenschaftlich genauso wenig erklären, wie sich erklären lässt, wer das ist, der sie wahrnimmt, und wie es möglich ist, dass er sich dabei auch noch beobachten kann und denkt, dass er denkt, und weiß, dass er ist.

Man kann zwar Gedanken und Gefühle als Folge von neurophysiologischen Prozessen registrieren, aber genauso lassen sich manche dieser psychophysischen Vorgänge, angefangen von Empfindungen, Gedanken und Gefühlen, bis hin zur Bildung körpereigener Opiate durch die Macht der konzentrierten Vorstellung oder des Glaubens hervorrufen. Auch das wahrnehmende, sich dabei selbst beobachtende und seine Gedanken steuernde Bewusstsein ist damit nicht erklärt. Man weiß zwar, dass die Qualitäten der Grundlagen für das Bewusstsein genetisch bedingt sind und von Umwelteinflüssen geformt werden, aber man weiß auch, dass man genauso, willentlich gezielt mit seiner Vorstellungskraft, auf sie einwirken kann – nicht nur auf seine Gedanken und Gefühle; auch die physische neuronale Vernetzung dazu lässt sich neu verlegen. Den programmierten Mechanismus kann man auch bewusst verändern und die Veränderungen werden an die Nachkommen weitergegeben. Das haben die neuesten Forschungen bestätigt.

Sowohl die Gedanken und Gefühle als auch der von einem wollenden "ICH will" gezündete verändernde Impuls stehen scheinbar außerhalb des Regelkreises auf einer anderen Ebene. Etwas, von dem Computerhersteller nur träumen (oder sich fürchten) können. Diese bewusst oder unbewusst vorkommenden Eingriffe auf die organischen Lebensstrukturen kann man als geistige Eingriffe betrachten. Das bedeutet, dass der Geist zumindest genauso komplex und genial gebaut sein muss wie sein irdischer Körper.

Über Bau und Funktion eines feinstofflichen Organismus, der in seinem Wirken die Grundlage unseres Bewusstseins bildet, fehlt eine logische Definition. Bisher haben auch die okkulten Traditionen keine befriedigende Antwort darauf gegeben. Der Geist wird zumeist als nebuloses Lichtgespinst beschrieben und in drei bis sieben Körper (die manchmal auch als Glieder bezeichnet werden) gezwängt, von einer Ebene auf die nächste verschoben. Hat die

Esoterik versagt? Auf die grundlegenden Fragen des Daseins antwortet sie immer noch mit unverständlichen Symbolen.

Wenn früher jahrhundertelang die Hermetik die Wissenschaft beflügelte, so sollte es heute umgekehrt sein. Ein wichtiger hermetischer Satz lautet: "Wie oben, so unten". Wenn sich also der Geist in der Materie spiegelt, dann lassen sich, umgekehrt, aus den Grundlagen der sichtbaren Natur Rückschlüsse auf die unsichtbaren geistigen Strukturen ziehen. Die Erkenntnisse aus der Wissenschaft, die sich dank der Technik viel rascher entwickelt hat als die Esoterik, können uns demnach weiterhelfen und als Schlüssel für die Deutung der hermetischen Symbole dienen.

In den "**Exerzitien für Freimaurer**" versuchte ich, dem mechanistischen Gesetz der Kybernetik folgend, mit den Symbolen der vier Elemente eine analoge Gliederung und Kybernetik des Bewusstseins zu entwerfen. Die Mechanismen der geistigen und seelischen Vorgänge werden damit anschaulich beschrieben. Für die Anatomie und Physiologie des Geistes bieten meine Theorie von den Elementalen, welche in den Gedanken und Gefühlen persönliche bewusstseinstragende Wesenszellen sieht, und meine Auslegung der Astrologie, die in Analogie zu den Planetenprinzipien zehn Organe des feinstofflichen Körpers beschreibt, das Gerüst für ein brauchbares Denkmodell.

Elementale als geistige Wesenszellen

Ich betrachte die geistigen und seelischen Regungen als feinstoffliche Zellen, die das Bewusstsein tragen, und die, wenn man sie beherrscht, zu feinstofflichen Gliedern werden, mit denen man agieren kann. Und zwar nicht nur in der Welt des Geistes, sondern auch in der grobstofflichen Welt. Vorstellungen verändern nicht nur die Welt des Geistes, sondern können auch, bewusst oder unbewusst, den Organismus beeinflussen. Mit Gefühlsintensität belebte Imaginationen, also konzentrierte Gedanken, belebt durch die beherrschte Kraft der Gefühle (Eros), wirken mitunter sogar auf die grobstoffliche Umwelt ein. Solche physischen Veränderungen mit nichtphysischen Mitteln betrachtet man als Magie. Magie verlangt die Fähigkeit, bewusst und gezielt, kraft seiner Imagination, die geistigen Ursachen (Vorbilder) für Veränderungen zu schaffen.

Ich sehe im Geist keine leblosen Partikeln aus Licht und Schatten, sondern bewusstes lebendiges Sein. Die geistigen Moleküle manifestieren sich als Empfindungen, Regungen, Vorstellungen und Gefühle und wirken, je nach Komplexität, wie lebendige Zellen oder Wesensglieder. Die Hermetik bezeichnet sie entsprechend ihrer Qualität und Dynamik als Elementale, Elementare oder Schemen. Elementale sind immer mit einem Anteil emotionaler Energie belebt und agieren, als wären sie mit Bewusstsein oder Selbsterhaltungstrieb ausgestattet. Überwiegt die Energie und bestimmt ihr Antrieb die Richtung der Qualität, so spricht man von Elementaren. Sie können ein Eigenleben führen, Aufmerksamkeit auf sich ziehen und etwas bewirken; zum Beispiel den Entschluss zu einer Handlung, den Anreiz eines Wunsches oder die Erweckung einer Leidenschaft. Nach meiner Theorie bestehen auch die Götter, Genien und Geister aus diesen elementalen und elementaren Wesenszellen. Man darf nicht, wie das die Jung'sche Schule (Alfred Ribi: "Was tun mit unseren Komplexen") meint, seine persönlichen Wesensteile, die Elementare, Schemen und Komplexe, mit den Göttern, Genien und Dämonen verwechseln.

Elementale wären demnach die Grundlage jeder Vorstellung und der Beginn eines jeden Gedankens. Ein Elemental kann der Keim eines Hoffnungsschimmers, eines guten Vorsatzes oder einer Depression sein. Elementale können krank machen oder die Ursache für den Glauben an Genesung sein. Die Melodie, die einem nicht aus dem Kopf geht, ist genauso ein Elemental wie der Gedanke an die Torte, das Bier oder die Schinkensemmel im Kühlschrank.

Alle Ideen, Einfälle und Inspirationen beruhen, nach dieser Theorie, auf der Wahrnehmung eines Elementals. Sie tauchen auf als "Eingebung" oder im Gefolge anderer Gedanken und Wahrnehmungen und verbreiten sich über Gespräche, Medien oder gezielte "magische" Manipulation. Elementale prägen den Zeitgeist, indem sie Meinungen bilden, Hoffnungen wecken und Befürchtungen schüren. Sie können in Skulpturen stecken oder in Wänden und prägen die Atmosphäre eines Raumes, sei es aufgrund der besonderen Architektur oder der unbewussten Imprägnierung durch die Anwesenden (Bahnhof, Kirche, Krematorium). Elementale verbreiten sich auch über das mentale Feld einer Menschengruppe und können bei dieser Gelegenheit wie Bazillen übertragen werden. Aberglaube, Fanatismus und Massenhysterie werden genauso von Elementalen verursacht wie die heilbringende Stimmung durch eine weihevolle Zeremonie, den Zauber der Natur oder gute Musik. Elementale können in Kleidern sitzen, in Masken, in Symbolen und durch Rituale (auch die Macht der Gewohnheit ist ein Ritual) freigesetzt werden.

Da Elementale Vorstellungen sind, folgen sie der Vorstellungskraft und bergen auch einen Teil dieser geistigen Energie in sich. Die Fähigkeit, sich von Elementalen, also einer Vorstellung oder einem Gefühl zu lösen oder eine Vorstellung oder ein Gefühl wahrzunehmen, anzunehmen und bewusst an sich zu binden, bestimmt die persönliche geistige Macht und die Qualität des Erlebens. Einmal belebt, dienen sie nicht nur als persönliche Wesenszellen und Bewusstseinsträger, sondern können auch in fremde Bewusstseinsräume übertragen werden, wodurch eine Manipulation und Veränderung im Denken, Fühlen und Wollen eines anderen herbeigeführt werden kann. Die alte hermetische Idee vom "Lösen und Binden" erscheint damit in einem neuen Licht.

"Am Anfang war das Wort." Die gebräuchlichste und zugleich dichteste Form eines Elementals ist das Wort, ausgesprochen oder in symbolischer Form als Schrift. Auch das ist Magie. Man sagt etwas und verändert damit den Bewusstseinsinhalt eines anderen. Worte können sogar bewegen. Man denke nur an die Werbung oder die Massenhysterie bei größeren Menschenansammlungen, wo sich ein Elemental tausendfach vervielfältigt und entsprechend verstärkt zur Wirkung kommt.

Elementale lassen sich zwar nicht nachweisen, aber bemerken

kann sie jeder. Wer über sich nachdenkt, in sich schaut und sich die Frage stellt: "Wer bin ich?“, wird direkt auf sie stoßen. Statt sie als abstrakte Energien des Bewussten oder Unbewussten zu verdrängen, ist es anschaulicher, seine Bewusstseinsträger als "Elementale" und persönliche Wesenszellen zu betrachten. Auch die Wissenschaft greift immer öfter zu Erklärungen, die nicht belegbar sind, aber trotzdem als Denkmodell das Verständnis eines sonst schwer verständlichen Zusammenhangs erleichtern. "Wirklich ist, was wirkt", meinte C.G. Jung und arbeitete mit Begriffen wie Archetypen, Komplexen und Schatten. Für mich sind die geistigen Moleküle, das, was einen täglich bewusst sein lässt, also die Gedanken, Gefühle und Wollensregungen, genauso real wie die Moleküle und greifbaren Dinge der äußeren Welt.

Elementale wurden bereits von Ficino und Giordano Bruno in Form der Phantasmen beschrieben und in der magischen Praxis verwendet. Man studiere dazu das hervorragende Werk von Ioan P. Culianu "**Eros und Magie in der Renaissance**" (Insel Verlag). Auch Franz Bardon räumte ihnen in seinem einzigartigen Lehrwerk der Magie, "**Der Weg zum wahren Adepten**", einen wichtigen Platz ein und beschreibt Techniken, wie man sie als Hilfsgeister einsetzt.

Meine Theorie geht noch einen Schritt weiter. Ich meine, dass Elementale nicht nur geistige Moleküle oder Hilfsgeister sind, sondern dass man selbst aus Elementalen besteht und dass sich aus den beherrschten und kontrollierten elementalen Wesenszellen die Glieder und Organe eines feinstofflichen Körpers gestalten lassen, mit dem man dann auch außerhalb seines persönlichen Bewusstseinsraumes Erfahrungen sammeln kann.

Doch ehe man mit seinen geistigen Wesenszellen gezielt arbeitet oder seinen Körper verlässt, sollte man auch eine Vorstellung von seinen geistigen Gliedern und Organen haben. Diese sind natürlich keine feinstoffliche Kopie der sichtbaren Körperorgane, sondern als gesonderte Funktionen zu betrachten, die aber miteinander sinnvoll verbunden sind.

Die Organe der geistigen Persönlichkeit

Diese Theorie von den Wesenszellen und von den Seelenorganen in Analogie zu den Planetenprinzipien der astrologischen Tradition gibt ein anschauliches Bild vom eigentlichen Wesen des Menschen. So wie man Ohren zum Hören, Augen zum Sehen, Füße zum Laufen und Finger zum Ergreifen der Dinge hat, so kann man sich den feinstoffliche Körper mit Seelenorganen ausgestattet denken, die das Bewusstsein regeln.

Sehr grob vereinfacht könnte man sagen, man identifiziert sich mit seiner inneren Sonne. Fühlt sich gestimmt und phantasiert mit seinem Mond. Nimmt Informationen wahr, verarbeitet sie und reagiert, also denkt, mit seinem Merkur. Empfindet Zu- und Abneigung, passt sich an und liebt mit seiner inneren Venus. Will etwas und agiert mit seinem Mars. Erhofft, erwartet, sät und erntet, wächst und reift mit seinem Jupiter. Festigt sich und grenzt sich ab mit seinem Saturn. Erfasst Neues und befreit sich damit mit seinem Uranus. Verliert sich, den Halt oder den Zusammenhang und weitet sich aus mit seinem Neptun. Und bezwingt sich und die Welt mit seinem Pluto.

Jedes Seelenorgan hat eine bestimmte Funktion und wird, seiner Aufgabe entsprechend, mit dem analogen kosmologischen Planetenprinzip in Verbindung gebracht. Die Seelenorgane können folgendermaßen beschrieben werden:

- Die innere **SONNE** repräsentiert das Organ, welches selbstbewusst das Eigenwertgefühl ins Zentrum des Daseins stellt.
- Der innere **MOND** beeinflusst über die Phantasie die Gefühle und den seelischen Stimmungsbereich.
- Der innere **MERKUR** schaltet die Vorstellungen und regelt damit die Auffassungsgabe und das Denkvermögen.
- Durch die innere **VENUS**, das Organ für Harmonie und Zuneigung, wird die Anpassungs- und Ausgleichsfähigkeit, also das Liebesempfinden geweckt.
- Das Seelenorgan der Antriebs- und Durchsetzungsfähigkeit, dass sich im Trieb- und Dranghaften und kontrolliert als Tatimpuls

und Willenskraft äußert, entspricht dem astrologischen Prinzip eines inneren **MARS**.

- Der innere **JUPITER** ist das sinngebende Prinzip des Urteilsvermögens, das, den Zuwachs ordnend, die Qualität der optimalen Wert- und Zielvorstellungen für den Erfolg bestimmt und damit auch das ethische Niveau und die persönliche Reife prägt. Jupiter ist die Grundlage für das Optimum, für den Bedeutungswert der Werte und bestimmt damit sowohl die Assimilation als auch das Expansionsstreben.
- Der innere **SATURN** verursacht das Hemmende, das verdichtet, bewahrt und zurückhält (Furcht, Erfahrung, Gewissen) und als Konzentrationsfähigkeit dem persönlichen Willen folgt und Grenzen und Fundamente schafft.
- Der innere **URANUS** regelt die Fähigkeit der Intuition, um Neuland zu erschließen, und macht von Traditionellem, von Erinnerungen, von alten Denkstrukturen unabhängig.
- Der innere **NEPTUN** löst alles Bindende auf, oft auch die Gewissens- und Vernunftgrenzen der Gedanken tragenden Strukturen, und lässt erahnen, was nicht zu wissen ist, oder vernebelt und verbirgt.
- Durch den inneren **PLUTO** entstehen zwingende Emotionen, die oft gewaltige Erschütterungen auslösen, was alte Formen (der Persönlichkeit und ihrer Werte) zerstört und Raum und Stoff für und Neugestaltung schafft. Pluto ist das Organ für echte Transformation. Es ist das Übermächtige. Pluto bedeutet nicht zu viel Energie, sondern die zwingende Gewalt. Wenn Mars sagt "Ich will", so bestimmt Pluto "Ich muss".

Damit haben wir zehn Grundfunktionen des persönlichen Bewusstseins, die in ihrem Zusammenwirken die Bestrebungen und Fähigkeiten der Gesamtpersönlichkeit ergeben:

SONNE: "Ich bin" (Selbstbewusstsein).
MOND: "Ich fühle" (Gefühlstiefe).
MERKUR: "Ich denke" (Verstand).

VENUS: "Ich liebe" (Harmonieempfinden).
MARS: "Ich will" (Leistungskraft).
JUPITER: "Ich vollende" (Urteilsfähigkeit).
SATURN: "Ich bewahre" (Gewissen).
URANUS: "Ich verändere" (Intuition).
NEPTUN: "Ich löse auf" (Inspiration).
PLUTO: "Ich muss" (Transformation).

Die zwölf Abschnitte der Ekliptik, die so genannten Tierkreiszeichen, wirken dabei wie feinstoffliche Klimazonen und bestimmen die Qualität der jeweils unter ihrem Einfluss strukturierten geistigen Organe. Eine Sonne im Löwen wird das Selbstbewusstsein wesentlich stärker in den Mittelpunkt der Aufmerksamkeit rücken als zum Beispiel eine Sonne in den Fischen. Ein Mars im Widder wird das Seelenorgan für Aktivität viel dynamischer erscheinen lassen als ein Mars in der Waage.

Diese tiefenpsychologischen Zentren als Schaltstellen des Bewusstseins gleichen also ganz den überlieferten astrologischen Prinzipien, die bekanntlich bereits in der antiken Götterwelt als personifizierte Mächte, die von "oben" lenken, ihren Ausdruck fanden. Tatsächlich ist nicht nur die persönliche Wesensstruktur nach den jeweils bei der Geburt vorherrschenden Konstellationen ausgerichtet, sondern auch im weiteren Lebensverlauf ein deutlicher, astronomisch vorher berechenbarer Einfluss zu verspüren. Der Zustand und das Funktionieren der geistseelischen Organe ist Schwankungen unterworfen, und es besteht ein statistisch nachweisbarer Zusammenhang zwischen den Positionen der Planeten auf den Graden der Ekliptik einerseits und den geistigen, seelischen und biologischen Abläufen im menschlichen Wesen andererseits.

Die Astrologie bietet damit nicht nur ein brauchbares Denkmodell für Überlegungen über den Geist und hilft die Frage "was bin ich?" zu beantworten, sie ist auch eine wertvolle Lebenshilfe. Man kann sein Leben besser planen und gestalten, wenn man bereits im Voraus weiß, wann man wie gestimmt ist und wie man (oder ein Partner), aufgrund bestimmter Konstellationen, voraussichtlich reagiert und agieren kann.

Ich habe im Laufe meiner beratenden Tätigkeit tausende Horoskope überprüft und fand die astrologischen Regeln fast immer bestätigt. Mir ist auch niemand begegnet, der in der Lage war, ein Horoskop zu berechnen und zu deuten, der dann noch an der Astrologie gezweifelt hätte. Allerdings kann ich verstehen, dass sich intelligente Menschen von dem, was heute als Astrologie verkauft wird, abgestoßen fühlen. Ich empfehle als Einstieg, Thomas Ring zu lesen. Er hat mit seinen vier Bänden "**Astrologische Menschenkunde**" (Bauer Verlag) erstmals eine tiefenpsychologisch fundierte Astrologie beschrieben, die auch ein naturwissenschaftlich denkender Leser akzeptieren kann.

Die Astrologie liefert überzeugende Nachweise für das Wirken feinstofflicher Kräfte in und außerhalb des menschlichen Bewusstseins und ist damit auch ein Schlüssel zur Magie.

Magie, ist so etwas wirklich möglich?

Das magische Weltbild beruht auf der Annahme, dass im Raumfeld der sichtbaren, greifbaren, grobstofflichen Welt noch eine feinstoffliche, "geistige" Daseinsform existiert und es möglich ist, von einer Ebene auf die andere einzuwirken. Als geistig werden dabei nicht nur die Geister, Götter und Dämonen bezeichnet, sondern auch die Menschengeister und deren Bewusstseinsträger, die Vorstellungen, Gefühle und Willensimpulse. Im bewussten Wahrnehmen seiner Gedanken, Emotionen und Phantasien erwacht das Selbstbewusstsein. Dieses und der gezielte Umgang mit seiner Glaubens-, Willens- und Imaginationskraft sind für den Esoteriker die geistigen Grundlagen für sein bewusstes Sein und Agieren, ganz gleich auf welcher Ebene. Er experimentiert mit dem lebendigen Stoff, aus dem auch die Träume sind, den Phantasmen oder Elementalen.

Auch in der Magie bilden die Elementale die Grundlage aller Experimente und Geistesforschung. Sie sind für mich nicht nur das, woraus Geist und Seele besteht, sondern auch die lebendige Geistsubstanz jeder hermetischen Arbeit.

Realisiert sich eine Vorstellung, ein Gedanke oder ein gehegter Wunsch scheinbar ohne erkennbare physische Ursache, denkt man an Magie.

Genau genommen zielen alle magischen Praktiken darauf ab, Belebtes oder Unbelebtes mit Elementalen zu beeinflussen, verändern oder imprägnieren. Man überträgt eine Vorstellung, also einen Geist, entweder direkt in das Bewusstsein eines anderen oder auf einen Gegenstand und verwendet diesen Geistträger je nach Bedarf im Sinne der jetzt innewohnenden Idee. Magisches Werkzeug, zum Beispiel Zauberstäbe, Zauberspiegel, Amulette, wundertätige Bilder, Reliquien, geweihte Statuen oder heilige Stätten, Symbole und Glyphen, ja sogar Zauberformeln und Gebete, sind nichts anderes als mit Elementalen imprägnierte Formen und Behälter einer geistigen Macht. In der katholischen Kirche wird diese Technik bei der Eucharistie angewendet, und ich lade auf diese Weise meine Amulette. In der praktischen Quabbalah verwendet der Quabbalist anstelle von Gegenständen rein geistige Grundlagen als elementale Träger, nämlich Vorstellungen von Tönen, Farben und Empfindungen.

Trotzdem: Hocuspocusfidibus – so einfach ist es nicht. Magische Wirkungen erzielt man nicht dank der Macht und Kraft von Zauberstäben, Formeln oder Ritualen. Diese können einem bestenfalls als Bewusstseinsstütze dienen und helfen, die Mächte, Fähigkeiten und Eigenschaften, die man zur Durchführung seines Vorhabens benötigt, zu mobilisieren. Das, was letztlich wirklich wirkt, sind immer die Elementale. Auch die Mithilfe eines Geistes oder einer höheren Intelligenz wird man nur erreichen, wenn man dem Wesen, mittels Elementalen als Boten, verständlich macht, was man von ihm will. Wer Magie betreibt, muss zuvor seine Elementale, also seine Gedanken und Gefühle beherrschen. Doch das beachten die meisten nicht, sie zaubern einfach drauf los.

Auch für mich war das Thema Magie zuerst nur der natürliche Übergang von der Märchenwelt in die Welt der Abenteuer. Dann wurde ich neugierig und machte selbst Experimente. Da der Glaube noch ungetrübt vorhanden war, verliefen manche davon überraschend erfolgreich. Danach erlebte ich Misserfolge. Probleme tauchten auf und ich versuchte gezielt, mit Magie beim Schicksal eine Anleihe zu beschaffen. Inzwischen weiß ich, die Rückzahlung fällt einem dann schwerer, als hätte man nichts erreicht. Das Märchen von den drei Wünschen bringt das sehr gut zum Ausdruck. Doch zum Glück gelingt der Zauber später nicht mehr so oft wie früher. Erfolge beruhen zumeist auf Zufall oder, was wohl am häufigsten vorkommt, das Erwünschte wäre auch ohne den ganzen Aufwand eingetreten.

Ich will nicht bestreiten, dass Magie unter bestimmten Umständen funktioniert. Aber sie ist ungemein aufwändig und funktioniert genauso oft auch nicht. Oder erst viel später, wenn man es gar nicht mehr erwartet. Oder das Erwünschte realisiert sich, hat aber ganz andere Folgen als erhofft. Man weiß auch nie, ob und wann der Zauber wirkt, und das macht alles unberechenbar.

Heute sehe ich in der Magie nicht ein Mittel, das dazu dient, die Welt nach seinen Wünschen zu verändern oder Geister zu beschwören, sondern umgekehrt, eine Möglichkeit zu lernen, sich selbst so zu verändern, dass einen die Welt und die Geister nicht mehr verändern oder beherrschen können. Die Beschäftigung mit magischen Praktiken setzt nämlich ganz bestimmte geistige Fähigkeiten voraus, die einem im Alltag genauso zugute kommen wie im Tempel.

- ***Imaginationsfähigkeit:*** Wer geistige Welten und Wesen wahrnehmen und erkennen will, muss zuvor mit seiner Vorstellungskraft eigene geistige Welten formen können und dabei lernen, die inneren Bilder und Vorstellungen "zu sehen, zu hören und zu empfinden". Imaginationsübungen stärken nicht nur die Konzentrationskraft, sondern entwickeln auch die Wahrnehmungsfähigkeit des Geistes. Erst wenn man die eigenen Vorstellungen und Bilder als Realität wahrnehmen kann, wird man auch andere mentale Formen fehlerfrei erkennen.

- ***Willenskraft und Hingabefähigkeit:*** Wer geistige Welten und Wesen beherrschen will, muss zuvor die Geister, die sein eigenes Wesen und seine Innenwelt bilden – die Gedanken, die Gefühle und die Triebe –, beherrschen und sich von ungewollten

Regungen befreien. Wer das nicht kann, wird von ihnen beherrscht und von seinen eigenen Schwächen (jeder gibt sich andere Blößen) unweigerlich in Lebenskrisen gestürzt. Selbstbeherrschung und Selbstveredelung gehören deshalb zu den ersten Übungen jeder echten magischen Tradition.

- ***Bewusstsein:*** Wer geistige Welten und Wesen erleben will, muss sein Bewusstsein versetzen können. Auch Bewusstsein ist Geist und lässt sich mit der Vorstellungskraft lösen und fixieren. Wer sein Bewusstsein auf die Vorstellung ICH BIN konzentriert, ist von anderen Bewusstseinsträgern unabhängig und kann sich, oder die Vorstellungen von seiner Umgebung, im Geist bewegen. Man ist bewusst, weil man Bewusstsein hat, einmal mehr und einmal weniger. Bewusstsein ist von unterschiedlicher Stärke und muss wie Willenskraft ständig trainiert werden. Ist man sich als Beobachter seines ICH bewusst, hat man den Zustand des magischen Wachseins erreicht.

Magie ist weder eine harmlose Spielerei noch ein gefährlicher Geisterzwang. Aber wer nicht täglich bewusst seine geistigen Organe trainiert und die Hilfsgeister der magischen Gegenstände, die er verwendet, durch seine Aufmerksamkeit und Zuwendung pflegt, wird kaum Erfolge verzeichnen. Andererseits birgt gerade die ständige Beschäftigung mit Magie Gefahren. So wie manchen Menschen Religion als Droge dient, kann die Beschäftigung mit Magie zur Sucht ausarten und die Betroffenen von ihrer Idee besessen machen. Besonders die Technik der zeremoniellen Evokationsmagie bringt mehr Probleme als Vorteile. Ich kannte Zauberer, die krampften sich ihre Seele aus dem Leib, im Glauben, es sei ihre Willenskraft, und während sie täglich ihre Rituale klopften, gingen sie elendiglich und völlig erfolglos zugrunde. Dabei hätten sie es viel einfacher haben können.

Wahre Magie ist wie ein kraftvolles stilles Gebet. Krampflos, ja sogar wunschlos. Der einzige Aufwand, der nötig ist, ist die feste Überzeugung, dass das, was man erwartet, für einen in jeder Hinsicht und ohne jede Einschränkung gut ist und dass es auch keinem anderen schadet. Man stellt sich vor, dass es, wie die Strahlen der Sonne unter dem Horizont, bereits vorhanden ist. Da man es in Gedanken (mit seinen Elementalen) schon erschaffen hat, ist es ja tatsächlich im Geist existent.

Mit dieser Form der Magie dauert es vielleicht etwas länger, bis sich das Erwünschte realisiert, dafür jedoch hat das Verwirklichte auch wirklich Bestand. Ich konnte in meinem Leben dank dieser direkten Arbeit mit dem Geist fast alles erreichen, was ich anstrebte und plante, und habe schon lange keine Wünsche mehr offen.

Diese Technik hat aber nichts mit dem viel strapazierten "Positiven Denken" der licht- und liebetrunkenen New-Age-Anhänger zu tun. Die denken nicht positiv, sondern hängen schönen Träumen nach, ohne sich über deren eventuelle Folgen den Kopf zu zerbrechen, oder hegen unrealistische Wünschen und zersehnen sich nach etwas, an das sie selbst nicht glauben. Am besten beschreibt Prentice Mulford in "**Unfug des Lebens – Unfug des Sterbens – Ende des Unfugs**" (Fischer Verlag), wie man richtig vorgehen soll.

Beim Thema Magie und Gruppenbildung stellt sich natürlich auch die Frage nach der Freimaurerei. Die Erfahrung scheint tatsächlich darauf hin zu deuten, dass gemeinsam gebildete Gedanken eine stärkere Dynamik entwickeln, als wenn ein Einzelner etwas imaginiert. Es ist also nicht ausgeschlossen, dass eine seriöse Loge oder Ordensgemeinschaft, wenn sie den Regeln einer magischen oder einer mystischen Tradition folgt, ihren Mitgliedern die geistigen Welten erschließt oder zumindest ein Tor öffnet und den Weg zu den Mysterien weist. Die Mittel sind Initiation, Lehrgut, Symbole und Ritual sowie Instruktionen und Anleitung zur eigenen Praxis. Der tiefenpsychologische Effekt des Initiationserlebnisses und die weitere Verleihung von Würdegraden vermitteln darüber hinaus das Gefühl, ein Auserwählter zu sein. Das stärkt das für hermetische Arbeiten nötige Vertrauen in die eigene geistige Macht und Kraft. So kann für manche Suchende in bestimmten Stadien ihrer Entwicklung die Mitgliedschaft in einer Logengemeinschaft für die Meisterung ihres Weges von Vorteil sein. Meine eigenen jahrzehntelangen Erfahrungen und Bemühungen, die Freimaurerei in diese Richtung zu befruchten (siehe auch Gnostika, Januar 1997), lassen mich jedoch daran zweifeln, ob das heute noch möglich ist. Genauso wie die großen Religionen nicht mehr in der Lage sind, den Weg zu Gott über die Mystik zu weisen, findet der Suchende in der Freimaurerei nicht den Weg der Magie, zu sich selbst.

Mystik – wie weit darf sich das ICH verlieren?

Definiert man Magie als Wissenschaft vom Wunder schöpferischen Werdens, weil durch sie aus dem scheinbaren Nichts einer unsichtbaren Ebene auf einer anderen Ebene neue Realitäten geschaffen werden, so könnte man Mystik als das Mysterium vom Vergehen definieren, weil dabei etwas, das sich scheinbar loslöst, auflöst und verschwindet, trotzdem erhalten bleibt und sich auf einer anderen Ebene wieder findet.

Esoterische Praxis verlangt daher auch Erfahrungen in der Mystik. Die mystische Begabung, sich der Stille hinzugeben, ist genauso wichtig wie die magische Fähigkeit, etwas zu bewegen oder zu halten. "Lösen und Binden." Nur so kann das Bewusstsein zwischen aktiver Konzentrations- und passiver Empfangsbereitschaft gewahrt bleiben. Aber genauso wenig wie die Schulung zum Magier dazu dient, dass man lernt, mit der Macht des Geistes die grobstoffliche Ebene zum persönlichen Vorteil zu manipulieren, dürfen mystische Hingabe und Verzückung zur Weltflucht oder zu Realitätsverlust führen. Nur wer entsprechend vorbereitet ist, steigt auf, wenn er sich fallen lässt. Der mystische Schwärmer gelangt nicht in die "höheren" Welten seiner Götter, sondern verliert sich in der Phantomwelt seiner Phantasien.

Deshalb darf sich nicht das ICH, also die Vorstellung von seinem Sein, auflösen, sondern man muss in der Lage sein, sich von seinen Bewusstseinsträgern, den Gedanken und Gefühlen, die einen bewegen, zu lösen, um für andere Bewusstseinsträger offen zu sein. Wer glaubt, dass das einfach sei, versuche fünf Minuten lang, an nichts zu denken, ohne dabei einzuschlafen.

Ich bin alles andere als der Typ eines Mystikers. Ich hatte nie das Verlangen, mich wo anzulehnen, und auch mein religiöses Bedürfnis war mit dem Kindheitsglauben erschöpft. Heute sehe ich mich, wie Meyrink einmal von sich sagte, eher als Gottverlierer denn als Gottsucher. Trotzdem suche ich in Zeiten des Zweifels oder der Resignation ob der scheinbaren Hoffnungslosigkeit, welche diesen Planeten umgibt, Trost und Geborgenheit im Glauben, dass es auch noch andere Welten und Wesen gibt. Und ich finde die Bestätigung in der erhabenen mystischen Stille der Berge, wo mich die Nähe des Himmels, ohne dass ich den Boden unter den Füßen verliere, den Geist der Schöpfung ahnen lässt. Ich finde ihn in den geheimnisvollen Weiten der nordischen Wälder und Seen, wo man noch die Gegenwart vom Geist der Natur und die Naturgeister spürt. Und ich finde meinen Glauben wieder im Mysterium der Musik, im "Gottesdienst" der großen Messen, Requien und anderer Werke genialer Komponisten, in denen sich ein Geist offenbart, der auf überwältigende Weise die Harmonie und Gestaltungskraft einer unfassbaren Macht erahnen lässt. Auch die Musik gehört in den Bereich der Mystik, denn sie erhebt den, der sich ihr hingibt, in eine andere Welt. Damit sind wir beim wohl aufregendsten Thema der Esoterik, dem Lösen des Geistes aus dem Körper.

Bewusstsein ohne Körper?

Außerkörperliche Erfahrungen gehören für mich zu den beeindruckendsten Erlebnissen meiner esoterischen Praxis. Es ist ungemein beglückend, wenn man bemerkt, dass man sich ohne seinen Körper erheben kann. Aber einen Beweis für ein Leben nach dem Tod sehe ich darin nicht. Außerkörperliche Erfahrungen führen einem nämlich genauso unerbittlich die Ohnmacht und Grenzen seiner geistigen Möglichkeiten vor Augen. Denn das Glück währt in der Regel nur kurz. Wer seine Geisteszellen und Wesensglieder nicht wirklich beherrscht (und wer kann das schon), ist ohne seine gewohnten Sinnesorgane weder in der Lage, die Welt, in der man sich ja immer noch befindet, richtig wahrzunehmen, noch die Eindrücke aus den geistigen Ebenen richtig zu deuten. Was man erlebt, sind verzerrte Bilder der Realität, und die Wahrnehmungen der Geister, die einem scheinbar erscheinen, erklären sich später als eigene Gedankenformen, denen man in diesem Zustand gegenüber steht.

Das heißt nicht, dass sich alles nur in der Fantasie abspielt oder man das ganze nur träumt. Ich kann meine Träume, selbst die luziden Träume, sehr genau von Erlebnissen im außerkörperlichen Bewusstseinszustand unterscheiden. Mit einiger Übung lernt man die unterschiedlichen Eindrücke richtig einzuordnen und sich gezielt zu bewegen. Aber man ermüdet sehr rasch. Es ist enorm schwierig, ohne seinen Körper die Position seines Bewusstseins über einen längeren Zeitraum aufrecht zu halten. Die Wahrnehmungen geraten bald wieder außer Kontrolle. Man wird in seinen Körper zurückgezogen oder schläft einfach ein und beginnt zu träumen. Manche deuten dann diese Träume als Besuche auf anderen Ebenen, aber das entspricht nicht meinen eigenen Erfahrungen. Heraus aus dem Körper bedeutet nicht hinein in eine andere Welt.

Es besteht auch kein Grund zu der Annahme, dass sich das nach dem Tod ändert. Es wäre unlogisch, dass eine Fähigkeit, die man nicht entwickelt hat, plötzlich von selbst vorhanden ist. Außerkörperliche Erlebnisse beweisen also nicht, dass man den Tod überlebt, aber sie bieten eine Möglichkeit, sich darauf vorzubereiten. Es ist anzunehmen, dass die für diese Experimente geschaffenen Wesenszellen das Bewusstsein auch nach dem endgültigen Ablegen des physischen Körpers tragen. Und außerkörperliche Erfahrungen kann man lernen. Ich beschreibe meine Erlebnisse in meinem Buch "Außerkörperliche Erfahrungen - Wie man lernt, ohne seinen Körper zu leben". Es ist ein einfacher Weg, den jeder gehen kann.

Es sind auch noch viele andere brauchbare Bücher im Handel:
"Der Mann mit den zwei Leben", Robert A. Monroe, Ansata Verlag
"Die Aussendung des Astralkörpers", Sylvan J. Muldoon, Bauer Verlag

"**Raumfahrt der Seele**", Reinhard Fischer, Bauer Verlag
"**Der Sphärenwanderer**", Herbert A. Engel, Ansata Verlag
"**Erlebnisse jenseits der Schwelle**", Alfred A. Lischka, Ansata Verlag
"**Quellen der Nacht**", Werner Zurfluh, Ansata Verlag
"**Erfahrbarkeit außerkörperlicher Daseinsebenen**", A. Töpper, Bauer V.
"**Reisen in die unsterbliche Dimension**", D. Scott Rogo, Peter Erd Verlag
"**Der dritte Kreis des Wissens**", Ernst R. Waelti, Ansata Verlag
"**Träume bewusst steuern**", Celia Green, Fischer Taschenbuch
"**Kreativ träumen**", Patricia Garfield, Ansata Verlag
"**Jenseits dieser Welt**", I.P. Couliano, Diederichs Gelbe Reihe
"**Außerkörperliche Erfahrungen**", Emil Stejnar, Stejnar Verlag

Ich habe dazu eine einfache Technik entwickelt, welche den Zustand des Traumbewusstseins nützt. Die Traumwelt bietet nämlich eine gute Möglichkeit zur Bewusstseinsversetzung. Man ist ja im Traum nicht bewusstlos, sondern ist sich nur nicht bewusst, dass der Körper im Bett liegt und man alles nur träumt. Sobald einem das in den so genannten luziden Träumen klar wird, befindet man sich im Zustand des magischen Wachseins und kann sein Bewusstsein problemlos versetzen, auch neben seinen Körper.

Das Problem ist das Wachsein. Mit Wachsein meine ich nicht das nicht Schlafen, sondern das Wissen um sein geistiges Sein. Die kurzen Momente, in denen man sich selbst, als wäre man selbst ein anderer, beobachten kann und einem bewusst wird, dass man ein Geist ist, der in einem Körper steckt. Das Bewusstsein kann man genauso wenig festhalten wie den Strom der Zeit, es wird einem immer wieder entgleiten. Aber man kann es sich bewusst machen und es, so lange man seine Aufmerksamkeit darauf richtet, in Form einer Vorstellung bewahren. Man kann das Zentrum seines Bewusstseins, sein ICH, bewahren, indem man sich SELBST als Beobachter bewusst macht und damit aus dem Geschehen heraushält, auch wenn man mitten drinnen steckt. Das gilt für alle Ebenen. Für die Traumwelten genauso wie jetzt, während Sie diesen Artikel lesen. (Man studiere dazu Evolas wertvolle Hinweise in "**Magie als Wissenschaft vom Ich**", Ansata Verlag, Seiten 55, 76, 142,

164, sowie "**Der Lichtleib**", Gnostika, Oktober 1998 und meine beiden Bücher "An der Pforte zur letzten Latern" und "Träumen kann gefährlich sein“).

Selbst wer sich ausschließlich mit seinem Körper identifiziert, wird, sobald er sich bewusst macht, wie er durch die Augen seines Körpers blickt und wie er dessen Glieder durch sein Wollen steuert, von einer geistigen Vorstellung getragen. Damit hat er sich ein geistiges Bild als Wesensglied geschaffen, auf das er sich auch ohne seinen Körper stützen kann. Das ist keine philosophische Überlegung, sondern eine konkrete nachvollziehbare Erfahrung aus der esoterischen Praxis. Je öfter man sich auf diese Weise im täglichen Alltag sein geistiges Wesen in Erinnerung ruft und "erwacht", umso konkreter wird man sich empfinden. Eines Tages wird man auch im Traum "erwachen" und wissen, dass man träumt, und kann den luziden Zustand für seine Experimente nützen.

Erst denken, dann glauben

Wer an geistige Welten und Wesen glaubt, der soll sich auch ein Bild davon machen. Die Vorstellung von den Elementalen als feinstoffliche Wesenszellen der Menschen und Götter bietet die Grundlage für ein anschauliches Denkmodell. Nicht nur für den Bau und die Funktion des persönlichen Geistes, sondern auch für den Geist, der die Wesen miteinander verbindet. Die Theorie von den Elementalen führt damit noch etwas anderes, das ganz wichtig ist, vor Augen; nämlich dass es nicht gleichgültig ist, welche seiner Wesenszellen man durch die Zuwendung seiner Gedanken und Gefühle pflegt. Man sollte sich gut überlegen, welche Elementale man über die Medien konsumiert oder verbreitet und damit andere befruchtet oder infiziert. Viel Unheil in dieser Welt ließe sich vermeiden, wenn die Menschen bewusster mit den Elementalen umgingen. Wenn die Philosophie dazu verhilft, Fragen richtig zu formulieren. Wenn die Naturwissenschaft davor bewahrt, sich in falschen Antworten zu verlieren. Esoterische Praxis kann helfen, den Weg zu sich selbst zu finden.

ESOTERIK UND WISSENSCHAFT IM 3. JAHRTAUSEND

Sind Magie und Mystik noch zeitgemäß? Darf im dritten Jahrtausend ein intelligenter Mensch an eine göttliche Vorsehung, an einen Geist, an eine Seele glauben? Kann es ein gerechtes "Karma" geben, wenn bereits in der Mikrowelt der Materieteilchen das Gesetz von Ursache und Wirkung nicht mehr stimmt? Wo bleibt der Sinn der Tugend und der Geistesschulung, wenn Gene und Moleküle den Charakter bestimmen?

Werden heute Religion und Esoterik von der Wissenschaft widerlegt? Die Antwort ist nein. Im Gegenteil. Gerade die neuesten Erkenntnisse aus der Astrophysik lassen die Möglichkeit einer Einwirkungen unbekannter Mächte auf unser Universum nicht mehr ausschließen. Und auch die Forschungsergebnisse der Quanten- und Neurophysik zeigen Mechanismen und Schaltstellen des Bewusstseins, die die Grenzen der materiellen Ebene überschreiten.

Von all diesen Dingen wussten die alten Meister nichts. Während in den letzten zweitausend Jahren die Philosophie und die Magie die Wissenschaft befruchtet haben, ist es heute umgekehrt. Die Philosophie, die Magie und die Mystik – das Gedankengut der Alten ist ausgeschöpft. Jetzt steht die moderne Naturwissenschaft an der Schwelle zur geistigen Welt.

Daher folgt der Magier des dritten Jahrtausends zwar den Spuren der Gnosis und Hermetik, aber genauso verfolgt er aufmerksam die Erkenntnisse der modernen Forschung. Auch die Geisteswissenschaft muss sich weiter entwickeln. Dazulernen kann man nur noch durch eigenes Erleben aus der hermetischen Praxis und durch die Erkenntnisse der modernen Wissenschaft.

DIE GROBSTOFFLICHE WELT:

DATENBANK FÜR DEN GEIST UND ENERGIEQUELL FÜR DIE SEELE

Sind Magie und Mystik noch zeitgemäß? Darf ein intelligenter Mensch noch an Gott, an einen Geist und eine Seele glauben?

In den letzten Jahren wurden sensationelle Entdeckungen gemacht. In der Hirnforschung, Neurologie, Molekularbiologie und Zellforschung kam man dank moderner Technik und Computer zu Erkenntnissen, die scheinbar beweisen, dass alles durch die Materie bestimmt wird; nicht nur das Leben, auch die Emotionen, die Gefühle, der Charakter und der Geist. Hormone und andere Botenstoffe, deren Qualität wieder von bestimmten molekularen Strukturen abhängt, und neuronale Vernetzungen für elektrochemische Impulse geben unsere Fähigkeiten und den Inhalt unseres Bewusstseins vor.

Wir wissen heute: Körperliche Empfindungen, also grobstofflich Bedingtes wie Schmerzen, und feinstofflich Seelisches, also Gefühle wie Angst, werden von den selben Proteinen und Rezeptoren gesteuert. Anlagen, Eigenschaften und Begabungen sind durch die vorhandenen Gene vorgegeben. Versuche haben gezeigt, dass sogar kriminelle Neigung sich aus der Unfähigkeit ergibt, Vorstellungen und Gefühle miteinander logisch zu verbinden. Etwas Chemie in Form von Alkohol hebt die Stimmung und das Selbstbewusstsein. Drogen schaffen Glücksgefühle. Fehlt ein bestimmtes Hormon, lähmt Depression die Energie der Persönlichkeit. Der "Geist", mit dem wir denken, fühlen und wollen, hat also eine feste greifbare Grundlage und ist in stofflichen Strukturen eingebettet und gespeichert.

Und das ist gut so. Denn genau diese Strukturen sind auch biochemische Informationen für die Erbsubstanz und lassen sich über die Gene weitervererben. Erst die Möglichkeit der Speicherung und der Reproduktion in der Erbmasse sichert die Evolution der Natur des Lebens und des Geistes. So können auch neu erworbene

Eigenschaften an die nächste Generation weiter gegeben werden. Das wurde mit einem Experiment an Fliegen nachgewiesen. Man setzte Fliegen einem Hitzeschock aus, worauf diese rote Augen bekamen, und schon die nächste Generation hatte ebenfalls rote Augen. Es wäre unvernünftig, würde die Geisteswissenschaft diese Erkenntnisse der Evolutionsbiologie nicht akzeptieren.

Es ist nämlich umgekehrt genauso erwiesen, dass auch der Glaube und die Vorstellungen – also absolut Unstoffliches – auf den Körper verändernd einwirken. Die Moleküle, die Glücksgefühle bewirken, können durch Gedankenarbeit wie Meditation und gezielte Imaginationen auch als körpereigene Botenstoffe ausgeschüttet werden. Vorstellungen können den gesamten Hormonspiegel verändern. Der Placebo-Effekt beweist, dass Glaube heilen kann. Sogar Scheinoperationen, also eingebildete Eingriffe, bringen bei manchen Beschwerden den gleichen Erfolg wie wirklich ausgeführte Operationen. Der Wunsch und der Wille können den Charakter verbessern. Gedanken können nicht nur gesund oder krank machen, sondern auch Eigenschaften und Fähigkeiten fördern und entwickeln helfen. Nicht nur zur Geistesschulung, auch beim Sport nützt man diese Tatsache zur Steigerung der Leistungsfähigkeit.

Nur weil diese Wechselwirkung zwischen Geist und Körper in der Regel vom Körper ausgeht, bedeutet das nicht, dass der Geist am psychophysischen Geschehen nicht beteiligt ist oder dass es ihn gar nicht gibt.

Rudolf Steiner sagte in einem Vortrag über das Sterben: "Nicht der Geist verlässt den Körper, sondern der Körper entlässt den Geist." Über diese Aussage diskutieren die Anthroposophen noch heute. Dabei bedeutet diese Tatsache nur, dass der Körper selbst das Leben regelt. Auch die großen modernen Passagierflugzeuge fliegen weitgehend computergesteuert. Sie können ohne Eingreifen des Piloten fliegen und landen und bei bestimmten Manövern könnte dieser gar nicht gegensteuern, selbst wenn er dies wollte, weil es nötig wäre.

Die Erkenntnis, dass Moleküle Gefühle bewirken, steht daher in keinem Widerspruch zu den Erkenntnissen der Magie und Mystik des dritten Jahrtausends. Der gnostische Hermetiker betrachtet die grobstoffliche Welt als Datenbank für den Geist. Ohne Materie gäbe es keine geistige Entwicklung. Zumindest nicht auf diesem Planeten, auf dem wir unser Bewusstsein erlangen. Man wird in einen lebendigen Körper hineingeboren und nicht in eine tote, mechanistisch funktionierende Welt. Jeder trägt sein eigenes Universum mit sich. Jeder kann mit seinem Geist in sein persönliches "Universum" eingreifen und seine Welt, also sich selbst, verändern.

So wie Geistiges und Seelisches von Molekülen beeinflusst werden, werden umgekehrt Moleküle von Geistig-Seelischem verändert. Der solchermaßen "gespeicherte Geist", oder besser gesagt die für den Geist gespeicherte Information, kann mit den Genen auf die nachfolgenden "Inkarnationen" übertragen werden. Erworbene Eigenschaften und Fähigkeiten stehen damit späteren Generationen wieder zur Verfügung. Es ist, wie bei einem hochalpinen Vorhaben, ein mentales Basislager für den weiteren "Aufstieg" vorbereitet, was die Fortsetzung der Entwicklung des Geistes ermöglicht. So wie das theoretische Wissen in den Datenträgern unserer Bibliotheken gespeichert ist, sind die lebendigen Eigenschaften und Fähigkeiten in den Proteinstrukturen der Gene erhalten und können abgerufen und umgeschrieben werden.

Die Schöpfung nach Plan

Auch wenn sich die Natur bestimmter Mechanismen bedient – die Evolution und die Entfaltung der Menschheit sind deshalb kein Prozess zufälliger Variationen und natürlicher Auswahl, wie das die Neodarwinisten meinen. Sie sind die Folge der durch die Naturgesetze vorgegebenen und der Natur innewohnenden Möglichkeiten. Vergleichbar einem Computer, der langsam hochgefahren wird und immer genialere Programme installiert: zuerst die zu Elementarteilchen gepackte Energie, die in dieser "materiellen" Form im Zusammenwirken die Konstruktion eines Atoms ermöglicht.

Eines Atoms, das sich aufgrund seiner besonderen Eigenschaften verändern und mit anderen Atomen verbinden kann, so dass dann neue komplexere Strukturen entstehen: Strukturen von Elementen, die die Grundlage zur Bildung der Galaxien bieten, in denen Sterne und Planeten entstehen können. Planeten, auf denen sich dann, unter ganz bestimmten Voraussetzungen, die aber durch das, was bereits entstanden ist, gegeben sind, Leben entwickelt.

Es geht also nicht nur um die Frage: Wie entstand das Leben?

Viel größer sind das Wunder der Materie und das Rätsel des Bewusstseins. Selbst der kritische Evolutionsbiologe Richard Dawkins gibt zu (Spiegel Nr. 37, 2007) "Die fundamentalen Konstanten des Universums sind sehr fein eingestellt und keine Theorie kann erklären, warum diese Konstanten gerade diese Werte haben. Wären sie nur geringfügig anders, würde das Universum, wie wir es sehen, nicht existieren."

Das Wunder der "Evolution" begann schon vor Milliarden Jahren mit der besonderen Anordnung der nuklearen Bausteine für die Bildung der Atome des Wasserstoffs, des Heliums, des Kohlenstoffs. Bereits hier ist der Plan verankert, nach dem sich dann die Atome jener Elemente bilden konnten, aus denen heute der Menschenkörper besteht. Bereits in diesen Nanostrukturen steckt der Schlüssel zum späteren biologischen Leben als Träger des Geistes. Da mussten sich erst einfache Elemente verdichten und Sterne bilden, in denen komplexere Elemente entstehen konnten, und diese als Supernova explodieren, damit das Material für den Aufbau eines Planeten wie die Erde zur Verfügung stand. Wie die Astrophysiker herausfanden, gibt es nur in den Armen der so genannten Spiralgalaxien, also jenen Galaxien, die vermutlich als letzte im Universum entstanden, die nötigen physikalischen Voraussetzungen dafür.

Das ist ein gigantischer Reifeprozess der Materie zu immer komplexeren Strukturen. Da steckt nicht Zufall dahinter (sonst würde man bestimmte Elemente und schwere Metalle auch in jüngeren Galaxieformen finden), sondern notwendiges alchemistisches Köcheln der "Ursuppe". Auch wenn wir den Koch der Materie, den "großen Baumeister aller Welten" nicht kennen, in seinem Rezept steckt Sinn. Das Endprodukt, der Menschengeist, ist kein Schnellgericht, das, wie manche Kreationisten glauben, in sechs Tagen – "Hokuspokus, es werde" – entstand. Und es kann, wenn man die ungeheure Leistung, die im Schöpfungsplan enthalten ist, betrachtet, auch kein Zufall sein, dass wir sind. Das Wunderwerk des Organismus, der das Leben und unser Bewusstsein hervorbringt, ist nur die Krönung des Wunders der materiellen Welt, die dieses Leben erst ermöglicht. Es ist weitaus logischer, wenn man die Schöpfung staunend und in Ehrfurcht vor dem genialen Plan als "vorgesehen" betrachtet, als dieses grandiose Werk als kosmische Zufälligkeit anzusehen.

Wie oben, so unten

Die Erkenntnisse der modernen Wissenschaft widersprechen also keinesfalls den Thesen der Hermetik. Im Gegenteil, vieles, das die alten Meister bereits ahnten und lehrten, kann erst jetzt in seiner vollen Weisheit erkannt und bestätigt werden.

Um noch einmal Rudolf Steiner zu zitieren: Er verglich schon vor hundert Jahren das menschliche Gehirn mit dem Universum. Von den neurologischen Strukturen, den biochemischen Abläufen und den Impulse feuernden Neuronen hatte man damals noch wenig Ahnung. Nun sah ich vor kurzem eine preisgekrönte Computeranimation, in der ein Teil unseres Weltalls als exakte Simulation zur astronomischen Realität graphisch dargestellt wurde, und war überrascht: Die sichtbaren Lichtfelder der durch die Gravitation verbundenen leuchtenden Materie – die Nebel, Galaxien und Sterne – ergeben tatsächlich Strukturen, die der neuronalen Vernetzung der Gehirnzellen zum Verwechseln ähnlich sind.

Ich bin überzeugt, könnte man auch die vierdimensionale zeitlose Wirklichkeit der geistigen Ebenen dreidimensional darstellen, so würde die Vernetzung der elementalen und elementaren Wesenszellen, die unser Bewusstsein tragen, und die Verbindungen zwischen den Sphären der Hierarchie genauso aussehen wie die

Lichtstrukturen des Universums und die Vernetzung der Nervenverbindungen unseres Gehirns.

Der gnostische Hermetiker wird weder die irdische Welt noch ihre Wissenschaft ablehnen oder gar wie die Gnostiker verteufeln, sondern bewusst für seine geistigen Erkenntnisse und seine Entwicklung nützen. Er ist kein weltfremder Phantast, sondern steht mit beiden Beinen fest im Leben. Der Magier des dritten Jahrtausends folgt zwar den Spuren der Gnosis und Hermetik, aber genauso verfolgt er aufmerksam die Erkenntnisse der modernen Forschung. Auch die Geisteswissenschaft muss sich weiter entwickeln. Die Philosophie, die Magie und die Mystik – das Gedankengut der Alten ist ausgeschöpft. Dazulernen kann man nur noch durch eigenes Erleben aus der hermetischen Praxis und durch die Erkenntnisse der Wissenschaft. Während in den letzten zweitausend Jahren die Philosophie und die Magie die Wissenschaft befruchtet haben, ist es heute umgekehrt.

Wenn jemand magische Fähigkeiten demonstriert, indem er mit seinem Geist auf die materielle Welt einwirkt und in dieser kraft seiner Vorstellung neue Situationen schafft, so gilt das als ein Wunder. Dass aber die Materie ganz von selbst ständig Wunder wirkt, indem sie Leben und den Geist hervorbringt, nehmen die meisten Menschen genauso selbstverständlich hin wie ihren Laptop oder ihr Handy. Dabei steckt in der Natur viel mehr Knowhow als in einem modernen Rechner und viel mehr Weisheit als in einem Magier. Das Programm, nach dem sich die Materie auf eine Weise bildete, dass daraus nach Milliarden Jahren Planeten entstanden, die Leben hervorbringen können, ist weitaus genialer als jedes denkbare Wunder.

Das Universum mit den nachvollziehbaren, ordnenden Naturgesetzen ist das wohl Großartigste, das man sich denken kann. Es ist die Welt, die den Körper, in dem wir leben, und unser Gehirn, mit dem wir sie wahrnehmen und nach-denken können, hervorgebracht hat. Das Mysterium des Geistes ist daher in den komplexen Zusammenhängen dieser grobstofflichen Welt enthalten. Im Erforschen und Erkennen der Wunder der Schöpfung kann man auch die Wunder der geistigen Welten erfahren. Die Wissenschaft, welche die Geheimnisse der Materie und des Lebens erforscht, lässt uns heute mehr Wunder erkennen als die Wissenschaft der Magie.

Wie oben, so unten, lautet das alte hermetische Gesetz und umgekehrt. Und in der Tat zeigt die hermetische Praxis, dass die Gesetze, welche die Kräfte der Materie und das Entstehen des Lebens regeln, auch auf die geistigen Prozesse anzuwenden sind. Man kann den unfassbaren genialen Geist, der hinter den Gesetzen des sichtbaren Weltalls steht, aus den Formeln, die den Aufbau der Materie und die Regeln des Leben bestimmen, erahnen. Das geistige Geschehen folgt den gleichen Regeln und ist auf den gleichen Grundlagen aufgebaut, nach denen sich das Universum gestaltet.

Als Beispiel die Zahl Vier

Ein immer wiederkehrender Schlüssel ist die Zahl Vier. Wir finden diese Tatsache, die Bardons Hermetik als den "vierpoligen Magneten" bezeichnet, in allen Wissenschaften bestätigt, in der Nanowissenschaft, der Genforschung, der Physik und Chemie. Die Zahl Vier ist ein Universalschlüssel der Kybernetik, der auch die mentalen Strukturen des Bewusstseins lenkt.

Das erkannten bereits die Philosophen der Antike und machten die vier Elemente Feuer, Wasser, Luft und Erde zum Ausgang ihrer Natur- und Geistesforschung. Heute haben wir weitaus größere Einblicke in die Wunder der Materie und des Lebens. Die Forschung dringt immer tiefer ein in die Welt der Elemente. Die Einblicke in die Mikro- und Nanowelten lassen bereits den Code des Lebens entschlüsseln. Und in Analogie zu den entdeckten Molekülen und Zellen, die als Bausteine des Lebens dienen, kann man Rückschlüsse auf die feinstofflichen Moleküle und Zellen des Geistes ziehen.

Elektromagnetische Kräfte halten die Elementarteilchen in den Atomen im richtigen Abstand zusammen und auch die von den

Atomen gebildeten Strukturen und Moleküle werden von Kräften der Anziehung und Abstoßung geordnet und geschlichtet. Die Hermetik kennt in Analogie dazu das "elektrische und magnetische Fluid", das sich im geistigen Geschehen als Zuneigung und Abneigung äußert und das Temperament und die menschlichen Eigenschaften prägt. Die Elemente-Lehre der Antike kann sowohl zur Beschreibung der Welt als auch zur Beschreibung der ganz konkreten Eigenschaften des Geistes, die den persönlichen Charakter formen und Träger des Bewusstseins sind, herangezogen werden. Der Schlüssel zur Materie ist auch der Schlüssel zur geistigen Welt.

Die gnostische Hermetik nützt sowohl das Wissen der Alten als auch die Erkenntnisse der modernen Naturwissenschaft. So wie in der Natur durch Gleichgewicht Ordnung entsteht, wird durch den Ausgleich zwischen den persönlichen Eigenschaften, die den vier Elementen entsprechen, die Ordnung im Bewusstsein hergestellt. Das ist der erste Schritt bei der Arbeit mit dem Geist. Wir werden uns im Weiteren sehr eingehend damit beschäftigen.

Die Welt als Fitnesscenter für den Geist

Die materielle Welt ist aber nicht nur Regelwerk und Datenbank, sondern auch eine Energiequelle für den Geist. Raumschiffe, die einen Satelliten ins All befördern, werden, um mehr Schub zu bekommen, auf Umwegen um andere Planeten oder Monde gelenkt. Durch die Anziehungskraft und deren Überwindung bekommen sie den nötigen Schwung, um weiter zu fliegen. In Analogie dazu nützt der Hermetiker den Anreiz der Lust seiner Körpertriebe.

Die Anziehung des so genannten "Bösen" – die Gelüste, Emotionen, die Trägheit und Triebe, die sich aus den Körperregungen ergeben und den Geist verführen – gibt, wenn es gelingt, sich aus seinem Einflussbereich wieder zu befreien, die Geisteskraft für den nötigen Schwung, sich weiter zu entwickeln.

Die gnostische Hermetik verwendet dazu Transformationstechniken, mit denen man diese Geisteskraft gewinnt. Für den

Magier des dritten Jahrtausends ist die Welt nicht nur Gebärmutter, sondern auch Fitnessstudio für den Geist. Wie man diese Geisteskraft gewinnt, ist ein weiteres wichtiges Thema der gnostisch-hermetischen Tradition und wird in den folgenden Bänden behandelt.

Vom "Es werde" zum "Ich bin"

Einstein sagte: "Gott würfelt nicht." Man könnte auch sagen, Gott zaubert nicht. Er wirkt keine Wunder, sondern entwarf einen vollkommenen Plan für die Voraussetzungen, nach denen sich das Universum, die Natur und der Menschengeist gestalten.

Das ist ja gerade das Wunder, dass die Natur ganz natürlich wirkt und imstande ist, sich aus sich selbst heraus zu gestalten; dass offensichtlich die Genialität des Geistes dem Werk innewohnt und gegenwärtig ist. Und zwar nicht nur im Mysterium des Lebens und des menschlichen Bewusstseins, nicht nur in der Unendlichkeit des Alls mit seinen Galaxien, Sternen und der harmonischen Gesetzmäßigkeit unseres Planetensystems, sondern auch im scheinbar akausalen Verhalten der kleinsten Bausteine, aus denen die Atome bestehen.

Denn auch in der Welt der Teilchen, wo laut Quantenphysik Ursache und Wirkung nicht immer nachvollziehbar sind, steckt Sinn. Nur weil sich Energiequanten unberechenbar verhalten, bedeutet das nicht, dass sie nicht lenkbar wären. Immerhin kreisen die meisten von ihnen, einer geheimnisvollen Information folgend, um einen Atomkern, und wenn sie den verlassen, ergibt das in der Regel auch wieder einen Sinn. Dass sich gerade aus diesen scheinbar ungebändigten Teilchen Atome mit genau der Ladung bildeten, die aufgrund ihrer Substanz als Grundbausteine der Schöpfung nötig waren, könnte man, weil es kausal nicht nachvollziehbar ist, als Beweis eines Eingriffs aus unbekannter Sphäre sehen. Erst die Aufhebung der Kausalität schafft die Lücke, durch die aus einer anderen Dimension, die wir nicht ermessen können, Ursachen in unsere Welt einwirken können.

Da beginnt etwas Vernünftiges im Nanobereich der kosmischen "Ursuppe", in der Materie noch als Energie erscheint, und endet Jahrmilliarden später im Nanobereich der elektrischen Gehirnströme, wo etwas von sich behauptet: "Ich bin". Und da dieses "Ich bin" über die Energiefelder dieser aus unserer Sicht unberechenbaren Teilchen auf den Körper einwirken kann, ist es nicht unlogisch anzunehmen, dass auch vor Jahrmilliarden ein Geist seinen Einfluss auf Energiefelder geltend machte und mit bestimmten Informationen diesen Teilchen Richtung gab. Vielleicht liefert gerade die Quanten- und Neurophysik den Schlüssel zur Magie und Mystik.

Ob Urknall oder Steady State. Ob die Menschen von den Affen, Mäusen oder Delphinen abstammen, oder umgekehrt, ist bedeutungslos. Ob Darwin, Bibel oder moderne Wissenschaft – nicht was war, sondern was ist, ist von Bedeutung. Wichtig erscheint die Beantwortung der Frage, wohin sich der Mensch, dank der innewohnenden Eigenschaften und der noch ungenützten Möglichkeiten, entwickeln kann. Er muss zwar noch immer sterben wie ein Tier. Aber muss er damit auch sein Bewusstsein verlieren? Kann er das, was "tierisch" erscheint, ablegen und den Geist in sich erwecken, der von sich sagt: "Ich bin, der ich bin.“? Den Geist, der sich auf die Vorstellung von sich selber stützt und damit von der Materie unabhängig wird.

Genau hier beginnen die Magie und die Mystik des dritten Jahrtausends. Die gnostische Hermetik versucht auf diese Fragen Antwort zu geben und einen nachvollziehbaren Weg zu weisen, der dieses Ziel im Auge hat und erreichen lässt.

Esoterik wird auch im dritten Jahrtausend keine Wissenschaft sein. Aber sie wird die Erkenntnisse der modernen Naturwissenschaften nützen und in Zusammenarbeit mit der neuen "Magie", die uns die Technik beschert, das wahre lebendige Wesen von Bewusstsein, Geist und Seele erschließen.

INITIATION

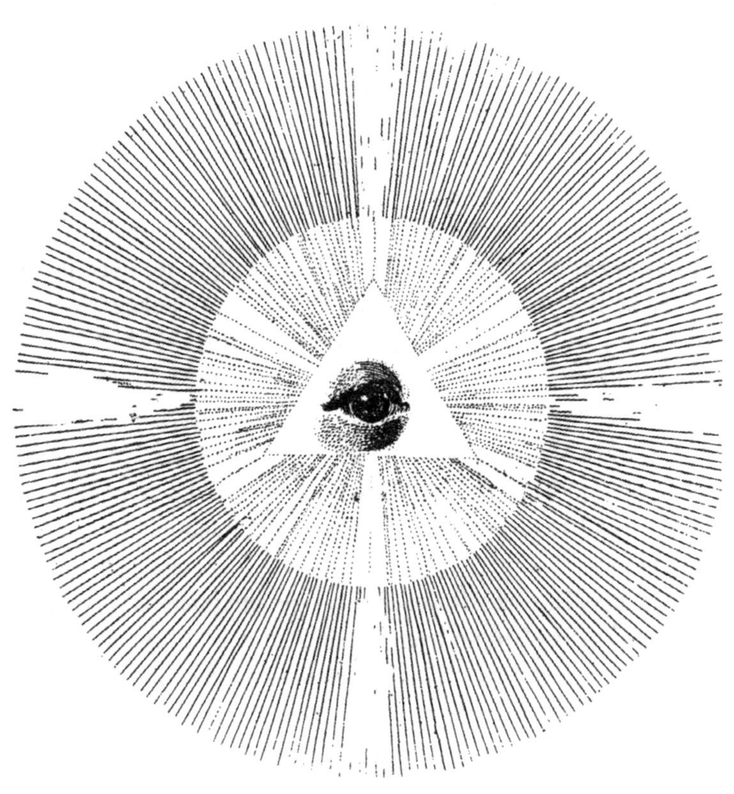

EINLEITUNG ZU DEN EXERZITIEN FÜR FREIMAURER

Seit jeher war es Aufgabe der Orden und Logen, das heilige Tempelwissen zu hüten. Um es vor Missbrauch zu bewahren, wurde es immer nur wenigen Auserwählten zugänglich gemacht.

Das hat sich in den letzten Jahrzehnten grundlegend geändert. Während heute in den so genannten regulären Logen und Orden der Esoterik kaum noch Bedeutung beigemessen wird – es fehlt den meisten Mitgliedern das Verständnis dafür –, hat vor den Tempeltoren ein reges Interesse an Magie und Mystik zu einer nie da gewesenen Verbreitung einstmals streng geheimer Lehren in der Öffentlichkeit geführt.

Aus Tempelschulen sind elitäre Männerbünde und humanitäre Geselligkeitsvereine geworden, während ein Großteil der Menschheit, geistig mündig, ihren eigenen Weg sucht, findet und allein gehen muss.

Für diese Pilger sind die Wegweiser und Instruktionen aus dem Buch der Meister geschrieben. Denn leider gibt es für viele Suchende trotz oder vielleicht gerade wegen des Überangebots an esoterischer Literatur und einschlägigen Seminaren keine echte Wegleitung.

Die Folge ist, dass Halbschuhesoteriker über jedes okkulte Schneebrett rutschen und von einem "echten" Einweihungssystem zum anderen pilgern, bis sie abstürzen oder hängen bleiben. Sie lernen zwar dabei, verwechseln aber dieses Wissen mit Weisheit. Im Alltag sind sie durch nichts von einem unbelehrbaren Materialisten zu unterscheiden. Sie werden von Pseudogurus, Sektenführern und selbsternannten Ordensgroßmeistern finanziell ausgenützt und in die Irre geleitet. Auch eine skrupellose, profithungrige Buchverlagsmafia lebt inzwischen sehr gut von diesen bedauernswerten "Neophyten".

Die Gefahren okkultistischer Praktiken dürfen nicht unterschätzt werden. Jede einseitige Geistesschulung wird früher oder später das innere Gleichgewicht stören. Egal, ob es sich um mittelalterliche Zauberformeln oder um formelhafte Vorsatzbildung eines Autogenen Trainings handelt, es findet dabei ein Eingriff in den persönlichen Geistkörper statt, der für den Betreffenden nicht absehbare Folgen haben kann.

Zumeist ist es ein schwerer Schicksalsschlag, der den Blick nach innen wenden lässt. Nicht selten aber ist Neugierde oder der Wunsch, auf rasche und bequeme Art glücklich, vermögend und gesund zu werden, der Grund, warum jemand sich mit der Geheimwissenschaft zu beschäftigen beginnt.

Oft sind auch fernöstliche Entspannungstechniken, die wohlfeil als geheime, uralte Meditationspraktiken verkauft werden, die Einstiegsdroge. Ich kenne da hochintelligente Menschen, die als Zen-Schüler gerade erst still sitzen lernten und schon glauben, die große Erleuchtung in Satori zu erleben, weil sie zum ersten Mal in ihrem Leben etwas Stress abgebaut haben. (Unsere Großväter erlebten das gleiche bei einem Schläfchen nach dem Essen in ihrem Schaukelstuhl.) Ich kenne Freizeit-Yogis, die mit "offenen" Chakren und geschlossenen Augen ihrem Guru nachrennen und von Ashram zu Ashram stolpern, ohne dabei auch nur ein bisschen gescheiter und weiser zu werden. Ich kenne Asphaltschamanen, die eine Gazelle nicht von einem Reh unterscheiden können, dafür aber um so munterer auf so genannten Krafttieren ihrer verlorenen Seele nachreiten.

Sie alle lernen zwar, wie man eine Tür zur geistigen Welt aufmacht, aber verstehen nichts von dem, was da durch diese Tür in ihren Seelenraum hereinkommt. Sie glauben vielmehr, dass sie jetzt selbst in geistige Ebenen eindringen können.

Manche versuchen diesen Ausstieg aus einer Welt, die sie nicht beherrschen, weil sie sich selbst nie beherrschen lernten, noch mit Drogen zu beschleunigen. Das ist der Einstieg in die Schatten-Welt des Bösen. Jugendliche, die nicht einmal imstande sind, harmlose Begierdenschemen der Nikotinsucht oder Sexlust abzuwehren, zitieren mit barbarischen Beschwörungsformeln Luzifer in ihre Nähe und liefern sich seinen Phantomen aus. Sie werden dann bald noch hilfloser und völlig kaputt wieder ausgespieen, denn auch das Böse sucht sich als Handlanger intelligente, starke, selbstbewusste Menschen und keine weltfremden Träumer, die selbst nur noch Schatten dessen sind, was sie einmal waren.

Gegen diese Welle von okkultem Schmutz und Schund, die als stinkende Brühe esoterischer Halbwahrheiten magisch-mystischen Unsinn ans Tageslicht schwemmt, ist schwer anzukämpfen. Blinder Wunderglaube als längst fällige Antwort auf das materialistische Wirtschaftsdenken der letzten Jahrzehnte treibt heute buntere Blüten als im finstersten Mittelalter.

Es ist den konfessionellen Religionen leider nicht gelungen, die von der Wissenschaft gestürzten Altäre neu zu errichten. Sie wurden durch Computer ersetzt, aber die Welt ist dadurch weder durchschaubarer noch lobenswerter geworden. Die Welt durch Vernunft dividiert geht nicht auf, sagte schon Goethe.

Die Fragen nach dem Sinn des Daseins, nach dem Woher und Wohin, nach dem Wesen der Seele, des Geistes, des Bewusstseins bleiben unbeantwortet. Mit wissenschaftlichen Methoden oder religiöser Dogmatik lassen sich diese Fragen auch nicht befriedigend beantworten.

Das Forschungslabor des suchenden Meisters der Königlichen Kunst ist sein inneres Wesen, und daher führt der wahre Pilgerpfad erst einmal in die eigenen Seelenregionen.

Diesen Weg muss jeder allein gehen. Esoterik bedeutet Geheimwissenschaft. Zum Unterschied von den Wissenschaften, die in der Öffentlichkeit abgehandelt werden, können die okkulten Wissenschaften nur bis zu einem gewissen Grad offengelegt werden. Bestimmte letzte Erkenntnisse lassen sich nur auf Grund persönlicher Erfahrungen in Verbindung mit praktischer Arbeit erfassen. Was daher heute als Esoterik im Umlauf ist oder wer als Esoteriker herumläuft, hat mit der echten Geheimwissenschaft längst nichts mehr zu tun.

Es gibt neben diesem profanen Pseudo-Okkultismus noch die gnostische Hermetik, die sich nur dem Würdigen erschließt, der seinen Weg geht. Die hermetische Tradition kennt dazu drei Lichter, die diesen Weg erhellen, und die Kennzeichen einer echten Mysterienschule sind: Initiation – Instruktion – und Ritual.

Auch ich werde in den folgenden Wegweisern mit diesen drei Lichtern den Meisterpfad erhellen und damit eine Wegleitung geben, die wirklich in die inneren Welten führt, wenn man sie nützt.

DER WEG

Man hat geistig Suchende stets als Pilger oder Wanderer bezeichnet, denn wer wandert, der verändert gleichzeitig seinen Standpunkt. Wer seinen Standpunkt auf der geistigen Ebene verändert, der verändert auch sich selbst und umgekehrt.

Denn auf den feinstofflichen Ebenen bilden Umwelt und Betrachter eine Einheit. Eine Wesensänderung des "ICH" führt zu einer sofortigen Veränderung der geschauten Seelenlandschaft. Die feinstoffliche Umwelt formt sich ja aus den Regungen der persönlichen Seelenwesenszellen (Gedanken und Gefühlen), man denke da nur an seine nächtliche Traumlandschaft.

So wie die geschaute physische Umwelt erst in Form von Gedankenbildern, also den Vorstellungen, die man sich von ihr macht, wahrgenommen wird, tritt auch die geistige Umwelt nur über Vorstellungen, die zum persönlichen subjektiven Wesen gehören, ins Bewusstsein.

Während man aber auf der physischen Ebene aus seinem Körper in die Umwelt hineinschaut, ist es auf den feinstofflichen Ebenen umgekehrt. Dort erschaut man zuerst als "Seelengarten" sich selbst. Man schaut in sich hinein, auch wenn es den Anschein hat, als würde man eine Umwelt erleben. Das so genannte Jenseits ist kein dünneres Diesseits, wie manche meinen, sondern eine Welt, in der sich Gefühle und Gedanken zu Wirklichkeiten formen und einem dann als scheinbar eigenständige Wesen gegenübertreten.

Wenn man nicht imstande ist, sie, also sich selbst, zu beherrschen, lebt man in "ihrer" Welt.

Dies zu verstehen ist eine der wichtigsten Voraussetzungen für eine richtige Geistes- und Seelenschulung.

Deshalb haben Religions- und Ordenstraditionen aller Kulturen und Zeiten so großen Wert auf Tugend und Moral gelegt.

- Wenn es nämlich Gedanken und Gefühle sind, aus denen sich die Geisteswelt formt, in die man nach dem Tod eintritt, dann ist es naheliegend, sich nur solchen Gedanken und Gefühlen hinzugeben, die aus einer angenehmen, harmonischen und aus einer von einem guten Gewissen getragenen Stimmung heraus eine schöne Umwelt zu formen versprechen.

Dazu muss man aber imstande sein, unliebsame Gedanken und Gefühle auszuschalten und erwünschte bewusst hervorzurufen.

Denn die innere Gestimmtheit, die als Energiequelle den Gedankenbildstoff auf ihre Weise formt, ergibt sich aus der schon geformten geistigen (oder physischen) erschauten "Umwelt". Gefühle formen Gedanken, aber Gedanken sind der Nährboden für Gefühle. Das ist ein Kreislauf, der nur langsam durchbrochen werden kann. Wer mit dem so genannten Positiven Denken einmal versucht hat, seine Lage zu ändern, weiß, wie schwer es ist. Denken. Fühlen und reale Außenwelt in eine harmonische Übereinstimmung zu bringen.

Ohne gezielte Geistes- und Seelenschulung ist das nicht möglich. Das eine bedeutet die Selbstveredelung über eine mystische Methode, das andere verlangt Selbstbeherrschung, die durch gezielte Willensschulung eines magischen Weges erarbeitet werden muss. Beide Wege sind dabei untrennbar miteinander verbunden und haben ein gemeinsames Licht: die bewusste Selbsterkenntnis.

Das freimaurerische Lehrsystem ist nicht das einzige, das die drei Wege zu einem einzigen zusammenfasst. Jede echte Tradition achtet auf das innere Gleichgewicht ihrer Schüler. Franz Bardon hat erstmals diesen Universalschlüssel verständlich beschrieben, so dass ihn heute jeder Suchende anwenden kann, auch wenn er keinem Orden angehört.

Ich verrate daher keine freimaurerischen Geheimnisse, denn das Wissen um die vier Elemente ist philosophisches Allgemeingut der Menschheit und jedermann zugänglich. Meine persönlichen Hinweise, die zum besseren Verständnis und praktischen Gebrauch des vierpoligen Magneten führen, stammen aus keinem Logenarchiv, sondern sind mir persönlich zugeflossene Inspirationen und Erkenntnisse aus jahrzehntelanger praktischer Hermetik.

Diese Exerzitien waren ursprünglich die ersten zwei Kapitel des Meisterbuches. Als ich sie später für Freimaurer umschrieb, hoffte ich damit die vom Materialismus überschatteten Tempel neu zu erhellen.

Wenn ich nun diese freimaurerische Fassung und nicht das ursprüngliche Manuskript veröffentliche und allen geistig Strebenden übergebe, soll damit, dem alten Brauch der Freimaurer folgend, ein Lichtstrahl über die Tempelmauern hinaus leuchten. Ich will auch den draußen Suchenden ihren Weg erhellen und sie in das Mysterium der hermetischen Initiation einbinden. Gleichzeitig aber folge ich der alten Tradition, die nie Geheimnisse völlig entschlüsselt offen legte. Wer noch keine Initiation erhalten hat, wird sich durch eigenes Nachdenken und praktisches Üben jene letzten Erkenntnisse erarbeiten müssen, die dem Nichteingeweihten zwischen den Zeilen vorerst noch verborgen bleiben. Nur die Praxis führt zum wirklichen Verständnis der hermetischen Wissenschaft.

In meinem dritten Buch "Die vier Elemente - Der geheime Schlüssel zur geistigen Macht" gebe ich ein wirkungsvolles Ritual als Übungsanleitung mit dem die angedeuteten Reisen durch die vier Elemente nachvollzogen und erlebt werden können. Und im 11. Buch "An der Pforte zur letzten Latern" beschreibe ich eine Technik, die das Erwachen als Selbstinitiation bewirkt.

Man hat dieses Erwachen auch Erleuchtung oder geistige Wiedergeburt genannt.

Dabei ist es egal, ob diese über ein so genanntes Initiationsritual, das ist ein Mysterienspiel, in das der Neophyt aktiv einbezogen ist, ausgelöst wird oder während einer symbolischen Selbsteinweihung, einer Meditation, im Traum, oder in der Natur, als Folge einer jahrelangen Geistesschulung ins Bewusstsein tritt. Stets ist es ein "Erwachen", ein Gewahrwerden seines SELBST, die gelebte Vorstellung ICH BIN.

Die Geburt des wahren ICH SELBST erlebt man im Augenblick der echten Selbsterkenntnis und kann jederzeit stattfinden. Es ist der Moment, in dem man sich zum ersten Mal als Geist in seinem Körper erlebt und erkennt, dass man ein Geistwesen ist. Dieses WACHSEIN dauert nur wenige Augenblicke, dann fällt man wieder zurück in sein dumpfes Tagesbewusstsein, in dem die meisten glauben, sie wären wach. Es soll daher keiner auf außergewöhnliche Erlebnisse warten. "Die große Erleuchtung" kündigt sich eher still und leise an und wird zumeist auch ohne spektakuläre Begleitumstände erlebt. Zumeist verläuft die innere Wiedergeburt schrittweise, manchmal aber beginnt dabei, wie Meyrink beschreibt, das Schicksal zu galoppieren.

Bei diesem Galopp verliert man häufig alles, was einem früher etwas bedeutet hat. Der eine verliert es wirklich, um dann zu merken, dass er es ja gar nicht braucht, der andere erkennt auch so, wie er sich langsam löst und distanziert von allem, was ihn vorher an die irdische Welt gebunden hat. Daraus erwächst das sichere Gefühl einer inneren Gelassenheit gegenüber Schicksalsschlägen. Mehr Geduld, Bescheidenheit und Mitgefühl für die Mitmenschen sind die Folge und sicheres Zeichen einer inneren Umgestaltung seines Wesens zu einem neuen ICH.

Wer merkt, dass er sich langsam auf diese Weise wandelt, weiß, dass er auf dem rechten WEG ist, und sieht sein neues wahres ICH SELBST entstehen. Er erlebt seine geistige Wiedergeburt. Das ist aber nicht das Ziel einer Einweihung, sondern erst der Anfang. Das zarte, reine Wesen des neuen geistigen ICH SELBST muss bewusst gepflegt werden, damit es wächst und stark wird. Das ist die eigentliche Hauptarbeit jeder hermetischen Schulung. Und wer einmal so weit gekommen ist, ist auch schon fast am Ziel. Er wird den Weg dann auch allein gehen können.

"*Die Initiation ist das Feiern des Geistes einer Person, deren Bewusstsein erweckt worden ist*" - beschreibt Don Eduardo, den man den Magier der Vier Winde nennt, das Erlebnis einer Schamanistischen Einweihung. Die Einweihung in die Mysterien der Freimaurerei und die gnostisch-hermetische Selbstinitiation beruht auf dem gleichen Prinzip und hat die gleichen Folgen. Sie ist nicht nur Zeichen geistiger Entwicklung, sondern weckt die Bereitschaft für seine Mitmenschen Veranwortung zu übernehmen. Die Suche nach Erkenntnis und die Arbeit an sich selbst ist damit zwar nicht abgeschlossen, aber sie vollzieht sich ab jetzt auf einer neuen, ganz persönlichen Ebene.

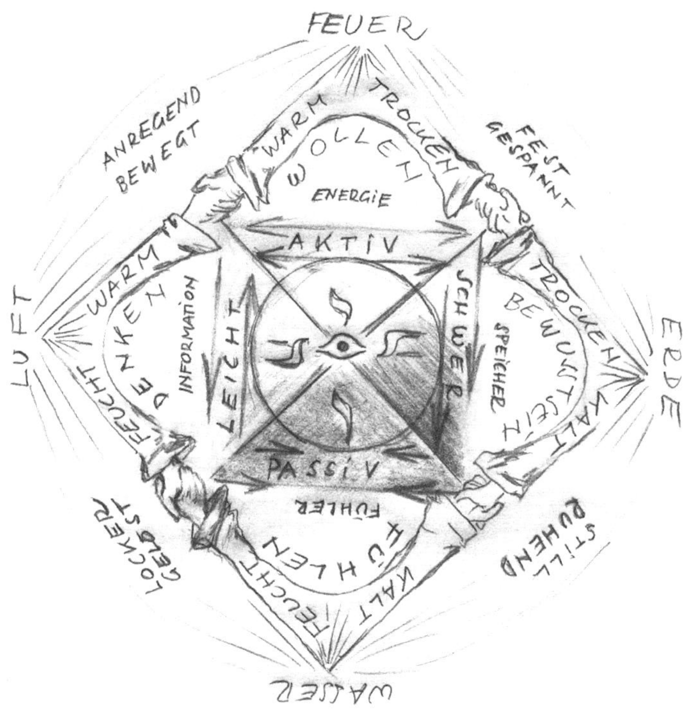

Die Quantität und Qualität der 4 Elemente

1. THEORIE

DIE VIER ELEMENTE

Es gibt Menschen, die leisten Außergewöhnliches. Spitzensportler, Nobelpreisträger, Künstler, jeder auf seinem speziellen Gebiet. Gemeinsam ist ihnen, dass sie Leistungen erbringen, zu denen andere nicht imstande sind. Sie schaffen mehr. Wie machen sie das?

Nun, sicher sind ganz bestimmte Voraussetzungen vorhanden: Muskelkraft, Intelligenz, Phantasie. Aber das allein würde nicht genügen. Sie müssen außerdem ständig üben, denn ein Mehr an Leistung erfordert ein Mehr an Arbeit, und ein Mehr an Arbeit fordert mehr Kondition. Beim Sportler eine klare Sache. Er muss trainieren, und zwar gezielt mit den Werkzeugen, welche er für seine Leistung braucht: mit seinen Muskeln. Der Wissenschaftler wird seinen Intellekt schulen durch Lesen, Nachdenken, Lernen und Studieren und Weiterbilden. Der Künstler übt täglich seine Phantasie und Technik. Ohne Lernen und Üben, also ohne Vorarbeit, sind überdurchschnittliche Erfolge nicht möglich.

Was aber hat das mit uns Freimaurern zu tun? Freimaurer zu sein ist auch etwas Außergewöhnliches. Wir üben uns in der Königlichen Kunst, in der Kunst, mehr Mensch zu sein, selbstloser, gewissenhafter und verantwortungsbewusster zu handeln, als üblich ist, mehr zu bieten, als von uns erwartet wird, stets mehr zu leisten, als gemeinhin für notwendig erachtet wird, und zwar freiwillig. Wir machen das ohne Zwang und ohne dabei einen Vorteil für uns in Anspruch zu nehmen. Das ist das Entscheidende und das ist die Kunst. Das ist unsere besondere Begabung, unsere Aufgabe, unser Ziel.

Begabung allein genügt jedoch nicht, auch nicht der feste Vorsatz dazu. Jeder kennt die Versuchungen und seine Schwächen, daher müssen auch wir üben und trainieren. Aber wie?

Die Antwort darauf finden wir im Tempel. Die geistig-seelischen Organe, die für unser Vorhaben trainiert werden müssen, finden wir durch die drei Kleinen Lichter. Sie leuchten uns als

Wegweiser und sind uns Symbol für die inneren Werkzeuge, welche uns zur Verfügung stehen. Was dem Leistungssportler die Muskeln, dem Wissenschaftler die Intelligenz, dem Künstler die Phantasie, das sind für uns die Weisheit, die Schönheit und die Stärke. Und genauso wie die Muskelkraft durch gezieltes Training gestärkt wird, wie Intelligenz durch Üben geschult wird, müssen wir unseren drei Kleinen Lichtern bewusst Brennstoff zuführen, damit sie uns die Orientierung ermöglichen.

Eine erste Aufforderung dazu erhielten wir ja schon bei unserer Aufnahme in den Bund. Entsprechend den drei Kleinen Lichtern wurden wir durch die Elemente geführt. Recht harmlose und ungefährliche Reisen.

In den alten Mysterienbünden, von denen wir diesen Brauch übernommen haben, ging es dramatischer zu. Damals waren diese Reisen echte Konfrontationen mit den Elementen und lebensgefährlich für den Neophyten, der darauf auch eingehend vorbereitet wurde. Die eigentlichen Proben durch Feuer, Wasser, Luft und Erde, ganz gleich, wie gefährlich diese auch gewesen sein mögen, waren trotzdem nur Symbol für analoge geistige Kräfte und Kämpfe, die Geist und Seele des jungen Priesters bedrohten.

So wie die Neophyten bei der Einweihung gegen die vier Elemente der physischen Welt ankämpfen und ihnen überlegen sein mussten, hatten sie vorher zu lernen, die Elemente der geistigen und seelischen Welt zu erkennen und zu beherrschen. Durch bestimmte Übungen und Exerzitien wurden sie fähig, die Kräfte der Elemente ihres Ichs völlig unter Kontrolle zu bringen.

Diese Übungen werden, zum Teil verstümmelt und einseitig, auch heute noch praktiziert, zum Beispiel bei den Jesuiten oder in den verschiedenen Yoga-Schulen sowie in so genannten magischmystischen Geheimbünden – auch beim Autogenen Training, das eigentlich eine Aktivierung und Beherrschung der Elemente Erde und Wasser bewirkt. Auch in den Sagen und Märchen schimmert noch das Urwissen der Elementekräfte durch, personifiziert als Nixen, Gnomen, Sylphen und Salamander. Der Profane weiß heute damit wenig anzufangen und auch in den echten alten Mysterienbünden, von denen wir den Brauch um die Symbole der vier Elemente entlehnten, wurde das wahre Wissen dieses vierpoligen Universalschlüssels nur wenigen Auserwählten unter strengster Verschwiegenheitspflicht mitgeteilt. Nur wer diesen Schlüssel vollständig beherrschte, dem wurde nach erfolgter Einweihung sein Platz im wahren Weltentempel dieser Erde zugewiesen. Das hat sich bis heute nicht geändert, auch wenn in manchem Ritual ein verlorenes Wort scheinbar wiedergefunden wird.

Trotzdem sieht es so aus, als wäre es heute umgekehrt. Denn es erfolgt erst die Aufnahme in den Bund und dann die Arbeit am rauen Stein. Aber sie wird uns bei jeder neuen Tempelarbeit in Erinnerung gebracht, wenn der Meister vom Stuhl den Ersten Aufseher fragt: "Woran soll ich erkennen, dass du ein Freimaurer bist?" Seine Antwort: "An Z......, W..., und G...., und an der Wiederholung der besonderen Umstände bei meiner Aufnahme" bedeutet, die Reisen müssen wiederholt werden von uns, wenn man erkennen soll, dass wir Freimaurer sind.

Die Kräfte im Menschen, den Elementen analog, müssen, wie bei den Reisen, gebändigt werden und unter Kontrolle bleiben. "Erkenne dich selbst, beherrsche dich selbst, veredle dich selbst."

Was ist mit den vier Elementen gemeint?

Betrachten wir einmal die grobstofflichen vier Elemente der materiellen, physischen Welt. Jede Energie hat verschiedene Seinszustände, oder richtiger gesagt: Es gibt nur eine Energie, welche uns in verschiedenen Formen entgegentritt. Im Licht des Feuers finden wir dieselbe Energie in freier, bewegter Form, die im Wasser oder, in gebundener Form, in einem Stein vorhanden ist. Die Haupteigenschaft des Feuers, des Feuerprinzips, ist chaotisch expandierend, bewegend, alles mitreißend, auflösend. Wenn die gesamte

Energie unseres Universums nur diese Eigenschaft hätte, wäre schon lange ein Zustand der totalen Auflösung eingetreten. Dass dem nicht so ist, beweist unser bewusstes Dasein. Es gibt daher, meines Erachtens, auch weder Schöpfungsbeginn noch Ende der Schöpfung. Jeder mögliche Zustand ist im Jetzt vorhanden, auch wenn er sich sinnvoll aus einem vorangegangenen entwickelt hat. Das ist wie unsere Tages- oder Jahreszeit auf unserem Planeten. Diese sind auch ständig nebeneinander gleichzeitig vorhanden und ergeben sich aus der Dreiheit Sonne, Erde und dem Standpunkt des Betrachters. Es ist überall auf der Erde gerade irgendwo Frühling und auf der entgegengesetzten Seite Herbst. Irgendwo ist es zwölf Uhr Mittag und an einem anderen Punkt zwölf Uhr Mitternacht.

Es muss somit auch in der bewegenden expandierenden Energie die Fähigkeit und Eigenschaft der Ruhe und Rückführung vorhanden sein. Die Alten drückten diese Eigenschaft mit der Symbolik der "Wasser der Finsternis" aus, die genau genommen auch das formbare "Erdige" beinhaltet. Es wird also die Expansion des Feuers durch die zusammenziehende Macht des Wasser- und Erdelements gebremst oder in Richtung gewiesen. Auch das ist ein Einbremsen.

Das Richtungweisen dieser Kraft, welche das Universum durchzieht, könnte nun zufällig automatisch oder gewünscht erfolgen. Philosophen und Priester mögen sich darüber streiten. Für uns Freimaurer ist in erster Linie wichtig, dass es für den Fortbestand der Schöpfung und somit für unser Dasein notwendig ist, dass die Kraft der Energie in irgendeiner Form gebremst, gelenkt, zurückgeführt und erhalten bleibt.

Der Freimaurer symbolisiert diese beiden Kraftrichtungen durch die Säulen J und B und meint damit das elektrische, expandierende und das magnetische, zusammenziehende Fluid, welche die Grundpfeiler sowohl des Makrokosmos als auch des Mikrokosmos sind: die männliche tätige Kraft der Expansion und die weibliche tätige Macht des Sogs. Denn nur durch diese ständige gesetzmäßige Wechselwirkung bleibt der Energie trotz Bewegung das Gleichgewicht erhalten. Die Physik spricht dabei von Aktion und Reaktion. Die indischen Philosophen bezeichnen dieses allwaltende Kausalgesetz, soweit es den Menschen betrifft, als Karma.

Wie wirkt sich dieses Kräftespiel im menschlichen Bereich aus?

Sicher sind die Verbrennung der Nahrung und die Regelung des Stoffwechsels für die Erhaltung des Gleichgewichts und damit für die Gesundheit des grobstofflichen Körpers verantwortlich.

Der Mensch ist aber mehr als Körperperson. Er ist auch fähig, seine Umwelt wahrzunehmen, sich in dieser bewusst zu bewegen und nach seinen Wünschen auf diese einzuwirken. Der Impuls dazu, der Wille, entspricht dem Prinzip der Ausdehnung des physikalischen Feuerelements. Die Richtung des Kraftaufwandes wird vom Wunsch, welcher eine Empfindung voraussetzt, bestimmt. Daher entspricht das Gefühl dem Wasserelement.

Die Wechselwirkung dieser beiden Elemente im Menschen ist, obwohl sie bestimmten Gesetzen unterliegt, dennoch beeinflussbar und vom Ich bewusst kontrollierbar. Dazu ist allerdings ein drittes Element notwendig. Es ist notwendig, im Voraus zu erkennen, wie eine bestimmte Aktion laufen muss, um das Gewünschte zu erzielen. Die Aktion muss gelenkt werden können, um das Gewünschte herbeizuführen. Es braucht also das vermittelnde Prinzip, ein Element, welches sowohl eine Verbindung zum Feuerelement, dem Willen, als auch zum Wasserelement, den Empfindungen und Gefühlen, die zum Wunsch führen, hat, das aber dennoch für sich, neutral zu beiden, vermitteln kann.

Es ist dies das Luftelement, das Wahrnehmungsvermögen von Gedankenbildern und deren Handhabung, unser Intellekt, die Vorstellungskraft.

Ein Beispiel möge das veranschaulichen: Vor einem Raucher liegt eine Zigarette. Durch einen elektrochemischen Prozess im

Gehirn vermitteln die Sinnesorgane dem Bewusstsein das Gedankenbild einer Zigarette. Unabhängig davon, ob nun dieses Gedankenbild bewusst oder nicht bewusst wahrgenommen wird, geschieht nun etwas Neues: Es wird auch eine Gefühlsebene im Menschen durch dieses Gedankenbild berührt. Es wächst als Folge aus dem Gedankenbild "Zigarette" ein Gefühl, eine Gefühlswahrnehmung der Gleichgültigkeit, der Ablehnung oder der Sympathie, des Begehrens. Entsprechend unserer Einstellung zu dieser Zigarette kann der Wunsch entstehen, diese zu rauchen. Das führt dann zu einem Kraftakt, zu einer Handlung. Der Impuls, der Wunsch, wird an den Willen weitergegeben, die Zigarette wird ergriffen, angezündet und geraucht.

- Wir sehen, jede Handlung ist auf drei Grundelemente zurückzuführen: **gedankenbildliche** Wahrnehmung, **gefühlsmäßige** Zuwendung und **willentlicher** Impuls. Die ausgeführte Handlung ist dann in der Realisierung ein viertes Element.

Nehmen wir ein anderes Beispiel: Über einen Abgrund führt eine Brücke. Wenn die Brücke durch ein Geländer genügend gesichert und breit genug ist, gehen wir ohne Furchtgedanken und sicher darüber. Anders ist es, wenn anstelle der breiten, gesicherten Brücke nur ein schmales Brett über dem Abgrund liegt. Gewiss wäre das Brett breit genug, uns sicher darüber gehen zu lassen. Trotzdem entsteht, während wir darüber gehen, der Gedanke des Absturzes. Dieses Bild überträgt sich auf die Gefühlsebene: Es entsteht ein Furchtgefühl, die Angst vor dem Absturz. Die seelische Reaktion löst eine physische Reaktion im Körper aus; ein Schwindelgefühl erfasst uns, und wir stürzen.

Ein anderes Beispiel: Vor einem Fernsehapparat verfolgt jemand ein Fußballmatch. Ist es ein Team, das ihm nahe steht, oder ein Ländermatch und der Betrachter ein Fußballfreund, so wird das Bild eines Tores sofort eine seelische Reaktion auslösen. Der Blutdruck wird steigen und als physische Reaktion zusätzlich noch eine unruhige Bewegung erfolgen. Er springt vom Sessel auf, ballt die

Fäuste, und der Atem geht schneller. Betrachtet jemand anderer, dem der Fußball fremd oder bedeutungslos ist, die Bilder, so werden diese keine Reaktion auf seiner seelischen Ebene verursachen und der Betreffende bleibt unberührt und unbewegt.

Auch ein Begräbnis, das in den anwesenden Trauergästen die gleichen Wahrnehmungsbilder wachruft, wird, je nach gedanklicher Einstellung des Einzelnen zum Verstorbenen, andere Gefühle – Empfindungen der Trauer auf der Gefühlsebene und dann Tränenfluss auf der physischen Ebene – verursachen. So ist also jedes physische Agieren auf einen geistigen Impuls und auf eine seelische Emotion zurückzuführen.

Jede bewusste Handlung ruht auf diesen drei Elementen: **Erkennen, Wünschen und Tun** und ist auf diese drei Elemente zurückzuführen. Ob etwas Vernünftiges, Gescheites herauskommt, hängt davon ab, ob das Gleichgewicht der Elemente gestört wird oder ob dieses auch nach der Tat erhalten bleibt. Jede Handlung ist somit ein Zurückführen der Energie oder eine Umwandlung. Dadurch wird der Energie die Freiheit genommen, das Chaos wird in Ordnung gebracht. Sie ist für eine Tat eingestimmt, eingespannt, gebundene Kraft wie die Kraft der Elektronen in einem Kieselstein. Daher gaben die alten Weisen jeder Realisierung das Symbol des Erdelements. Es ist dies das vierte Element, **das Geschaffene**, die neue Einheit, und zugleich eine alte Einheit als Ausgangspunkt für den neuen Impuls.

Es lohnt sich, über diese Wahrheit eingehend zu meditieren. Sie ist ein Universalschlüssel, der Zugang zu vielen Erkenntnissen bringt. Ob in der Kybernetik, der Atomphysik, ob in der Biologie oder der menschlichen Psyche, überall, sogar in der Wirtschaft und im Handel, begegnet uns das Gesetz des vierpoligen Magneten, der Universalschlüssel JHVH, das heilige Tetragrammaton, und es ist das einzige logisch begründete Gesetz, welches durch sein Bestehen die Möglichkeit zur Freiheit durch kontrollierte Ordnung in sich birgt.

Wie kann man diese Freiheit für sich gewinnen?

Man gewinnt sie durch Kontrolle über die vier Elemente, welche in ihrem gemeinsamen Wirken das Ichbewusstsein ergeben. Dem Freimaurer leuchten dazu die drei Kleinen Lichter. Für das Feuerelement, das Licht der Stärke, steht analog der Wille. Das Wasserelement, unser Licht der Schönheit, bewirkt in uns das Gefühl. Das erkennende, verbindende Luftprinzip finden wir im Verstand und Intellekt in höchster Veredlung als Licht der Weisheit. Alles zusammen in Wechselwirkung ergibt unsere Persönlichkeit, das Ichbewusstsein als Erdelement. Die Macht über die Elemente bedeutet daher Macht über sich selbst, und Macht über sich selbst bedeutet Freiheit, ermöglicht Selbständigkeit und Unabhängigkeit und somit auch Macht über andere.

Es ist also nicht Angst vor der Strafe eines Gottes, den wir Freimaurer als den Allmächtigen Baumeister aller Welten verehren, welche uns die Gerechtigkeit suchen lässt, sondern das Wissen, dass Gesetz Freiheit bedeutet. Es ist nicht Schwäche oder Sentimentalität, welche uns die Harmonie durch Nächstenliebe nahe legt, sondern die bewusste Kontrolle des Gefühlslebens, welche die Rückkopplungsgesetze berücksichtigt. Wir suchen nicht nach Wahrheit wie ein eitler Philosoph, sondern nach Erkenntnis, um weise und gerecht leben zu können. Das ist der große Unterschied zwischen Religion (zur Freimaurerei bekennen sich ja Gläubige aus allen Konfessionen) und Freimaurerei. Wir haben keine Dogmen. Unsere Ziele sind die einzig logischen Konsequenzen bei den Möglichkeiten, welche uns Menschen für unser Dasein zur Verfügung stehen. Nämlich durch Weisheit, Stärke und Schönheit zur höchstmöglichen Freiheit und Vollkommenheit zu gelangen. Diese drei Kleinen Lichter in unserem Tempel ergeben in ihrer untrennbaren Wechselwirkung das große Licht des menschlichen Bewusstseins. Sie sind die Symbole für die Reise durch die Elemente bei unserer Einweihung.

DIE REISEN UND PRÜFUNGEN DURCH DIE VIER ELEMENTE

- **DAS ERDELEMENT:** Die erste Reise führt uns an die Pforte des Tempels. Wir kamen von einer dunklen Kammer und suchten das Licht. Das Erdelement, welches mit seiner Behinderung, seiner Fessel, uns lähmte, ließen wir hinter uns. Die Metalle legten wir ab. Die alte Welt haben wir verlassen. Im Tempel erwartet uns eine höhere Ebene, eine neue Welt. Eine neue Einheit soll durch unsere Arbeit aus den drei Elementen gefunden werden.
- **DAS LUFTELEMENT:** Unsere zweite Reise führte uns zur Säule der Weisheit. Das Gebot des Meisters vom Stuhl (Meister der Luft) lautete: "Erkenne dich selbst." Richtiges Handeln setzt Erkennen der Lage und der Möglichkeiten voraus. Das Licht hilft uns die Umwelt zu erkennen, bringt uns Entferntes näher und verbindet uns optisch mit den Dingen dieser Welt. Die Kraft der Gedanken ermöglicht uns, die Verbindung in die Zukunft herzustellen, kraft unserer Gedanken können wir Zeit und Raum überwinden. Wir sind fähig, in Gedanken den Ablauf einer Handlung im Voraus vorzubilden, und können somit erkennen, ob sie richtig oder falsch ist. Das Urteil fällt die Weisheit. Die Ausführung erfordert Stärke.
- **DAS FEUERELEMENT:** Zu dieser Säule, deren Symbole das Feuerelement und der Erste Aufseher (Meister des Feuers) sind, führt uns die nächste Reise. "Beherrsche dich selbst" ist sein Gebot an uns. Nur der feste Wille ermöglicht die Durchführung des geplanten Vorhabens. Eine Schwäche des Feuerelements in uns macht die klügsten Pläne zunichte. Unbeirrt führe man durch, was man für richtig erachtet und zu tun wünscht.
- **DAS WASSERELEMENT:** Der Wunsch entsteht im Gefühlsbereich; dieser ist dem Element Wasser zugeordnet. Aus einer ungeordneten, ichbezogenen Gefühlssphäre werden Wünsche geboren, welche sehr oft mehr Nachteile als die erwartete Glückserfüllung bringen. Daher führt uns die Wanderung auch

durch das Wasserelement zum Licht der Schönheit, das uns hier erschlossen werden soll und dem der Zweite Aufseher (Meister des Wassers) vorsteht. Der Wunsch zur Liebe und die mitleidvolle, selbstlose Tat als Verbindung und Regler unserer Beziehung zum Nächsten werden laut unserem Gesetz der vier Elemente letztlich wieder auf uns zurückwirken. "Veredle dich selbst" ist somit ein Gebot der Vernunft, das uns den inneren und äußeren Frieden sichert.

Der Tempel als Symbol für den Kosmos und das ICH

Im Ritual wiederholen wir symbolisch, was sich im Makrokosmos als ewiger Schöpfungsakt vollzieht und was im Mikrokosmos Grundlage jedes bewussten, sinnvollen Handlungsablaufes ist. Der Tempel ist Symbol für den gesamten Kosmos und für unsere eigene Wesenhaftigkeit. Die Symbole darin erklären uns die wirkenden Mächte und Kräfte im Großen wie im Kleinen, im Universum mit einem für uns unfassbaren, aber zweifellos vorhandenen Überbewusstsein, im Menschen als bewusste individualisierte Wahrnehmung des ICH BIN.

Das menschliche Bewusstsein erstrahlt ja als viertes Element aus dem Zusammenwirken der drei Kleinen Lichter: Vorstellung, Gefühl und Wille (Wissen, Empfinden, Wollen) in seiner vollendeten Form als Weisheit, Schönheit und Stärke.

Werden diese drei Teilstrebungen unseres Ichs durch bewusste Kontrolle aus einem übergeordneten Mittelpunkt ins Gleichgewicht zueinander gebracht – symbolisch geschieht das durch unseren inneren Tempelhüter (den Meister der Erde) –, dann werden die Erfahrung und das Wissen zur Grundlage von Weisheit. Dann wandelt sich die Energie des Willensdrangs zur Kraftquelle allmächtiger Stärke. Dann erstrahlt aus den bewegenden Gefühlen in ewiger Schönheit der belebende Strahlenkranz selbstloser Nächstenliebe.

So wie aus dieser Wechselwirkung der drei Seelenorgane unser Bewusstsein entsteht, so wird bei unserer Tempelarbeit ein Überbewusstsein aus den drei hammerführenden Meistern gebildet, die ja symbolisch Repräsentanten für die drei Lichter sind. Dabei ist jeder einzelne Bruder daran beteiligt und hilft durch seine richtige Einstellung zum Ritual mit, diesen geistigen Kraftstrom aufzubauen.

Die drei Hammerführenden geben dieser Kraft die qualitative Färbung und bringen sie zum Einsatz. Durch das Ritual als lebendes Symbol wird dieser veredelte Kraftstrom verstärkt und zu jedem einzelnen Bruder zurückgeführt. Wahrheit, Friede und innere Stärke flammen in jedem Bruder auf und helfen ihm bei seiner Arbeit an sich und seiner Arbeit an der Menschheit.

Es besteht kein Zweifel: Sowohl die symbolischen Reisen bei der Aufnahme als auch deren Wiederholung im Ritual haben eine magische Wirkung auf unser Tiefen-Ich und mobilisieren in uns unbewusst entsprechende Energien und Eigenschaften.

Die heutigen tiefenpsychologischen Erkenntnisse haben diese und ähnliche Phänomene längst als Tatsachen bestätigt und vom Vorwurf des Mystizismus und Aberglaubens restlos befreit. Wer praktische Erfahrungen in den Geisteswissenschaften sammeln konnte, weiß, es ist wahr: Ein mit einem Gefühl verbundenes Gedankenbild ist eine magisch wirkende Kraft, die sich selbständig realisieren muss. Und ich glaube, jeder von uns spürt, dass beim richtigen Ablauf einer Tempelarbeit mehr als eine andächtige Atmosphäre oder eine sentimentale Stimmung seine Seele ergreift und seinen Geist erhebt. Und es ist sicher mehr und zu Höchstem veredelnd, wenn wir voll und ganz unserem Ritual geistig und seelisch beiwohnen. Das ist auch der Sinn und Zweck unserer Tempelarbeit.

Das Schicksal als Prüfung

Nun will ich auf ein ganz besonderes freimaurerisches (hermetisches) Phänomen hinweisen, welches sich nur durch die magischen Kräfte, die bei einem Initiationsritual frei werden, erklären lässt. Nämlich jene Reisen, die jeder Bruder nach seiner Einweihung zu machen hat und die als schicksalhaft bezeichnet werden können. Alle von uns haben das erlebt, der eine mehr, der andere weniger bewusst. Aber es gibt eine Tatsache: So wie die alten Mysterien dem Neophyten Prüfungen auferlegten, so wird auch heute noch jeder Bruder nach seiner Aufnahme (oder Selbsteinweihung) vom Schicksal geprüft und muss allein in freier Wahl durch seine Entscheidung vier Aufgaben lösen. Sogar Jesus musste, vom Bösen versucht, diese Prüfungen absolvieren, ehe er sein großes Werk vollbringen konnte. Die vier Reisen werden tatsächlich wiederholt. Das ist eines der Geheimnisse, dass die symbolischen Prüfungen – beim Aufnahmeritual nur angedeutet – später im profanen Leben an uns nachvollzogen werden. Und es ist ungemein wichtig, dass man diese Prüfungen (die jedem Hermetiker im Laufe seinen geistigen Entwicklungsweges gestellt werden) bewusst erlebt.

In den alten ägyptischen Einweihungen wurde der Neophyt für die erste Prüfung in einen Bergwerksstollen eingelassen, der sich im weiteren Verlauf bis auf wenige Zentimeter verengte, durch den er trotzdem durch musste, denn das Tor hinter ihm wurde verschlossen. Er wusste, dass er dort nicht zurück und durch das Tor nicht hinaus konnte. Wir können uns vorstellen, welche Ängste durchzustehen sind, wenn man glaubt, nicht vorwärts zu können, und den Rückzug verschlossen weiß, einsam, im Finsteren, auf sich gestellt. Unsere dunkle Kammer ist da sicher blasser Ersatz.

Aber musste nicht jeder von uns nach seiner Aufnahme diesen Gang, den dunklen, finsteren, einsamen, engen, hindernden, passieren? In irgendeinem Zusammenhang des profanen Lebens sind wir alle in diesen Gang gesteckt. Typisch an der Probe durch das Erdelement ist die Erfahrung der lähmenden Einsamkeit und der trostlosen Leere, des völligen Auf-sich-gestellt-Seins, des

Durchstehen-Müssens ohne äußere Hilfe. Das Aufgeben und Ablegen von Wertmaßstäben, die früher von Bedeutung waren, ist dann meist die Folge der befreienden Erkenntnis, dass alles Nötige und Wichtige in uns selbst zu finden ist.

Die zweite Prüfung, jene durch das Feuerelement als Herausforderung an das Willensprinzip, wird von uns Mut und Zivilcourage verlangen und unsere Machtansprüche und unsere Verführbarkeit zu Machtmissbrauch auf die Probe stellen. Sie fordert Mut zur Wahrheit und den Willen zur Leistung. Die Versuchung tritt an uns heran als Angebot von Reichtum und Machtzuwachs durch Missbrauch von Vertrauen und Einfluss, den uns andere gewähren. Hier gilt es: Achte auf dein Gewissen!

Die Wasserprobe prüft dein Mitgefühl, auch deine Liebe, Leidenschaft und das Verantwortungsgefühl den eigenen Wertmaßstäben gegenüber. Die Wahl zwischen dem eigenen Glück und dem des anderen, das Leid des anderen im Tausch gegen unser Glück wird als Versuchung vor uns gestellt. Vielleicht das Glück des Ehepartners, vielleicht eines Mitmenschen, der uns nahe steht, vielleicht eines Fremden, eines Angestellten. Unser Mitgefühl, das Mitleid, die Fähigkeit, geben zu können, Anteil zu nehmen und daraus die richtige Entscheidung zu treffen – diese Prüfung wird jedem gestellt, und jeder muss sie bestehen, wenn er in seiner geistigen Entwicklung voranschreiten möchte. Es geht nicht gut, wenn du dir dein Glück auf Kosten anderer verschaffen möchtest. Wenn du mitleidlos, leichtfertig und oberflächlich über Gefühle der Mitmenschen hinwegzuschreiten versuchst.

Bei der Reifeprobe unseres inneren Luftelements als Symbol für Weisheit und Erkenntnis wird geistige Überheblichkeit, dogmatischer Starrsinn und Skeptizismus uns stürzen lassen. Ein Suchender, der nur Beweise sucht für das, was er zu wissen glaubt, findet nicht die Wahrheit. Und doch ist gerade das einer der höchsten Prüfsteine sowohl für die so genannten Esoteriker wie auch für einen großen Teil der rein wissenschaftlich Denkenden, die sich von einem kausal-mechanistischen Weltbild nicht lösen können.

Nicht jeder hat schon alle vier Prüfungen hinter sich, nicht jeder hat alle Prüfungen bestanden. Überdenken wir, wo uns ein Sieg des wahren Willens die Kraft der inneren Stärke bescherte und wo uns noch die Gewalt der Triebe bewegt. Prüfen wir, ob wir unsere Urteile getragen von weiser Erkenntnis fällen oder Starrsinn und Vorurteil uns blind machen. Prüfen wir, ob edles Mitgefühl und Liebe die Brücke zu unseren Mitmenschen ist, oder ob Gefühlskälte uns vereinsamen lässt. Überwachen wir stets bewusst unser Tun und rufen wir uns so oft wie möglich die Pflicht zu dieser Wachsamkeit ins Bewusstsein.

Die bewusstseinsverändernde Macht einer Initiation

Was war ursprünglich bei den antiken Mysterien Sinn und Zweck einer Initiation? Man versuchte dem Neophyten zu zeigen, dass er einerseits auch ohne seinen physischen Körper ein bewusstes Wesen ist und dass er andererseits als Geistwesen auch die physische Ebene beherrschen lernen muss. Durch bestimmte Praktiken und zum Teil auch unter Zuhilfenahme von Drogen wurden damals der Geist und die Seele des Neophyten von seinem Körper gelöst und er konnte diesen Vorgang bewusst erleben. Neben entsprechend geschulten Priestern erforderte das aber auch ganz bestimmte Fähigkeiten vom Neophyten. Dieser musste seine Seelenorgane voll ausgebildet und unter Kontrolle haben. Das ist wie bei einem Säugling oder Kleinkind. Dieses nimmt wohl die Umwelt wahr, kann sie aber weder deuten, noch sich in ihr sinnvoll schöpferisch bewegen. Es greift daneben, fällt beim Gehen, ist der Welt hilflos ausgeliefert oder steht ihr verständnislos gegenüber. Dasselbe erlebt auch, wer unvorbereitet die feinstofflichen Welten betritt. Ohne die stabile Orientierungshilfe, die durch die Sinne aus der physischen Welt als Bewusstseinsstütze dienen, wird er verwirrt. Aber nicht nur für so genannte Astralreisen sind die Übungen nötig und die Prüfungen als Vorsorge gedacht. Auch für die physische Ebene und das profane Leben ist es von Bedeutung, dass die inneren vier Elemente unter Kontrolle gehalten werden können.

Denn durch unsere rituellen Arbeiten und durch die Exerzitien werden sich bei jedem, der diesen Anleitungen folgt, bald ganz bestimmte geistige und seelische Fähigkeiten ausbilden.

Jeder Gedanke und jeder Wunsch lassen sich viel rascher realisieren. Aber auch Furcht, Angst und Zweifel gewinnen dann mehr an Kraft und Wirklichkeit und können uns eher schaden als vorher. Daher müssen wir lernen, Herr unserer Gedanken und Gefühle zu werden, wir müssen lernen, die vier Elemente unter Kontrolle zu bekommen. Wir müssen imstande sein, diese durch ein fünftes Element wie von einem Aussichtsturm oder der Spitze einer Pyramide aus zu überblicken und zu beherrschen.

Wieweit wir von oben imstande sind, durch Weisheit, Stärke und Schönheit in uns das Gleichgewicht der Elemente zu erlangen, oder ob eines davon vorherrscht, weil wir eine Prüfung nicht bestanden haben, hängt davon ab, wie viel wir bewusst üben. Es werden gezielte Übungen sein müssen, die alle vier Elemente in uns ins Gleichgewicht bringen und stärken: Konzentrationsübungen für das Element der Erde, Willensübungen für das Feuerelement, geistigmeditative Übungen für das Luftelement und Schulung im bewussten Erleben des Mitgefühls für das Wasserelement. Weisheit, Stärke, Schönheit, Geist, Seele, Körper werden gleichmäßig in harmonische Verbindung gebracht und erheben uns dann auf diese nächste Ebene, von der wir, wie von einem Aussichtsturm aus, alles überblicken und beherrschen können. Das System der Freimaurerei bietet daher eine einzigartige Schulung, welche sich bis heute durch Jahrhunderte unübertroffen erhalten hat.

2. PRAXIS

DER ALLTAG ALS GEISTESSCHULUNG

Wir haben festgestellt, dass die Arbeit am "Rauen Stein" bewusst, gezielt und systematisch geschehen muss, soll sie Erfolg bringen. Die vier Pferde, die unseren Wagen ziehen, sind die vier Seinszustände der Elementarkräfte. Sie wirken im Universum gleichermaßen wie in der menschlichen Seele. Weisheit, Stärke und Schönheit sind die Zügel, die das Bewusstsein gespannt halten muss, damit der Wagen nicht durchgeht mit uns. Die folgenden Exerzitien werden helfen, nicht vom Weg abzukommen.

Die Übungen, welche uns die Beherrschung der vier Elemente ermöglichen und somit das innere Gleichgewicht erlangen lassen, sind einfach. Schwierig daran ist lediglich die konsequente, regelmäßige und ständige Durchführung. Freimaurer ist man nicht nur an zwei Tagen in der Woche und ein bestimmtes Ziel, welches wir erreichen wollen, um danach Feierabend zu machen, gibt es nicht. Unser Ziel ist das Bauen am Tempel der Wahrheit, Gerechtigkeit und Nächstenliebe. Das ist eine Tätigkeit, kein endgültiges, fertiges Produkt, und darum sind auch unsere Exerzitien nicht zeitlich begrenzt: Wir müssen uns ständig fit halten.

Und wenn der Weg mühsam ist – auch wenige Fortschritte sind bedeutsam und können ein menschliches Wesen völlig umkrempeln und in glücklicher Weise verändern. Wichtige Hilfe und Unterstützung dazu finden wir in der gemeinsamen Arbeit im Tempel. Sie bringt uns durch das Ritual und die Symbole die Aufgabe immer wieder ins Bewusstsein. Die Loge symbolisiert ja nicht nur das gesamte Universum, sondern auch unsere eigene Innenwelt. Die drei Großen Lichter können wir als Symbol für die elementaren Prinzipien im Makrokosmos nehmen, die geistige, die seelische und physische Ebene. Die drei Kleinen Lichter weisen uns auf die Entsprechungen im Mikrokosmos, im Menschen also, hin. Und wenn die Lichter im Tempel aufleuchten, so sollen wir in unserer Vorstellung dieselbe Weihehandlung in uns selbst vollziehen.

Jede Begebenheit in der rituellen Arbeit hat ihre Entsprechung in uns selbst und soll bewusst miterlebt und nachvollzogen werden.

Es liegt in einem oft wiederholten Ritual eine magische Kraft, wir können auch sagen ein psychologischer Effekt, welcher entsprechend der symbolischen Handlung eine gleichlautende Reaktion in der Psyche hervorruft. Grundregel eines Rituals ist, nach dem Prinzip des bedingten und unbedingten Reflexes, eine Idee oder einen Gedankengang durch eine entsprechende Handlung zu bestätigen und umgekehrt diese Idee oder diesen Gedankengang durch diese Geste oder Handlung im Bewusstsein hervorzurufen.

Das gleiche gilt für Symbole. Jedes Symbol ist eine Konzentration gebundener Kräfte, die durch richtige Handhabung, "Zeichen, Wort und Griff" (Yantra, Mantra, Mudra), jederzeit dort gespeichert, aufgenommen oder übertragen werden können. Was sichtbar ist, ist immer auch Ausdruck von etwas Unsichtbarem, das dahintersteht. Das ist auch das Geheimnis und die Grundlage jeder Magie. Mehr dazu in meinem 3. BUCH "Die vier Elemente - Der geheime Schlüssel zur geistigen Macht" im Kapitel über die Hilfsgeister.

DIE REISE DURCH DAS ELEMENT DER ERDE

Unsere Übung im Tempel besteht somit darin, während der rituellen Handlung dem Geschehen aufmerksam zu folgen und zu versuchen, die symbolischen Aussagen zu erfassen und in sich zu verwirklichen. Wer nicht imstande ist, für diese eine Stunde die gewohnte profane Welt vor der Tempeltür zu lassen, sich zu entspannen und auf das Ritual zu konzentrieren, der wird kaum in den weiteren Übungen Fortschritte erzielen können. Wenn es uns gelingt, die Sorgen und Gedanken des Alltags zu vergessen, um bewusst und ungestört unsere Tempelarbeit zu erleben, ist die erste Übung gelungen.

Nochmals legen wir im Geist die Metalle, die uns den ganzen Tag behinderten, ab. Als freie Männer betreten wir den Tempel. Wie frei aber sind wir wirklich? Das zu erforschen, ist die nächste

Übung. Haben wir wirklich alle Metalle abgelegt? Macht uns das zusätzliche Einkommen, die neue Filiale, die höhere Position, mehr Amt und Würde nicht zum Sklaven der Zeit? Besitz, der uns die Freizeit verschönern sollte, macht uns unfrei, wenn wir fürchten, ihn zu verlieren. Macht nimmt die Freiheit in dem Moment, wo wir fürchten, sie nicht halten zu können. Unser philosophisches und intellektuelles Gebäude aus Wissen und Erfahrung engt unsere Freiheit ein, wenn wir nicht fähig sind, auch unbequeme oder ungewohnte Meinungen und Ideen unvoreingenommen zu prüfen und in unserer Gedankenwelt unterzubringen. Vorurteile werden bald zu einengenden Gewohnheiten. So genannte Pflichten sind oft nur übertünchte Schwächen. Prüfen und befreien wir uns, wo es notwendig ist. Aber vergessen wir dabei niemals:

Wahre Freiheit fordert freiwillige Unter-Ordnung den Regeln und dem Gesetz.

Wahre Freiheit fordert freiwillige Ordnung, sonst macht Chaos uns unfrei. Festigkeit und Bindung als Gesetz sind dazu nötig. Unser Messwerkzeug dazu ist das Winkelmaß. Der Weise achtet das Gesetz.

Das rote Licht an der Kreuzung als Ordnungsregler lässt uns freiwillig bremsen, weil wir wissen, dass gerade dadurch wir uns frei weiterbewegen können, wenn es grün wird. Jedes lenkbare Fortkommen ist erst am Widerstand möglich. Je glatter die Straße, desto unsicherer schlittert das Auto. Achten wir das Prinzip des festen Widerstandes im Universum und üben wir es in uns durch Erlernen des Schweigens und der Stille. Das ist gar nicht so einfach. Es ist überraschend, wie viel geistiger Kraftaufwand oft nötig ist, gewisse Dinge, zumeist Banalitäten, nicht zu erzählen.

Beginne bei den Meinungen und kleinen Gedanken, die dir auf der Zunge liegen. Schweige, wenn es dich drängt, zu reden. Rede nur, wenn du sicher bist, dadurch Freude zu bereiten, oder wenn du dadurch, ohne zu verletzen, belehren kannst, falls man dich um Rat fragt.

Über die Übungen der Stille ist schon viel geschrieben worden. Yoga und das Autogene Training sind auch brauchbare Methoden, um das Erdelement in uns zu stärken. Jedoch müssen Körper, Seele und Geist gleichermaßen in diese Übungen einbezogen werden. Das geschieht auch, wenn man richtig vorgeht. Der Versuch, eine halbe Stunde bewegungslos still auf einem Stuhl zu sitzen, ist eine hervorragende Übung, gleichzeitig auch die wogenden Emotionen im Seelenkörper zu beruhigen und den Ablauf der Gedankenbilder klar zu ordnen. Und dadurch kommt es dann auch zu einer Förderung der vom Erdelement hervorgerufenen geistigen und seelischen Fähigkeiten und Eigenschaften, wie zum Beispiel Gewissenhaftigkeit, Standhaftigkeit, Gründlichkeit, Ruhe, Ernst und Bedachtsamkeit. Und es sind diese Fähigkeiten, welche das Fundament unserer Freiheit tragen. Denn Pessimismus, Starrsinn oder Geiz, als negative Auswirkungen des Erdelements im Menschen, werden durch diese Übungen überwunden. Wir werden frei, um bauen zu können.

Aber auch wenn wir uns frei gemacht haben, gilt es, achtsam zu sein, damit wir uns nicht neue Last aufbürden in der irrigen Meinung, es freiwillig zu tun. In den Symbolen der Freimaurer gibt es für das Erdelement keine eigene Säule oder eigenes Licht. Auch bei den alten Meistern und in den antiken Mysterienschulen galt das Erdelement nicht als eigenes Element, sondern als die Zusammenfassung der drei anderen. Unser altes Ich starb ja in der dunklen Kammer. Die neue Einheit finden wir mit Hilfe der Weisheit, der Stärke und der Schönheit in der bewussten Neugestaltung unseres SELBST.

Verwirkliche dich selbst (dein SELBST) durch Befreiung! Wir müssen frei sein für den Augenblick und dürfen nicht in so genannten Verpflichtungen versklaven. Wenn es niemandem schadet, soll von Zeit zu Zeit ganz bewusst ausgeflippt werden. Das Gefühl der eigenen Freiheit wird dadurch wieder voll empfunden. Man darf ruhig die Arbeit einmal liegen lassen. Überlege, wo du freiwillig und bewusst deine Pflicht erfüllst und wo es sich schon um eine Gewohnheit, einen Zwang von außen handelt. Freiheit ist nicht unser Privileg, sondern sie ist Pflicht jedes Freimaurers. Wahre Freiheit muss täglich erarbeitet und verteidigt werden. Befreien wir uns von falschen Bindungen, aber auch von falschen Vorstellungen, die eine Scheinfreiheit vorgaukeln.

DIE REISE DURCH DAS ELEMENT DER LUFT

Als ich einmal am Strand lag, beobachtete ich meinen kleinen Sohn, wie er einen Käfer immer wieder mit Sand zuschüttete. Doch der Käfer krabbelte bald wieder unter der Last hervor. Dieses Spiel wiederholte sich so lange, bis ich den armen Käfer unter meinen Schutz stellte. Uns schützt niemand. Wir müssen uns selbst freikrabbeln. Tun wir es und nehmen wir als Bewusstseinsstütze das uralte ägyptische Symbol des Skarabäus als Mahnung dafür, die Last der Metalle abzuschütteln. Diese Kontrolle ist eine Dauerübung und für das ganze Leben beizubehalten. Aber besonders im "Raum der verlorenen Schritte", ehe wir unseren Tempel betreten, sollen diese Gedanken unser Bewusstsein erfüllen.

Wir sind im Tempel und der Meister entzündet das Licht der Weisheit. Durch welche Übung entzündet unser innerer Meister dieses Licht? Die Aufforderung lautet: **Erkenne dich Selbst!**

Weisheit erfordert Erkenntnis, Selbsterkenntnis und Erkennen der Welt, in der wir uns spiegeln. Erkenne dich selbst durch Betrachtung. Die grobstoffliche, physische Welt dringt in unser Bewusstsein durch ein Gedankenbild. Alles, was wir in diesem Körper erleben, muss über die Sinnesorgane dem Gehirn zugeführt werden, wo dann durch ein Gedankenbild der entsprechende Eindruck in unser Bewusstsein gelangt. Das ist nichts Mystisches, sondern ein ganz natürlicher chemo-elektrischer Vorgang.

Was sind unsere Gedanken?

Was sind unsere Gedanken? Legen wir uns einmal bequem hin und versuchen wir, jeden Gedanken, der in unserem Bewusstsein auftaucht, bewusst zu betrachten. Man wird überrascht feststellen, dass eine ungeheure Fülle von Bildern auf uns einstürmt und es unmöglich erscheint, jeden Gedanken einzeln zu erfassen. Und wenn wir dann gar versuchen, einen ganz bestimmten Gedanken festzuhalten, wird uns das vorerst nicht gelingen. Wie ein Fernsehbild, das zu rollen beginnt, purzeln Gedanken durch unser Bewusstsein, ohne dass wir uns dessen normalerweise bewusst sind. Wir haben diese Bilder nicht unter Kontrolle. Das ist leichtsinnig. Unser wichtigstes Verkehrsmittel zur Umwelt ist in Wirklichkeit gestört und gehorcht uns nicht. Das ist dasselbe, als würden wir in einem Auto ohne Scheinwerfer und mit einer kaputten Lenkung durch die Nacht brausen. Dass auch Eindrücke, welche unter der bewussten Wahrnehmungsschwelle liegen, bedeutsam unser Handeln beeinflussen, wissen wir zur Genüge aus Werbung und Tiefenpsychologie. Und dass wir durch bewusste Gedanken unser Leben positiv beeinflussen können, hat schon Coué mit seiner Formel: "Es geht mir täglich besser" bewiesen. Das bedeutet: Unsere Gedanken formen unsere Wirklichkeit. Daher müssen wir lernen, unsere Gedanken zu formen.

Dabei geht man folgendermaßen vor: Man versucht, sämtliche Gedanken, die im Bewusstsein aufblitzen, zu betrachten, wahrzunehmen, zu beobachten. Diese Übung ist gelungen, wenn man fähig ist, fünf Minuten lang jedem Gedanken in sich bewusst Aufmerksamkeit zu widmen. Dann kann man weitergehen. Man versuche jetzt, unerwünschte Gedanken zu unterdrücken, nicht zu beachten und nur erwünschte Bilder im Geist entstehen zu lassen. Das lässt sich am ehesten erreichen, indem man einen bestimmten Gedankengang unbeirrt durchdenkt und die gesamte Aufmerksamkeit nur dieser einen Idee widmet. Stellen wir uns vor, wir betreten das Badezimmer, waschen und rasieren uns in gewohnter Weise, kleiden uns danach an usw.; je nach dem üblichen Tagesablauf versuchen wir im Geiste, die Handlungen zu rekonstruieren. Dabei darf man nicht abirren und plötzlich an etwas anderes denken, sondern muss ausschließlich diesem Gedankenablauf folgen.

Man kann aber auch anstelle eines Handlungsablaufes einen Gegenstand betrachten, einen Bleistift, eine Blume, deren Farbe, Duft und Form. Widmen wir dann die gesamte Aufmerksamkeit diesem Bild, das wir betrachten. Dabei ist es bedeutungslos, was wir uns als Vorlage nehmen. Ob es die Leiden Christi, wie bei den Jesuiten, ein freimaurerisches Symbol oder ein Barbesuch ist – wichtig dabei ist die Konzentration auf ausschließlich diesen Gegenstand, diese Idee oder diesen Handlungsablauf. Sämtliche Gedanken dürfen sich nur darauf beziehen und nicht durch Überlegungen, zum Beispiel die nächste Steuererklärung betreffend, gestört werden. Erst wenn es uns gelingt, jeden gewünschten Gedankengang fünf Minuten lang in unserem Bewusstsein zu verfolgen, dürfen wir behaupten, dass wir denken können.

Wenn wir jetzt, ohne diese Übung, unsere Gedanken betrachten, wie unkontrolliert und wirr sie durch unser Bewusstsein strömen, wobei sie doch so große Bedeutung für unser Leben und die seelischen Reaktionen, die daraus entstehen, haben, erkennen wir, wie wichtig diese Übung ist. Würden wir mit unseren Armen und Beinen so wild und unkontrolliert herumfuchteln, wie wir es mit den Gedanken tun, es gäbe ein trauriges Bild des Menschen. Und doch ist es so.

Gedankenkontrolle

Wir müssen alles daransetzen, unsere Gedanken unter Kontrolle zu bekommen. Ist das gelungen, dann haben wir schon viel erreicht. Wir haben damit neben unserem physischen Körper auch unseren geistigen Körper entdeckt, das Organ, mit dem wir die Gedankenbilder wahrnehmen, um damit nach Belieben ganze Welten zu formen. Die Muskeln dieses Geistkörpers, die Vorstellungskraft, haben wir durch die vorangegangenen Konzentrationsübungen geschult und gestärkt. Der erste Schritt zur Selbsterkenntnis ist getan.

Jetzt sind wir imstande zu fragen: Wer bin ich? Wo bin ich? Was bin ich? Jetzt können wir die Antwort suchen und werden sie finden.

Mit "Wie bin ich?" beginnen wir. Dazu notieren wir sämtliche Eigenschaften, welche wir uns zuschreiben, auf ein Blatt Papier, auf einer Seite die guten, zum Beispiel Mut, Tatkraft, Entschlossenheit usw. Auf der anderen Seite schreiben wir die schlechten Eigenschaften: Zorn, Leichtsinn, Faulheit usw. auf. Das ist sehr aufschlussreich, besonders wenn man einen Bruder bittet, ebenfalls eine Liste von einem anzulegen, und wenn man danach beide Aufstellungen miteinander vergleicht. Zur Selbstveredlung ist so ein "Sündenregister" eine wertvolle Hilfe.

Fragen wir weiter: "Wo bin ich?" Denken wir uns den leeren Raum, das Nichts in seiner unendlichen Ausdehnung, und suchen wir unseren Platz darin. Versuchen wir, diesen Raum völlig mit unserem Ich auszufüllen. Es ist einfacher, wenn wir uns zuerst auf Zimmergröße ausdehnen, dann auf Hausgröße. Dann nehmen wir mit unserem Bewusstsein die ganze Stadt ein, die Erde, die Milchstraße; dann lösen wir uns auf im Unendlichen. Denken wir als Nächstes einen Punkt, mikroskopisch klein, aber massiv und schwer. Versuchen wir, auch in diesem kleinsten Raum oder Ding unser Bewusstsein zu entfalten.

Auf der Suche nach dem Wo, dem Standpunkt unseres Bewusstseins in der Schöpfung, müssen wir aber auch die Zeit berücksichtigen. Wir gehen dazu im Geist in die Vergangenheit zurück und versuchen, weit zurückliegende Ereignisse wieder in uns nachzuerleben, aber als Betrachter heute ohne Emotion und ohne Reue. Dabei achten wir besonders auf unser damaliges Ichbewusstsein, zum Beispiel als Kind, und versuchen zu ergründen, was uns heute noch damit verbindet.

- Wir machen dabei die Erfahrung, dass wir uns verändern können und dennoch unser ICH nicht verlieren. Obwohl das alte Ich uns heute fremd erscheint, ist das BEWUSST-SEIN, das ICH BIN, genauso wirklich und lässt uns ahnen, dass es auch ein göttliche Bewusstsein als ICH BIN gibt, das sich nur durch den Bewusstseinsinhalt, durch die individuellen Erfahrungen also, von unserem heutigen Bewusstsein unterscheidet.

Dadurch erhalten wir einen völlig neuen Begriff von Raum und Zeit. Und wenn wir einmal ohne unseren physischen Körper unser Bewusstsein erhalten wollen, so dürfen uns Wahrnehmungen aus diesen Bereichen nicht verwirren, sondern im Gegenteil, sie müssen uns als Bewusstseinsträger dienen.

Dann gehen wir weiter und bewegen uns geistig in die Zukunft. Indem wir unsere Handlungen für den nächsten Tag festlegen und im Geist auch schon voll bewusst durchführen, bewegen wir uns in die Zukunft hinein und lernen auch diese voll unter Kontrolle zu bekommen. Alle diese Übungen der Meditation und Gedankenzucht fördern und entwickeln in uns die positiven Eigenschaften und Fähigkeiten, die dem Luftelement unterstehen: also die Intelligenz, die geistige Regsamkeit, Auffassungsgabe, Vielseitigkeit und Erkenntnisfähigkeit. Sie entzünden das Licht der Weisheit und vermindern die negativen Eigenschaften, die dem Luftelement entspringen, wie zum Beispiel Vergesslichkeit, Oberflächlichkeit, Zerstreutheit usw.

Bei sämtlichen Übungen, die wir bis jetzt gemacht haben, werden wir neben den Gedankenbildern auch noch etwas anderes bemerken. Wir werden etwas spüren. Uns wird bewusst werden, dass ein Gedankenbild auch eine innere Gestimmtheit, ein Gefühl auslösen kann, ja sogar muss, und automatisch nach sich zieht. Ein Gefühl der Sympathie oder der Abneigung. Freude oder Sorge wird aber nicht gedankenbildlich erlebt und auch nicht physisch. Es ist ein ganz spezieller Bereich für unser Bewusstsein und gegenüber den physikalischen sowie auch den gedankenbildlichen Eindrücken abgrenzbar. Wir können also, ohne ins Mystische abzugleiten, behaupten, dass wir eine Welt der Gedanken, eine Welt der Gefühle und eine Welt der grobstofflichen Materie wahrnehmen. Dazu benötigen wir logischerweise entsprechende Organe. Die Bedeutung dieser Erkenntnis muss jeder für sich selbst auslegen. Erkenne dich SELBST!

DIE REISE DURCH DAS ELEMENT DES FEUERS

Damit sind die ersten beiden Reisen beendet. Wir haben uns befreit, wir haben gelernt zu sehen, wir erkennen uns und die Umwelt durch die Bilder der Gedanken. Wir sind fähig, uns zu orientieren, wir können beurteilen, was wir sehen, und wir können planen, was wir wollen. Begeben wir uns auf die nächste Reise. Sie führt uns durch das Feuerelement zur Säule der Stärke. Die Arbeit, die uns dort erwartet, lautet: **Beherrsche dich selbst!**

Willensschulung

Nur der starke Wille garantiert die freie Entscheidung und ermöglicht die Durchführung unserer Pläne. Die Erfüllung unserer Wünsche, welche der Geist, die Weisheit billigt, benötigt die Stärke zur Durchführung. So wie die körperliche Muskelkraft und die geistige Vorstellungskraft durch gezielte Übungen geschult werden können, ist es uns möglich, die Willenskraft zu verstärken. Manche Religionssysteme wählen die Askese. Der Freimaurer meidet solche einseitigen Übertreibungen, weil diese gar zu oft ausarten und dann zum Selbstzweck werden. Wir gehen den Weg der kleinen Schritte, und mit jedem kleinen Willensakt wächst unsere gesamte Willensstärke. Möglichkeiten dazu gibt es laufend. Viele unserer kleinen und großen Gewohnheiten eignen sich vorzüglich dazu.

Verzichten wir auf die Naschereien, verzichten wir auf eine Zigarette zwischendurch – aber nicht auf die fünfzigste, sondern auf die gute, auf die nach dem Frühstück. Aber nicht nur der Verzicht auf Angenehmes stärkt den Willen. Auch die mutige Tat ist uns Hilfsmittel dazu. Versuchen wir, täglich eine Handlung, die sonst unterblieben wäre, sei es aus Bequemlichkeit oder aus Feigheit, durchzuführen. Treten wir ein für das, was wir für richtig erachten. Anfangs zur Willensschulung, später wird es uns zur Gewohnheit werden. Aber auch Zurückhaltung zur rechten Zeit, wenn uns zum Beispiel Zorn, Ungeduld zu einer Handlung drängen, eignet sich vorzüglich zur Schulung unserer Willenskraft. Öffnen wir den Brief später, obwohl uns die Neugierde plagt. Unterdrücken wir die Kritik, die Nörgelei, die so leicht über die Zunge rutscht. Überprüfen wir einmal alle unsere Handlungen, wie viele davon bewusst, mit vollem Willen geschehen, und welche uns einfach überrumpeln, sei es aus der Macht der Gewohnheit oder durch den Drang der Triebe. Versuchen wir stets bewusst zu handeln. Beginnen wir bei den ganz banalen Dingen, Zähneputzen oder Sockenanziehen, oder tun wir etwas völlig Unsinniges: Nehmen wir zu ungewohnter Zeit eine kalte Dusche, klopfen wir fünfmal auf den Tisch oder gehen wir dreimal im Zimmer im Kreis herum. Das klingt lächerlich, ist es aber nicht. Denn dadurch bekommen wir ein Gespür für das, was dahinter steht, wenn man eine Handlung wirklich ganz aus eigenem Antrieb voll bewusst plant und durchführt. Gleichzeitig stärken solche kleinen Willensakte die gesamte Willenskraft und die geistigen und seelischen Eigenschaften, welche dem Feuerelement entspringen, wie zum Beispiel Mut, Tatkraft, Entschlossenheit und Initiative.

Die negativen Eigenschaften des inneren Feuers dagegen, wie zum Beispiel Zorn, Ungeduld, Heftigkeit, werden dadurch bezwungen. Das Licht der Stärke beginnt in uns zu leuchten.

Bei den Übungen, welche den Verzicht auf einen Genuss betreffen, ist wichtig, dass folgendes beachtet wird: Es muss ein freier Verzicht sein. Nur dieser Verzicht hat etwas Königliches an sich und stärkt den Willen. Es ist das Gefühl, jeden Augenblick anders zu können, jedoch aus dem wahren ICH heraus die Beschränkung aufrechtzuerhalten. Dabei sind aber Gewaltakte, übertriebene Askese oder von außen herangetragene Vorschriften ungeeignet. Nur der Verzicht, den das Ich in jedem Augenblick aus freier Einsicht heraus vollzieht, fördert. Solcher Verzicht hat für den Willen etwas ungemein Erfrischendes.

Es muss sich, wie gesagt, dabei gar nicht um eine sinnvolle Handlung handeln. Eine Willensübung, welche eine Handlung betrifft, die uns das Gewissen diktiert oder uns eine Aufgabe stellt, die sowieso hätte bewältigt werden müssen, stärkt nicht unbedingt unsere Willenskraft. Es sollte sich wirklich um etwas absolut Freiwilliges handeln.

Wer daher seinen wahren Willen finden will, wer den Weg der absoluten Selbstverwirklichung geht, der wird auch die Stelle passieren müssen, wo er gegen ein Gewissen siegen muss, das er fälschlicherweise für sein eigenes gehalten hat. Erst dann ist er fähig, sein wahres ICHSELBST zu finden, zu gestalten und seine eigenen moralischen Richtlinien entsprechend seinen eigenen Kenntnissen, der inneren Reife angepasst, aufzustellen. Das ist keine Aufforderung zur Anarchie, sondern ein wichtiger Meilenstein zur Selbstverwirklichung.

DIE REISE DURCH DAS ELEMENT DES WASSERS

Die letzte Reise, die uns durch das Wasserelement führt, lässt uns zur Säule der Schönheit gelangen. "**Veredle dich selbst**" lautet hier die Aufgabe. Schönheit ist harmonische Verbindung, ist Austausch, ist Rhythmus. Also nicht nur Empfangen, sondern auch Geben. Das richtige Geben zur rechten Zeit.

Was von uns als harmonisch empfunden wird und durch den Akt des Willens herangezogen wird, das erfühlen wir. Um das Richtige für die Umwelt zu erfahren, benötigen wir das Mitgefühl. Auch das muss geschult werden. Denn es ist ja die durch das Gefühl wahrgenommene Umwelt, welche letzten Endes die Richtung unserer Tat, des Handelns und des Willens entscheidend beeinflusst.

Es kommt gar nicht so sehr darauf an, was wir erleben, sondern wie wir das Erlebte empfinden. Und dieses Wie, das können wir durchaus beeinflussen. Auch Gefühle kann man kontrollieren und steuern. So wie wir die Gedankenbilder durch Konzentration in den Griff bekommen haben, ist es möglich, das Gefühlsleben zu veredeln und damit zu steuern.

Unser äußeres Leben wächst aus einem inneren, aus diesem inneren Gefühlsbereich heraus, und wenn wir unser Gefühlsleben betrachten, wird uns sofort klar, dass es einer Säuberung und Selbsterziehung bedarf. Nur so können wir verhindern, dass niedere Triebe, unkontrollierte Genusssucht oder jede Vernunft überlagernder Egoismus uns zu Handlungen verleiten, welche sich der Kontrolle der Weisheit und der Stärke entziehen und statt Schönheit Disharmonie bringen.

Welche Übungen stärken die Gemütsmuskeln? Als Erstes müssen wir trachten, in uns selbst Harmonie wachzurufen. Da Gefühle stets durch Gedankenbilder ausgelöst werden, wird uns durch die Übungen der Gedankenzucht schon viel geholfen. Lassen wir also nur solche Gedanken aufkommen, welche positive Gefühle in uns auslösen. Betrachten wir die schönen Dinge um uns. Suchen wir das Gute, und zwar bewusst. Wenn wir mehrmals täglich unsere Gefühlswelt einer Kontrolle unterziehen, werden wir bald merken, wie viel unnötiger Ballast mitgeschleppt, ja sogar eifrig gehegt und gepflegt wird. Wie oft sagen wir zu uns selbst: "Ich bin heute so nervös und abgespannt", und erzeugen damit genau die lustlose und deprimierende Lebensstimmung, gerade das Gefühl, welches wir vermeiden wollten. Suchen wir bewusst das Glück und nicht die Schatten.

Die gesuchte Schönheit betrifft aber nicht nur die Harmonie in uns, sondern auch die Wechselwirkung und rhythmische Antwort auf das Du. Der Austausch und die Bewegung in der Natur sind das Leben. Die Erhaltung der Energie zwischen den Menschen ist die Liebe. Sie ist die Antwort und Reaktion auf das, was wir bekommen, und sorgt für gerechten Austausch und Rückfluss. Die Bewegung muss erhalten bleiben, und das geschieht durch die selbstlose Tat der Liebe. Diese wieder setzt Verständnis und Mitgefühl für die Bedürfnisse des Du voraus.

Das Messwerkzeug der Freimaurer dafür ist die Wasserwaage. Sie zeigt uns an, ob der Stein unseres ICH dem Du gegenüber überhöht in den Bau eingefügt wurde oder ob er auf der selben Ebene liegt. Sorgen wir für Ausgleich. Auch das muss und kann trainiert werden. Widmen wir täglich bewusst und mit voller Hingabe je fünf Minuten den uns am nächsten stehenden Menschen. Schenken wir ihnen dabei unsere vollste, ungeteilte Aufmerksamkeit; versuchen wir, uns in diese Menschen hineinzuversetzen, deren Gedanken zu erraten, deren Empfindungen und Wünsche nachzufühlen. Vertauschen wir ganz bewusst unseren Standpunkt mit dem eines anderen Menschen, danach wird es uns leichter fallen, auf ihn einzugehen.

Unser Ichgefühl wird dadurch erweitert, die Grenzen verwischt. Plötzlich wird es ein echtes Bedürfnis sein, im anderen durch eine Geste der Liebe Glück zu verbreiten. Wir werden geben wollen, ehe man uns darum bittet. Aber von allein wird das nicht gelingen. Man muss täglich bewusst und willentlich sich vornehmen, geduldig, nachsichtig und verständnisvoll, hilfsbereit und mitleidvoll zu sein.

Das geschieht am besten, indem wir die negativen Anlagen, aus denen die Eigenschaften des Wasserelements entströmen, abbauen. Bequemlichkeit, Teilnahmslosigkeit, Schüchternheit und Angst (sich oder etwas zu verlieren) wandeln wir bewusst in Mitgefühl, Hilfsbereitschaft und Selbstlosigkeit um. Auch das weiblich-passive Prinzip tritt uns als Kraft entgegen, die man vergleichen könnte mit dem Einströmen, dem Sog, der durch das "Nichts" in einem Vakuum entsteht. Beachten wir auch diese Kraft, indem wir sie umkehren in die Hingabe der Liebe. Üben wir uns in der Kunst zu geben.

Üben wir, indem wir uns selbst im Du suchen und das Du als ICH sehen. Etwas aus dem Nichts zu schaffen, wurde bisher nur den Göttern zugeschrieben. Aber durch Mitgefühl und die bewusste Tat der Liebe ist es auch den Menschen möglich, aus dem Chaos des Leids die Harmonie des Glücks herzustellen. Glück kann man geben, ohne es selbst zu besitzen. Wachsen wir hinaus über unsere eigenen Grenzen, indem wir geben. Üben wir uns täglich darin. Mitgefühl ist Seelenlicht.

DIE NEUE EINHEIT IST GEBOREN

Damit sind wir scheinbar wieder am Beginn unserer Reise angelangt. Der Kreis ist geschlossen. Eine neue Einheit ist gebildet. So wie durch die Wechselwirkung der Protonen, Neutronen und Elektronen die Einheit Atom entsteht, bilden Weisheit, Stärke und Schönheit die Einheit Mensch. Verstand, Wille und Gefühl sind untrennbar miteinander verwoben und ermöglichen in ihrem Zusammenwirken das individuelle ICHBEWUSSTSEIN als Mikrokosmos.

Nach dem hermetischen Gesetz "Wie oben, so unten" finden wir in den drei Großen Lichtern die analogen Entsprechungen des Makrokosmos. Sie sind Symbole für die geistige, seelische und grobstoffliche Welt und bilden in ihrer Einheit das gesamte Universum. So wie die Energien des Kosmos seit Urzeiten im gleichen Rhythmus schwingen, müssen wir die Kräfte in uns im Gleichgewicht halten. "In Ordnung, meine Brüder" heißt, für die gerechte Wechselwirkung der Elemente zu sorgen. Und das soll uns jedes Mal, wenn wir "in Ordnung stehen", ins Bewusstsein dringen.

Gedanken lösen Gefühle aus. Gefühle lassen einen Wunsch entstehen. Dieser Wunsch drängt dann zur Tat. Weisheit überprüft, ob die Durchführung sinnvoll ist. Das Überwiegen eines dieser Elemente würde einen Kurzschluss auslösen und von unserer Umwelt als disharmonisch empfunden werden. Daher werden wir unser ganzes Leben hindurch vollauf beschäftigt sein, die Ordnung aufrechtzuerhalten. Zeitweise werden sich bestimmte Schwerpunkte bilden; das lässt sich nicht verhindern, soll aber bereinigt werden. Einen Spiegel finden wir in unserer Ansicht über Sinn und Zweck der Freimaurerei und die Schwerpunkte, die wir uns im Leben setzen.

Ein Überwiegen des Prinzips der Schönheit wird uns die humanitären Aufgaben des Bundes in den Vordergrund rücken lassen. Der Bruder, der durch Macht die Welt von außen verändern will, hat zu viel vom Feuerelement, der Säule der Stärke. Der Philosoph und Mystiker, der meint, durch Erkenntnis der Wahrheit wären alle

Probleme dieser Welt zu meistern, muss sein Luftelement, das Licht der Weisheit, etwas kleiner drehen. Der Freimaurer (Hermetiker) sucht das harmonische Gleichgewicht. Er kennt keine Einseitigkeit und daher kein Stillstehen.

Er vereint in sich die drei Kleinen Lichter zu einem einzigen großen, und so strahlt er als leuchtendes Vorbild heller als die anderen in der profanen Welt.

DEN NEOPHYTEN UND SCHÜLERN DER HERMETIK

Die Freimaurerei (Hermetik) bezweckt die Vervollkommnung der Menschheit auf dem Weg der Vervollkommnung des Einzelnen. Daher versuchen wir nicht wie politische, religiöse oder kulturelle Vereinigungen, durch das Gewicht einer anonymen Masse eine Verbesserung des menschlichen Daseins zu erreichen.

Dennoch sollen die Freimaurer sich mit allen Fragen und Problemen der Welt befassen, darüber diskutieren, sich Meinungen bilden und Standpunkte ausarbeiten.

Nach außen wirksam werden aber kann die Freimaurerei nur über den einzelnen Bruder. Je nach Veranlagung, Möglichkeit und Gewissen wird dieser durch aufrechtes, selbstloses, aber nachdrückliches Bemühen seinen Beitrag an der gemeinsamen Arbeit am Bau des Tempels leisten.

Anregung dazu erhält jeder durch das Vorbild seiner in der Königlichen Kunst fortgeschrittenen älteren Brüder. Seelische Stärkung findet er durch die kraftspendende Ausstrahlung unserer Rituale und Umsetzung der Instruktionen. Geistige Befruchtung wird ihm über unsere Symbole zuteil.

Es binden ihn jedoch keine Dogmen. Jeder Neuaufgenommene wirkt als eine verändernde, schöpferische, neugestaltende Macht auf unseren Bund ein. Dabei wird auch seine Persönlichkeit einem positiven Wandel unterzogen. Dank Liebe und verständnisvoller Hilfe seiner Brüder wird er seine Fehler erkennen und überwinden lernen sowie seine individuellen Stärken besser entwickeln und zum Einsatz bringen können. Er wächst zu einer in sich ruhenden Persönlichkeit. In freiem Gehorsam der inneren Stimme des Gewissens folgend, ist jeder sein eigener Richter und Meister. Die Menschenwürde steht ihm über materiellem Nutzen. Er handelt so, wie er wünscht, dass andere handeln mögen.

Der Freimaurer sieht in Gott nicht seinen Herrn, sondern hat im Symbol des Allmächtigen Baumeisters aller Welten die erstrebenswerteste Form von bewusst wirkendem Dasein umrissen. Je nach individueller Vorstellung wird jeder Einzelne in sich jene Eigenschaften und Fähigkeiten zu verwirklichen trachten, die ihm als vollkommen erscheinen.

Leitbild sind ihm dazu die drei Kleinen Lichter: Weisheit, Schönheit, Stärke. Sie sind ihm Symbol für sein Denken, Fühlen und Wollen.

Die Gebote für den Freimaurer lauten:

Erkenne dich! SELBST. Meditiere täglich: Wer bin ich? Was ist ICH? Was ist mein Denken, Fühlen, Wollen und Sein, und was bin ICH SELBST? Schau in dich, aber suche das ICH auch im DU zu finden. Erkenne deinen Geist als Träger der Gedanken, die dich Vorstellungen und Bilder deines Umraumes wahrnehmen lassen. Erkenne deine Seele als Träger der Gefühle, die dich mit der Umwelt verbinden und durch Erwecken von Sympathie oder Abneigung Antrieb zum Handeln liefern. Erkenne dein Gewissen als Mittelpunkt und Träger deines wahren ICHs. Erkenne deinen Körper als das für diese Welt notwendige Werkzeug deines Geistes und Träger deiner Seele. Freue dich, dass du mit diesem Körper in dieser Welt bewusst als Geistwesen wirken und lernen kannst! Suche deine spezielle Aufgabe, folge deinem individuellen Ziel, dann verwirklichst du dich selbst und erkennst dich in deinem Werk.

Veredle dich! SELBST. Versprich dir jeden Morgen, im Rahmen deiner Tätigkeiten, beruflich und privat, stets selbstlos zu handeln.

Habe Mitgefühl, Verständnis und Geduld. Dein mitleidvolles Herz möchte der ganzen Menschheit helfen. Dein weiser Geist aber soll die vordringlichsten Bedürfnisse deines Nächsten erkennen. Hilf unaufgefordert und belehre ihn liebevoll. Verzeihe Kränkungen, kritisiere nicht, sei Vorbild. Lerne aus Fehlern, aber schau nicht zurück, sondern hoffnungsvoll voraus. Suche das Schöne und trachte, Frohsinn um dich zu verbreiten. Freue dich über kleine Erfolge durch dein bescheidenes Wirken im Verborgenen. Öffentliche Anerkennung und Lob sind nicht dein Maß für deinen wahren Geist. Der "Applaus" muss aus deinem Herzen kommen.

Beherrsche dich! SELBST. Unterscheide stets zwischen deinen Wünschen, die dich durch ihr Begehren zu Handlungen drängen, und deinem wahren freien Willen, dem überlegten und vom Gewissen gesteuerten Impuls zur Tat. Schule täglich diese Schöpferkraft durch bewusste Kontrolle und Lenkung, indem du Verzicht übst, wo lockende Reize dich lenken wollen und dir freie Entscheidung vorgaukeln. Sei niemals Sklave niedriger Triebe, wie Zorn, Geiz, Stolz, Trägheit, Feigheit oder Eitelkeit. Verteidige mutig, was du für wahr und gerecht hältst, aber erzwinge nichts. Tu, was du willst, in freiem Gehorsam der inneren Stimme deines Gewissens folgend.

Im Unterschied zu den blauen Johannis-Logen arbeitet die gnostisch-hermetische Tradition nicht mit dem Dreier-, sondern mit dem Viererschlüssel. Neben dem Denken, Fühlen und Wollen wird auch das Bewusstsein als 4. Geistesglied mit einbezogen:

Erfasse dich SELBST in der Wahrnehmung des Gedankens ICH-BIN und bewahre dein ICH, in dem du dich als Beobachter deines Denkens, Fühlens und Handelns erkennst.

Die 4 Elemente, die 3 Ebenen, die 2 Fluide und der Meister der Hermetischen Tradition

DIE FREIMAURERIDEE
GESTERN – HEUTE – MORGEN

DIE DREI SÄULEN DER MENSCHHEIT

Anlässlich unserer Feier "200 Jahre Freimaurerei in Österreich" stellt sich die Frage nach dem Sinn und Zweck der FMEI für die Zukunft der Menschheit. Dabei darf man die so genannten "regulären" blauen Johannis-LL nicht isoliert betrachten. Auch wenn es keine geeinte Welt-FMEI gibt, muss man doch alle FM-artigen Bünde und Verzweigungen, die unter anderen GLL oder als freie blaue "Winkellogen" arbeiten, sowie die verschiedenen Hochgradsysteme mit einbeziehen.

Denn trotz unterschiedlicher Organisationsformen verbindet alle diese Bünde doch der Glaube an die Kraft und Macht von Symbolen und Ritualen als Kommunikation der Transzendenz, verbinden das Ideal der Brüderlichkeit und die freiwillige Arbeit an der Menschheit, verbindet das Suchen nach echter "Religio" über den Weg der Selbstvervollkommnung.

Die Johannis-FMEI, die ja erst 1717 als moderne FMEI mehr oder weniger offen in Erscheinung trat, ist nur eine Form von vielen.

Als Hort der Aufklärung (Humanität, Philosophie, Toleranz) überlässt sie aber undogmatisch die Beantwortung der Fragen nach Gott und nach dem Woher und Wohin des Menschen der Entscheidung des Einzelnen. Anstatt den Sinn des Daseins zu erklären, erzieht sie dazu, dem Dasein Sinn zu geben, und stellt nur an jedes Mitglied die Forderung, entsprechend den individuellen Fähigkeiten stets das Optimale zu leisten und dabei der inneren Stimme des Gewissens zu folgen.

Dieser fortschrittliche und ideelle Grundgedanke und rigorose Aufnahmebestimmungen führten dazu, dass sich zu den Logen hauptsächlich freiheitlich gesinnte sowie, soziologisch gesehen, gebildete und sittlich wertvolle Menschen hingezogen fühlten und fühlen.

Offenheit und gegenseitiges Vertrauen, Achtung vor der Meinung des anderen sowie die Anforderungen an ethische und moralische Selbstdisziplin lassen Unterschiede von Partei- oder Religionszugehörigkeit nicht als Gegensatz, sondern als Ergänzung erkennen. Wo Misstrauen fehlt, ist es leicht, Brücken und Wege der Verständigung zu finden, ob in Fragen der Religion, Wirtschaft, Politik oder Wissenschaft. Die brüderliche Bindung verhindert Feindseligkeiten bei Meinungsunterschieden und verpflichtet zu gerechter Lösung von Problemen.

So sorgt die FMEI auch ohne "geheime Obere" indirekt dafür, dass Menschen, die Verantwortung zu tragen haben, durch Verständnis und brüderliche Hilfe noch besser in der Lage sind, ihren Pflichten nachzukommen. Ob Wohnhausanlage, Sozialreform oder Gallenstein, es ist Vertrauen auf die Fähigkeiten und Ehrlichkeit des Bruders und nicht Geschäfts- oder Weltverschwörungs-Freimaurerei, wenn über die Tempel-Arbeit hinaus durch gemeinsames Planen der Einsatz des Einzelnen oft weltverändernde Bedeutung gewinnt.

Die Schwerpunkte der Bestrebungen sind immer den Gegebenheiten angepasst und doch der Zeit voraus. Ging es früher um Freiheit, Gleichheit und Brüderlichkeit, so muss heute versucht werden, dem Missbrauch Einhalt zu gebieten, mit diesen Idealen als Rechtfertigung Anarchie, Gleichmachertum und Entwertung wichtiger Ideale zu legalisieren.

Denn die Welt ist noch lange nicht frei und aufgeklärt, und auch morgen wird es den orthodoxen Weltreligionen nicht gelingen, durch klerikalen Dogmatismus dem moralischen Verfall der Menschen Einhalt zu gebieten. Auch morgen werden etablierte politische Gruppen weder durch Ideologie noch durch Militärmacht imstande sein, Frieden zu schaffen. Und es wird auch morgen sozialen, wirtschaftlichen und kulturellen Institutionen nicht möglich sein, mit wissenschaftlichen und philosophischen Theorien und Spekulationen allein wahre Erkenntnisse zu vermitteln und für soziale Gerechtigkeit zu sorgen.

Nur im gemeinsamen Einsatz dieser Kräfte aus Politik, Wissenschaft und Kultur ist eine friedliche und sinnvolle Lenkung der Menschen möglich und berechtigt. Aber es gibt bis heute keine ähnliche Institution, der es wie der FMEI seit Jahrhunderten gelingt, diese Dreigliederung durch Gleichgesinnte zu einer Einheit zu fassen. Die FMEI kennt und pflegt bewusst diese drei profanen Pfeiler der Menschheit in den Symbolen Weisheit, Stärke und Schönheit, und sie veredelt und entwickelt deren Analogie im Menschen zu bewusstem Denken, Fühlen und Wollen für ein besseres Wirken nach außen.

Erkenne dich selbst. Veredle dich selbst. Beherrsche dich selbst. Wer diese Aufforderungen ernst nimmt und neben den rituellen Tempel-Arbeiten bewusst an sich selbst arbeitet, wird sich zu einer wertvollen, gereiften Persönlichkeit entfalten und durch diesen Erfolg die Macht des Geistes über die Materie erfahren. Er wird dann auch ohne tiefgründige Spekulationen seinen Leib als Instrument der Seele erkennen und neben dem sichtbaren Universum auch ein unsichtbares erahnen. Und er wird freiwillig und aus Überzeugung mitbauen am Tempel der Wahrheit, Gerechtigkeit und Menschenliebe. Dabei werden individuelle Schwerpunkte von Verstand, Unternehmenskraft oder Mitgefühl des Einzelnen in der Kette Ergänzung finden, um gemeinsam noch mehr leisten zu können.

Die bewusste Pflege von drei Grundelementen als Fundament ist aber nicht nur für profanes Wirken nach außen nötig, sondern auch wichtig für den Fortbestand der FMEI selbst. Zur Zeit der berüchtigten Tafellogen, als man Ritual und Esoterik vernachlässigte, sank trotz strenger moralischer Regeln und edler Ziele das Niveau der Logen auf das eines Geselligkeitsvereins und stellte bald die Existenz der FMEI in Frage.

Als man dann gar 1786 in Österreich die Zahl der Brüder von 1000 auf 360 reduzierte, indem man alle "Astrologen, Goldkocher und Magier" aus der Kette ausschloss, dauerte es nur wenige Monate und die übriggebliebenen Logen lösten sich auf.

"Es fehlte an dem Lebenselement, an der eigenartigen Atmosphäre, an der brdl. Harmonie, an jenem Gefühl des Zusammengewachsenseins zu einer organischen Einheit, ohne die eine echte Loge nicht bestehen kann", schreibt Bruder Scheichelbauer in seinem Buch "Freimaurerei in Österreich".

Das bedeutet, dass auch die eher naturwissenschaftlich und humanitär ausgerichteten Brüder der Johannis-Logen erkennen müssen, dass die echten Esoteriker keine Mystiker und weltfremden Phantasten sind, die, weil sie mit der profanen Welt nicht fertig werden, den Weg nach innen gehen, sondern dass es Suchende sind, faustische Naturen, die sich auf ihrem Weg zum großen Geheimnis des "ICHBIN" bewusst alter Praktiken bedienen und die Quellen der Mysterienschulen rein halten. Sie versuchen zu verhindern, dass weiterhin Altäre zertrümmert und Computer als neue Götter angebetet werden, weil sie wissen, dass der Blick nach innen das Wirken nach außen begleiten muss; nicht als Gegensatz oder Ergänzung, sondern als lebendige Verwirklichung der Säulen J und B zu einer übergeordneten Einheit im und durch den Menschen.

Pansophische, neuplatonische, Rosenkreuzer- und Templerorden, die verschiedenen christlich oder orientalisch inspirierten Bruderschaften sowie die meisten Hochgradsysteme wussten stets, dass ein magisches Weltbild, das sich an der Gnosis orientiert, die Probleme der Welt besser zu lösen vermag als aufklärerisch-rationalistische Gedanken. Viele Aufklärer aus diesen Logen waren trotzdem zugleich Mystiker. Auch wenn sie den kirchlichen Dogmen abgeneigt waren, suchten sie doch nach verborgenen Quellen der Erkenntnis, um das Geheimnis der Natur und Menschheitsentwicklung zu ergründen.

Überirdisches wurde durch Gleichnisse verständlich gemacht und der Weg zum Verständnis mit Symbolen erschlossen. Auch die heutige Wissenschaft muss immer öfter zu Theorien und Beschreibungen greifen, die lediglich dazu dienen sollen, Vorstellungen wachzurufen, aber für sich keine Erklärung abgeben. Die verwissenschaftlichte Welt ist statt durchschaubar erst recht unüberschaubar geworden. "Die Welt durch Vernunft dividiert geht nicht ohne Rest auf" (Br. Goethe).

Daher muss man den intuitiven Weg der Erkenntnis bewahren, den Magie und Mystik bieten. Die wahre FMEI weiß das seit jeher und hat sich als festen Bestandteil ihrer Lehre die Symbole und Rituale erhalten.

Die FMEI hat damit ihre von anderen Religionen unabhängige Esoterik, die selbst für Brüder geheimnisvoll und unverständlich bleiben kann. Denn zur Erfahrung dieses Wissens bedarf es einer besonderen intuitiven Begabung. Nur durch Schulung und gezieltes Forschen kann der Schlüssel zum Verständnis gefunden werden.

Die auf die menschliche Psyche transformierend wirkende geheimnisvolle Macht, welche von Symbolen, Zeremonien und Ritualen ausgeht, ist jedoch nicht davon abhängig, ob sie intellektuell verstanden wird: Sie wirkt durch das Erleben. Die psychosomatische Medizin hat längst den Beweis erbracht, dass es möglich ist, mittels Vorstellungen Wirkungen auf den Körper zu erzielen. Und dass auch unbewusste Wahrnehmungen und Symbole in tiefen Schichten der Psyche Impulse auslösen und bewusstseinsverändernde Effekte auftreten, ist in der experimentellen Psychoanalyse längst bewiesen.

Daher lautet heute die Frage nicht mehr, ob es diese transzendenten Kräfte gibt, sondern wie diese erforscht und genützt werden können. Früher hat sich die Aufklärung gegen klerikalen Glaubenszwang gerichtet. Heute stehen wir zwischen dem kausalmechanistischen Wirtschaftsdenken als Überbleibsel eines materialistischen Weltbildes einerseits und einer pseudo-okkultistischen Welle eines blinden Wunderglaubens als längst fällige Antwort auf diesen Rationalismus andererseits.

Dank der Dreigliederung der FMEI aber ist sie imstande, zu vermitteln und eine Einigung von Ratio und Irratio zu finden, den Menschen Licht und Finsternis, Bewusstes und Unbewusstes als die beiden Pole seines Seins vor Augen zu führen.

Die Idee der FMEI dient daher nicht nur als Grundlage für exklusive Protektionsklubs mit humanitären, wirtschaftlichen und wissenschaftlichen Bestrebungen, sondern sie wird, dank ihrer besonderen Esoterik, die religiösen Mystizismus und naturwissenschaftliches Denken zu einem vernünftigen Weltbild eint, zu einer gnostischen Akademie.

Erst durch diese verborgene Einheit innerhalb der FMEI gewinnt sie Existenzberechtigung und Daseinsnotwendigkeit, kann sie als Hüter geistiger Werte unabhängig und außerhalb von Staat, Kirche und Universität ihre Aufgabe erfüllen, die Bedürfnisse der kommenden Menschen durch Lehre und Mittel zu befriedigen. Wo die Möglichkeiten der voneinander getrennten Institutionen nicht ausreichen, bleibt sie als Bewahrer traditionellen Gedankengutes gesunder Nährboden für die Pioniere der Menschheit.

Jeder Hermetiker, Mann oder Frau, der den von mir in den Büchern der "Magie und Mystik im 3. Jahrtausend" beschriebenen gnostisch-hermetischen Einweihungsweg beschreitet, ist automatisch in die unsichtbare Bruderschaft aller Vertreter für Wahrheit, Gerechtigkeit und Mitgefühl eingebunden. Die Mitgliedschaft in einer Loge ist dazu in unserer Zeit genauso wenig erforderlich, wie die Zugehörigkeit zu einer Kirche das persönliche Seelenheil garantieren könnte. Trotzdem ist es mir ein besonderes Anliegen, den Leser dahin zu führen, dass er diesen beiden Institutionen die ihnen gebührende Achtung als Bewahrer und Hüter der Tradition nicht abspricht.

ESOTERIK IN DER FREIMAURERREI

Ich hielt die folgende Rede am 14. Januar 1990 in der Quatuor Coronati in Wien anlässlich der feierlichen Ritualarbeit zur Gründung der von mir ins Leben gerufenen hermetischen Forschungsloge "ESOTERISCHER KREIS".

Nicht nur weil diese Loge im "Buch der Meister und seine Erben" Erwähnung findet, bringe ich nochmals diese kritische Ausleuchtung des Innenlebens der Freimaurerei. Ich hoffe vielmehr, dass es mir mit diesen und den vorangegangenen Ausführungen gelingt, die durch einfältige Weltverschwörungstheorien geschürten Ängste und Vorurteile, die manche Esoteriker noch immer gegen die Freimaurer hegen, abzubauen.

Wie die beiden Bildtafeln auf den Seiten 112 und 186 beweisen, haben nicht nur die Jesuiten sondern auch die Freimaurer eine Himmelsleiter, die ihr Streben nach Vervollkommnung und höheren Werten symbolisiert.

Die Himmelsleiter der Freimaurer

DIE FORSCHUNGSLOGE "ESOTERISCHER KREIS"

"Mystik und Freimaurerei.

Die materialistische Weltanschauung, die mit den ungeahnten Fortschritten der Naturwissenschaften seit zwei Jahrhunderten die Geister beherrschte, hat weit über das Ziel geschossen und war nicht in der Lage, das Geistige im Menschen zu befriedigen. Ein deutliches Abflauen dieser Bewegung und Zurück zur geistigen Lebensauffassung ist unverkennbar. Um so merkwürdiger ist es, dass die ihrer Fesseln entledigte Königliche Kunst in Wien eine materialistische Welle zu verzeichnen hat, die am liebsten mit den Symbolen und dem Rituale aufräumen und diese Dinge, die uns mit den Uranfängen des Menschentums verbinden, als überlebt in die Rumpelkammer werfen möchte. Eine kleine Anzahl von Brüdern, die sich mit Mystik und Okkultismus beschäftigen, ist anderer Meinung: Sie wollen sich nähertreten. Ich ersuche daher alle Brüder, die sich für Mystik interessieren, mir ihre Adresse bekannt zugeben, damit wir eine gemeinsame Aussprache vornehmen.

Dr. Leopold Blasel"

Meine Brüder! Vor 70 Jahren ist dieser Artikel "Mystik und Freimaurerei" in der damaligen Freimaurer Zeitung erschienen. Obwohl ich ihn erst vor drei Tagen zu lesen bekam, also nichts davon wusste, gleicht er ganz meinem Aufruf in unserer heutigen Freimaurerzeitung vor zwei Monaten. Statt Mystik sagen wir jetzt Esoterik, ansonst hat sich nichts geändert am Zustand der FMEI.

Ich weiß nicht, wie es unseren Brüdern damals im Weiteren ergangen ist. Wir dürfen aber hoffen, dass es uns diesmal gelingt, einen Kreis zu bilden, in dem die FM-Esoterik bewusst gepflegt wird und der als esoterisches Zentrum aller Bauhütten zum festen Bestandteil der österreichischen Freimaurerei wird. Immerhin sind heute fast hundert Brüder (laut Protokoll 85) gekommen, um an unserer ersten Tempel-Arbeit teilzunehmen. Es wird an uns liegen und nicht an den anderen.

Dass wir in der Minderheit sind, ist ein gutes Zeichen. Es haben sich aber sehr viele Brüder, die daran interessiert sind mitzumachen, gemeldet. Dutzende Brüder haben mir in den letzten Wochen bestätigt, dass es längst fällig war, diesen Kreis zu bilden, weil so etwas gefehlt hat: ein Treffpunkt für alle, die sich in irgend einer Form mit Esoterik beschäftigen oder wissen wollen, was Esoterik ist, also für Suchende und Versuchende.

In jeder Bauhütte sind Brüder, die an Esoterik interessiert sind, aber zu Gleichgesinnten in anderen Logen keinen Kontakt haben. Unser Kreis soll die Möglichkeit bieten zum gegenseitigen Kennenlernen und zu einem zwanglosen Gedankenaustausch.

Wir Freimaurer bezeichnen uns zwar gerne als Gleichgesinnte, und soweit es um die bekannten Ideale geht, mag das auch zutreffen. Aber sobald von Esoterik die Rede ist, stößt man auf Unverständnis und Misstrauen. Das liegt aber nicht zuletzt an den Brüdern, die sich für Esoteriker halten, oder besser gesagt, die von den anderen für Esoteriker gehalten werden.

Nicht jeder, der kein Materialist ist, darf sich deswegen schon als Esoteriker bezeichnen. Die so genannte Esoterik hat viele Gesichter und Vertreter, vom mystischen Schwärmer bis zum praktischen Magier. Daher wird es zu unserer ersten Aufgabe gehören, zu definieren, was wir mit Esoterik meinen.

Es gibt "Esoteriker", die mit pseudoreligiösen, salbungsvollen Moralpredigten aufwarten. Sie bestreiten die Möglichkeit von Erkenntnissen, die über allgemein bekannte philosophische Gemeinplätze hinausgehen. Erst im Ewigen Osten erwarten sie, ewige Seligkeit und letzte Weisheit zu erlangen. Das ist nicht Esoterik.

Es gibt "Esoteriker", die sind fest überzeugt, dass sie schon die letzte Wahrheit gefunden haben. Sie sind Gefangene ihres Glaubens und ihrer Tradition, ohne es zu merken. Sie haben aufgehört zu suchen und folgen wie Sektierer ihrem Guru oder einem Dogma. Das ist nicht Esoterik.

Es gibt "Esoteriker", die wie Schmetterlinge von einem System zum anderen wechseln, aber nie wirklich in die Tiefe gehen. Sie kennen jede Meditationstechnik, haben aber selbst nie länger als fünf Minuten meditiert. Auch diese Halbschuhesoteriker, die über jedes okkultes Schneebrett rutschen, sind keine Esoteriker.

Es gibt "Esoteriker", die lesen jedes neue einschlägige Buch, die haben ein enormes Wissen, die wissen alles, wenn man sie fragt, wirklich, nur im täglichen Leben, da vergessen sie es sofort. Sie leben wie überzeugte Materialisten. Das sind keine Esoteriker.

Der wahre Esoteriker geht auch in der Praxis seinen Weg und weiß, dass er ein Wanderer zweier Welten ist. Er wird keinem Weg und keiner Welt den Vorrang geben und jeden seinen Weg gehen lassen. Für ihn ist der Alltag die wichtigste Schulung, und er versucht den Anteil der Aufgaben, die auf ihn entfallen, nach bestem Wissen und Gewissen zu erfüllen. Wahre Esoteriker sind faustische Naturen, die sich auf dem Weg zum großen Geheimnis des ICH BIN bewusst der Praktiken, die aus den Quellen alter Mysterienbünde stammen, bedienen, aber dabei mit beiden Beinen fest auf dem Boden der Realität des täglichen Lebens stehen bleiben. Das ist die Art Esoterik, die wir in unserem Kreis vertreten wollen.

Wir werden gerade überschwemmt von einer Welle pseudookkultistischer Schundliteratur. 25 Prozent aller deutschsprachigen Neuerscheinungen nennen sich esoterisch, vor zwei Jahren waren es noch zehn Prozent. Rattenfängergurus ziehen im Zwielicht der goldenen Morgendämmerung eines "Neuen Zeitalters", sprich: "New Age", bedauernswerte Träumer und Schmalspurokkultisten in den okkulten Treibsand. Da sind auch Brüder Freimaurer dabei; ich kenne solche Opfer.

Wir wollen nicht missionieren, auch nicht diskutieren, wer recht hat und was richtig ist. Aber wir wollen auf unsere FM-Instruktionen hinweisen, die mehr Esoterik bieten, als sonstwo gefunden werden kann, und wir wollen damit einen Zugang zur wahren Esoterik schaffen.

Esoterik ist eben schwer erklärbar. Sie muss erlebt und erarbeitet werden. Obwohl die meisten von uns eine große einschlägige Fachbibliothek durchgearbeitet haben, wissen wir alle: Esoterik kann nicht wie eine Wissenschaft in sechs oder acht Semestern erlernt werden. Die Königliche Kunst setzt wie jede Kunst eine gewisse Begabung oder Eignung voraus. Trotzdem wollen wir versuchen, einen Weg zu weisen, der zum Verständnis der Esoterik führt. Die FMEI ist ein solcher Weg. Ich meine die esoterische Maurerei.

Aber was wissen wir denn von FM-Esoterik? Jeder hat als Esoteriker seine eigenen Erkenntnisse und folgt einem anderen, nämlich seinem ganz persönlichen Weg. Das ist gut und soll sich nicht ändern. Wir sind keine Dogmatiker.

Die echten Instruktionen der wahren Traditionen hatten jedoch sehr wohl ganz bestimmte Auslegungen für ihre Symbole und darüber hinaus auch noch bestimmte Unterweisungen für den praktischen Gebrauch und Umgang damit. Dieses Wissen ist anscheinend verloren gegangen. Man bekommt zumindest diesen Eindruck, wenn man sich die Instruktionen bei unseren Rezeptionen anhört.

Was da manche V.B. Mstr. von sich geben (müssen), ist doch schlichtweg seichter Unsinn. Es wundert mich nicht, dass wirklich ernsthaft Suchende nach zwei Jahren unseren Arbeiten fernbleiben oder den Bund verlassen.

Für mich ist es esoterische Bauernfängerei, wenn das wirkliche Verständnis eines Grades erst im folgenden Grad in Aussicht gestellt wird. Es gibt entmündigte Brüder, die solchermaßen, gleich einem Esel mit der Karotte vor der Nase, 97 Grade hindurch unter eingestürzten Tempeltrümmern ein verlorenes Wort suchen, statt in sich zu schauen, um dort den Schutt zu beseitigen.

Wir haben das Wort nicht verloren, liebe Brüder. Wir müssen nur lernen, es richtig auszusprechen. Das ist eine Aufforderung zur Praxis. Wir müssen suchen, was von unseren Symbolen und Ritualen geeignet ist, in der Praxis zu helfen, den Weg zu gehen, der von den drei Lichtern erhellt ist.

Die Freimaurerei hat viele Gesichter

Wenn weltweit Millionen Freimaurer als elitäres Männerspielchen Tempel hüpfen, so wollen wir unbeirrt davon die Tradition der alten Mysterienbünde pflegen und diesen Weg, der ein Weg nach innen ist, erschließen helfen und ihn vor allem auch selbst beschreiten. Liebe Brüder, die Freimaurerei weist viele Wege und hat viele Gesichter.

Da gibt es, sagt man:
die spekulative Maurerei der Philosophen,
die Vereins-Maurerei der Geselligen,
die humanitäre Maurerei der Idealisten,
die eitle Maurerei der Eliten,
die Geschäfts-Maurerei der tüchtigen Macher,
die Ordens-Maurerei der Wichtigmacher

Die Freimaurerei hat viele Gesichter, und manche Brüder sehen in der esoterischen Maurerei auch nur eines dieser Gesichter.

Liebe Brüder, der "Esoterische Kreis" hat sich nicht die Aufgabe gestellt, das wahre Gesicht der Freimaurerei zu definieren oder kosmetisch zu verändern, wir wollen die Bedeutung der Esoterik in der Freimaurerei erforschen. Und bei der Suche nach den Wurzeln der esoterischen Maurerei findet man bald heraus, dass diese auch die Wurzeln der Freimaurerei sind.

Die esoterische Maurerei ist nicht eine der vielen Blüten unseres Bundes, sondern eine ihrer Wurzeln. Und zwar die kräftigste, denn ohne Esoterik würde die Freimaurerei eingehen. Das war ja schon einmal der Fall, als man 1786 die "Astrologen, Goldkocher und Magier" aus der Kette ausschloss.

Wenn wir also definieren, was Esoterik und im Besonderen die FM-Esoterik ist, so wissen wir, dass damit nicht bestimmt werden soll, was die Freimaurerei ist oder sein soll. Wir wollen uns aber bewusst machen, was wir als Esoteriker für die Freimaurerei sein sollen, und uns von den anderen nicht vorschreiben lassen, was wir sind. Wir wollen als Wurzeln für den Zustrom geistiger Kraft sorgen und müssen dazu die esoterischen Quellen freilegen und sauber halten.

Die Wurzeln sieht man nicht, und wir wollen auch in Zukunft nicht auffallen. Aber trotzdem werden wir sehr bestimmt für eine Aufwertung der Esoterik eintreten, indem wir sie vom Ballast mittelalterlichen Aberglaubens befreien und sie andererseits vom wissenschaftlichen Hochmut unserer Zeit nicht entwerten lassen.

Wir wollen mit dem "Esoterischen Kreis" eine kompetente FM-Institution aufbauen, die in der Lage ist, alle einschlägige Bereiche, wie zum Beispiel Instruktion – Ritual – Symbol – Tempelgestaltung, kurz, die esoterischen Elemente unseres Bundes, verantwortungsvoll zu pflegen, und jeder ist eingeladen, uns dabei zu helfen.

Woran erkennt man die echte Tradition?

Es gibt und gab ja viele esoterische Gemeinschaften. Jede Religion und philosophische Schule hat ein Wissen, das nur einem ausgewählten, geschlossenen Kreis zugänglich gemacht wurde. Trotz unterschiedlicher Tradition und Lehre ist die Art, wie dieses Wissen gepflegt und weitergegeben wurde, durch alle Jahrhunderte und wechselnde Kulturepochen stets gleich geblieben. Man erkennt auch heute noch die Tradition an den "Drei Lichtern" ihrer Lehre. Nämlich der Initiation, der Instruktion und dem Ritual. Wir finden diese Elemente in der Esoterik des Judentums, der Quabbalah. In der Esoterik des Islams, dem Sufismus. In der Esoterik Indiens, dem Tantra Yoga. In der Esoterik des Christentums, den Rosenkreuzermysterien.

Perser – Kelten – Griechen – Ägypter, sie alle hatten ihre Esoterik und trotz inhaltlicher Unterschiede ein einheitliches Ziel: nämlich Erkenntnisse zu vermitteln, die direkt dem praktischen Erleben entstammen. Erkenntnisse von Gott und dem wahren Selbst.

Denn nur persönliche Erfahrungen können das bestätigen, was exoterisch, dogmatisch oder philosophisch gelehrt wird. Statt zu glauben, weiß der Esoteriker. Das ist der wahre Glaube, der als magische Macht Schlüssel zu den Mysterien ist.

Der Esoteriker lernt die Welt des Geistes und der Seele bewusst zu erforschen. Er sucht dabei nicht zwischen den Sternen, sondern weiß, dass der Zugang in ihm selbst zu finden ist.

Esoterik ist das Wissen vom verborgenen Wesen des Bewusstseins, das wir nur in uns selbst finden können; und die Grenze in der Erkenntnis, hinter die jeder zu blicken vermag, hängt ganz von seiner individuellen Reife ab. Daher wird auch die FM-Esoterik für manchen Bruder des rationalen Denkens ein Geheimnis bleiben, solange er nicht bewusst versucht, die Mittel unserer Tradition anzuwenden.

Viele Erkenntnisse lassen sich nur intuitiv erfassen, und dazu ist die Schulung von bestimmten Eigenschaften, die mit geistigen Fähigkeiten gleichzusetzen sind, nötig. Damit sind wir bei einem sehr heiklen Thema angelangt, dem Blick nach innen. Ich kenne Brüder, die sich für esoterisch aufgeschlossene Freimaurer halten, aber jede meditative Versenkung als Mystizismus ablehnen.

Sie halten den Theatereffekt einer pseudomystischen Weihnachtskerzenstimmung im Ritualablauf für den Höhepunkt maurerischer Geistigkeit. Das ist die Halleluja-Esoterik einer Museumsfreimaurerei, aber nicht die Esoterik, von der wir reden.

Das Ritual ist ja nur eines der esoterischen Elemente, die wir neben der Initiation pflegen. Auch die FM-Tradition hat eine besondere Instruktion: "Erkenne dich selbst" ist eine sehr deutliche Aufforderung, den Blick nach innen zu wenden. Auch die Gebote "Veredle dich selbst" und "Beherrsche dich selbst" lassen sich ohne gründliche Untersuchung dessen, was wir als "SELBST" bezeichnen, nicht durchführen. Und wo anders als in uns können wir das Selbst finden?

Alle esoterischen Traditionen wissen das und geben in ihren Instruktionen als erste Anleitung bestimmte Methoden an, wie der Weg ins eigene Innere beschritten wird.

Konzentration – Meditation – Kontemplation sind die ersten Schritte, die dazu erlernt werden müssen. Diese Einkehr ins Reich des SELBST, in die Welt der Vorstellungen und Gefühle, bedeutet keine Flucht aus der äußeren Wirklichkeit.

Der nüchterne Rationalist sieht im Weg nach innen eine nebulose Fahrt ins Unwirkliche. Für den praktischen Esoteriker ist gerade das Gegenteil der Fall. Für ihn ist dieser Weg ein sehr klarer Weg, sehr realistisch und von harter Selbstdisziplin begleitet.

Wir sind keine weltfremden Spinner, und jeder von uns hier im Tempel hat das ausreichend durch seine Leistungen im profanen Leben bewiesen. Praktische Esoterik erfordert eine jahrzehntelange harte Geistes- und Seelenschulung, die letztlich auch der Meisterung des äußeren Lebens zugute kommt.

- Wobei ich mit Geist das meine, was sich uns darstellt als Bild, als Gedanke, als Vorstellung – mit Seele meine ich das, was sich als Gefühlsleben im Bewusstsein zeigt und uns rührt, anregt, bewegt und Anteil nehmen lässt an dem, was wir geistig erfassen.

Was sehen wir denn von dieser so genannten wirklichen, materiellen, greifbaren Welt? Wir sehen die Eindrücke, die diese Dinge in uns als Bilder wachrufen. Diese Bilder aber sind in uns.

Was wissen wir von dieser Welt? Unser Wissen setzt sich aus Gedanken und Vorstellungen zusammen, die wir uns von dieser Welt machen, und die sind in uns.

Wie erleben wir diese äußere Welt? Wir erleben sie ausschließlich in den Gefühlen, die sie in uns wachruft, und die sind in uns.

Die ganze äußere Wirklichkeit, die uns die Sinnesorgane unseres physischen Leibes erschließen, wird für uns erst "wirklich" in Form von Gedanken, Vorstellungen und Gefühlen, und die sind in uns! Eigentlich müsste man sagen, an uns. Denn es liegt ja an uns, was wir denken und welchen Gefühlen wir uns hingeben. Das Denken, Fühlen und Wollen als Grundlage unseres BEWUSSTSEINS ist ja nicht an einen Umraum gebunden, sondern auch außerhalb des physischen Körpers und auch unabhängig von äußeren Eindrücken erlebbar.

Konzentrationsübungen und außerkörperliche Erfahrungen bestätigen: Der Stoff, aus dem die Träume sind, lässt sich auch willensmäßig, mittels der Vorstellungskraft formen, und die imaginierten Welten sind für uns genau so wirklich wie die durch äußere Eindrücke hervorgerufenen. Die inneren Welten sind so real und wirklich, weil sie unmittelbar unser wahres Wesen berühren und als Matrize zwischen der äußeren Welt und dem Selbst stehen. Im Denken, Fühlen und Wollen finden wir unsere wahren Wesensglieder, und eine unserer Aufgaben wird es sein, diese genau zu erforschen.

So wie ein Chemiker die Substanzen der grobstofflichen Welt untersucht und verändert, so erforscht der Hermetiker das Feinstoffliche, aus dem sein SELBST besteht, und verändert, veredelt es.

Wir arbeiten mit Gedanken und Gefühlen und bearbeiten sie in Form von Meditation – Konzentration – Kontemplation. Die Werkstatt ist das so genannte Innere, das zum Äußeren wird, sobald wir es betreten, und das Werkstück ist das ICH SELBST das sich in der Vorstellung "ICH BIN!“ erkennt und erfasst. Im 11. BUCH "An der Pforte zur letzten Latern" wird das "Erwachen" und das Mysterium des "ICH BIN" eingehend erklärt.

Erkenne dich selbst, beherrsche dich selbst, veredle dich selbst – wird für den Hermetiker zur Voraussetzung seiner Studien und das Resultat seiner Bemühungen ist das Erwachen in der Erkenntnis ICH BIN! Die Vorstellung "ich BIN" ist das wahre ICHSELBST, das sich selber trägt und erhält. Diese ungeheuer beeindruckende Wahrnehmung der Erkenntnis ich BIN ist das Zentrum der Geist - und Seelenglieder und der einzige Bewusstseinsträger der einen über Zeit und Raum erhebt.

"VITRIOL"

"**V**isita **i**nteriora **t**errae **r**ectificando **i**nvenies **o**ccultum **l**apidem" Geh in die Erde, reinige, veredle, ordne und verbinde ihre Teile, so gewinnst du den Stein. Mehr dazu im 1. BUCH das "Buch der Meister und seine Erben" und im 3. BUCH "Die vier Elemente".

Wer mit den Mitteln des Geistes und der Seele experimentiert, macht dabei eine Entdeckung. Der Blick nach innen wird zu einem phantastischen Ausblick in eine neue Welt.

Seine Gefühle werden ihm plötzlich als Wesenheiten gegenübertreten. Seine innere Natur wird Fundament und landschaftliche Kulisse sein. Was ihn sonst innerlich berührt und bewegt, wird sich jetzt scheinbar außerhalb von ihm bewegen. Die Wesensglieder des ICHs werden zu Schauspielern eines Seelentheaters, in dem sich das Publikum als Regisseur erkennen muss, um zum wahren SELBST zu finden. Dem geistigen Forscher treten seine Gefühle und Gedanken als Wesenheiten gegenüber. Aber sobald er gelernt hat, diese zu beherrschen, wird er erkennen, dass es seine eigenen feinstofflichen Wesensglieder sind. Es geht ihm wie dem Säugling, der seine Hände als fremd betrachtet, bis er sie bewusst gebrauchen lernt.

Der Hermetiker muss diese Figuren, die seine Seelenwesenszellen sind, wie Organe und Glieder betrachten, die er zu einem neuen geistigen Leib zusammenfügen kann, sobald er sie beherrscht. Mit diesem Leib kann er dann wirklich in geistige Welten vordringen.

Bisher war er gleich einem Träumer in seiner eigenen Seelenblase, die wie ein Seelengarten erlebt wird, Zuschauer seines ganz persönlichen Seelentheaters. Aber jetzt werden aus den Gefühlen und Gedanken Sinnesorgane eines feinstofflichen Körpers. Dabei entscheidet deren Qualität, welche Bereiche der geistigen Welt sich damit erschließen lassen.

"Veredle dich selbst" wird mehr als ein ethisches Gebot, sobald man weiß, dass die Qualität der Interessen für die Landschaft der geistigen Umwelt verantwortlich ist. "Beherrsche dich selbst" gewinnt eine andere Bedeutung als "Du sollst deinen Nächsten nicht verprügeln". Wahres Herrschen ist, gleich einem Gott über seine eigenen Wesenszellen, die sich in Form von Gefühlen und Gedanken vor das Antlitz des Bewusstseins drängen, zu gebieten.

Zum Geheimnis der Seelenwesenszellen führt uns das alchemistische VITRIOL, das der erste Schlüssel zu den kleinen Mysterien ist. Das Wesen der Seele zu erforschen wird einer der ersten Themenschwerpunkte sein, den wir uns im "Esoterischen Kreis" vornehmen.

Dabei kommt uns zugute, dass wir aus verschiedenen esoterischen Schulen kommen und voneinander lernen können. Wir sparen uns gefahrvolle Reisen und Kreuzzüge, denn jeder von uns vertritt einen Teil des Wissens, das damals als wertvolles Souvenir und als Beute mitgebracht wurde. Wir werden uns ohne Heiligen Krieg gegenseitig befruchten. Wir müssen aber vorher nach einem gemeinsamen Vokabular suchen und möglichst eine Sprache wählen, die auch eine Verständigung mit den Brüdern ermöglicht, die aus den naturwissenschaftlichen Disziplinen kommen.

- Esoterik und Wissenschaft sind keine Gegensätze, sondern können einander ergänzen, wenn es gelingt, verbindende Brücken zu bauen.

Wir sind ein Kreis, in dem jeder einen Standpunkt einnimmt, aber nicht den Mittelpunkt. Nur ein Sektierer glaubt, er habe die absolute Weisheit erlangt. Das wollen wir stets beachten, wenn wir miteinander reden. Und niemals dürfen wir das heilige Gebot jeder Tradition aus den Augen verlieren: Esoterik darf nicht zum Selbstzweck ausarten.

Auch wenn die Lehren und Übungen vorerst die eigene Vervollkommnung bewirken und dem Einzelnen helfen, seine Lebensprobleme besser zu meistern, so ist unser letztes Ziel stets, der ganzen Menschheit und ihrer Entwicklung zu dienen. Wer das missachtet, degradiert die Königliche Kunst zur billigsten Sorte magischer Praktiken oder zu schlechtem Religionsersatz.

Genauso, wie ich in den drei folgenden Kapiteln die bedeutsame seelenreinigende, aber kaum beachtete Esoterik des Christentums hervorhebe, möchte ich auch auf die positiven geiststärkenden Impulse hinweisen, die ein ernsthaft Suchender in der Freimaurerei erhalten kann. Die durchschimmernde Kritik soll die Brüder ermuntern, es in Zukunft besser zu machen, und jene Suchende, die mit zu großen Erwartungen um Aufnahme in eine Loge suchen ansuchen, vor späteren Enttäuschungen bewahren.

Damit will ich aber weder für eine Religion werben, noch zum Beitritt in eine Loge verleiten. Denn nichts auf dieser Welt hat so viel Unheil, Leid und geistige Verdummung über eine entmündigte Menschheit gebracht wie die Art, mit der die im Menschen schlummernde Glaubenkraft von den vorherrschenden Weltreligionen missbraucht und in falsche Bahnen gelenkt wurde. Und schon lange findet man in den Logentempeln keine Adepten mehr.

Dabei geht es mir wie Meyrink, wenn er in der "Verwandlung des Blutes" schreibt: "So manchem wird erscheinen, ich wolle damit eine Lanze gegen Religion und Frömmigkeit brechen; es fällt mir nicht ein! Ohne Religion würden die meisten in einen Abgrund taumeln und zusammenbrechen wie Lahme, denen man die Krücken wegschlägt."

Die meisten Menschen brauchen wirklich Krücken oder sind noch wie Kinder, die gehen lernen. Und dafür bieten Religion und Tempelgrade bessere Gehschulen als die zweifelhaften Halbwahrheiten der Sekten-Gurus oder die Abenteuer pseudomagischer Übungen und Experimente im Zwielicht des aufdämmernden Neuen Zeitalters.

Nur wenige Suchende sind wirklich über kirchliche Dogmen und Weihen oder Würdegrade einer Ordenshierarchie hinausgewachsen. Diesen wenigen werden die Bücher der "Magie und Mystik im 3. Jahrtausend" den Weg weisen und Lichtquell sein auf ihrem Weg.

OSTEN.
NORDEN.
SÜDEN.
WESTEN.

RITUALMAGIE IM LOGENTEMPEL

Meine Brüder! DER ESOTERISCHE KREIS hat sich zu seiner zwölften Arbeit versammelt, wir sind mitten in einem Ritual. Ich meine nicht nur mitten drin im zeitlichen Ablauf zwischen Beginn und Ende oder, räumlich gesehen, im Tempel. Ich meine vielmehr, dass wir alle gemeinsam als lebende Bausteine den Inhalt unseres Rituals bilden. Und zwar nicht nur die Hammerführenden Meister, sondern auch die Brüder in den Reihen. Denn diese stellen nicht wie die das Ritual zelebrierenden Beamten nur einen Teilaspekt dar, sondern können als Beobachter das Ritualgeschehen als Ganzes erfassen. Wer so das Ritual bewusst erlebt, also in sich geistig nachvollzieht, ist nicht mehr Zuschauer, sondern wird selbst aktiv und hebt das Dargestellte aus der physischen Ebene in die geistige Erlebnissphäre.

C. G. Jung war bei einem Sonnenaufgang in der Savanne Afrikas zu einer ähnlichen Erkenntnis gelangt: nämlich dass erst im Menschen durch sein Bewusstsein um die Schöpfung das Werk Gottes seine Vollendung findet. Der Mensch ist dazu da, dem Vater Sonne über den Himmel zu helfen, sagen die Indianer. Auge und Licht sind allen esoterischen Traditionen heiligste Symbole.

Auch unsere Arbeit findet erst durch die Brüder in den Reihen, die das Ritual in seiner Ganzheit erleben und geistig spiegeln, seine Vollendung. Indem wir rituell den Schöpfungsvorgang nachvollziehen, erkennen wir uns selbst als Spiegelbild des Schöpfers und rufen analoge Schöpferkräfte in uns wach.

Das ist der eigentliche Zweck unserer Arbeit. Die Loge ist dabei Symbol für den Makro- und Mikrokosmos, während die dahinter wirkenden geistseelischen Mächte durch die Hammerführenden Meister dargestellt werden.

Es ist unbestritten, dass Symbole verändernd auf das so genannte Tiefen-Ich einwirken. Das hat die experimentelle Psychoanalyse ausreichend bewiesen. Rituale sind als bewegte, zum

Leben erweckte Symbole in der Wirkung ungleich mächtiger. Jede Vorstellung entwickelt ein Eigenleben und wird zu einem Wirkfaktor im Bewusstseinsfeld des Menschen. Wobei gemeinsam gebildete und durch Jahrhunderte aufrechterhaltene Vorstellungen, wie in der FM, eine besonders starke Dynamik entwickeln. Unsere Arbeit ist daher als Eingriff in unsere innere Persönlichkeit zu betrachten und kann bewusstseinsverändernd wirken. Denn was wir im Tempel sehen und erleben, hat jeder auch in sich.

Was wir im Ritual aufzeigen, ist das für uns zumeist unbewusste Agieren der Teilaspekte unseres ICH. Unsere Aufgabe ist es, über diese Teile ganz bewusst gebieten zu lernen.

So wie wir die Glieder unseres physischen Leibes kennen und bewusst gebrauchen, müssen auch die feinstofflichen Glieder erkannt und beherrscht werden.

Unser grobstofflicher Körper ist bekanntlich ein sehr komplizierter Organismus. Unsere feinstoffliche Wesenheit ist aber noch viel komplizierter. Wenn wir die Grundlage unseres Bewusstseins einfach Geist oder Seele nennen, so ist das eine grobe Vereinfachung. Es gibt zwar noch keine wissenschaftliche Anatomie des Bewusstseins, aber die hermetischen Traditionen bewahren seit Jahrtausenden das Wissen um die vier Elemente als Schlüssel zum ICH.

Was die Freimaurer in ihrem Ritual durch den Meister vom Stuhl, den Ersten Aufseher, den Zweiten Aufseher und den Tempelhüter darstellen (im "Ritual der hermetischen Vier" sind es die wortführenden Meister der vier Elemente, siehe 3. BUCH), sind die vier elementaren Seelenwesensglieder, die in der Wechselwirkung des Denkens, Fühlens und Wollens das Bewusstsein ergeben.

Es sind die "vier psychologischen Aspekte der psychischen Orientierung", über die hinaus, so C. G. Jung, nicht mehr ausgesagt werden kann. Die Quaternität als Voraussetzung für jedes Ganzheitsurteil ist das, was die alten Alchemisten und Hermetiker mit den vier Elementen ausdrückten und was die moderne Kybernetik mit dem Regelkreis wissenschaftlich bestätigt.

Zur Erreichung eines bestimmten Zieles, oder zur Aufrechterhaltung eines Zustandes, sind immer vier Instanzen nötig. Das gilt nicht nur für technische, sondern auch für organische, psychische oder geistige Bereiche. Jedes sinnvoll Wirkende und jede gezielte Handlung bestehen aus vier Teilaspekten.

Im Ritual machen wir das deutlich, indem wir diese vier Elemente personifizieren und aus der Ganzheit heraustreten lassen. Dadurch wird bewusst gemacht, dass Gedanken, Gefühle und Triebe keine blinden Kräfte sind, sondern als eigenständige Scheinpersönlichkeiten die Rolle unseres ICH übernehmen können, sobald sie unsere Aufmerksamkeit einseitig auf sich ziehen. Aber genau das geschieht ständig. Man ist sich nur ganz selten des Daseins seines SELBST beim Denken, Fühlen und Wollen bewusst.

- Wer sich zum Beispiel einer Stimmung hingibt oder aus Furcht nicht handelt, der überlässt sich selbst dem Wasserelement.
- Der Zornige wird vom Feuerelement getrieben.
- Das Luftelement kann über eine Idee von uns Besitz ergreifen.
- Das Erdelement, als Träger des Bewusstseins, kann über den Selbsterhaltungstrieb, das ICH, einseitig aufblähen und egoistisch verhärten.

Je stärker ein Element hervortritt, umso weniger Wert hat es für das Ganze. Der wahre Meister ist imstande, das Gleichgewicht zwischen den Elementen zu wahren, und verbindet sein Denken, Fühlen und Wollen zu einer bewusst erlebten Einheit. Das ist ein ständiger Kampf. Nestroy umschreibt das in einem seiner Stücke so: "Jetzt bin ich wirklich neugierig, wer stärker ist, ich oder ich." Der Freimaurer orientiert sich am Ritual!

- Der M.v.St. **(Meister der Luft)** als Symbol für Weisheit repräsentiert das Luftelement. Weisheit ist angewandtes Wissen. Denn erst in Verbindung mit Fühlen und Wollen wird Wissen, im be- wussten Handeln, zur Weisheit. Überwiegt zum Beispiel der Intellekt, also das Luftelement, so geht das in der Regel auf Kosten von Mitgefühl (Wasser), Handlungsbereitschaft (Feuer) oder gefestigter Ordnung (Erde).
- Der 1.A. **(Meister des Feuers)** als Symbol der Stärke repräsentiert das Feuerelement. Aber Stärke wird zur blinden Gewalt, wenn

sie nicht bewusst (Erde), geplant (Luft) und rücksichtsvoll (Wasser) eingesetzt wird. Ein Überwiegen des Feuerelements zeigt sich als rücksichtslose Ungeduld im Temperament.

- Der 2.A. **(Meister des Wassers)** repräsentiert das Wasserelement und ist Symbol für Frieden und Schönheit als den harmonisch empfundenen Zustand des Fühlens. Gestaltung, aber auch Hingabe an das Schöne, erfordert aktives Planen. Ein Überwiegendes Wasserelements bedeutet passive Hingabe und führt zur Auflösung oder Untätigkeit statt zu innerem Frieden.
- Der T.H. **(Meister der Erde)** repräsentiert das Erdelement, welches das Fundament für unser waches Bewusstsein ist. Das Erdelement bewirkt die Zusammenfassung der drei anderen Teilaspekte (Denken, Fühlen, Wollen) zu unserem ICH. Es ist Symbol für Vollendung, aber auch für den Ausgangspunkt zu einer neuen Ebene. Denken, Fühlen und Wollen finden erst in der bewussten Anwendung den Höhepunkt menschlicher Geistigkeit. Dazu ist die bewusste Vereinigung im ICH nötig. Einem ICH, das sich selbst ins Gleichgewicht zu den drei anderen Gliedern bringen muss und diese über das Bewusstsein verbindet. Als ordnender Faktor bewirkt dieses ICH-Bewusstsein den Halt und die Sicherheit der Wesensglieder. Einseitig tritt es als EGO in Erscheinung.

Es kommt daher immer auf den Standpunkt an, von dem aus das BEWUSSTSEIN agiert und über die vier Elemente zu gebieten vermag. Deshalb führen die ersten Schritte in den kleinen Mysterien durch die vier Elemente. In den "Exerzitien für Freimaurer" habe ich einen Weg beschrieben, der zur Beherrschung der Elemente führt.

Die dazu nötige Stärke beziehen wir über unsere gemeinsame rituelle Arbeit. Man braucht nur die bewusstseinsverändernde Kraft, die bei unserer Evokation frei wird, bewusst aufzunehmen. Unter Evokation verstehe ich: "eine Vorstellung ins Bewusstsein rufen", wobei aber gleichzeitig auch der Umraum, also die Loge, von der Kraft dieser Vorstellung (diesem "Geist", der nicht vor uns erscheint, sondern in uns allen aufleuchtet) erfüllt ist. Wir treffen uns nicht zum Tempelhüpfen. Wir setzen geistige Mächte in Bewegung, nicht nur in uns, sondern auch um uns. Die kosmischen Genien der Weisheit, Stärke und Schönheit, die wir ansprechen und im Tempel bewusst machen, weisen dabei jene Qualitäten auf, die der Qualität der Loge, aber besonders den Hammerführenden Meistern, entsprechen.

Ein schwacher 1.A. (Meister des Feuers) zum Beispiel wird nicht imstande sein, den Genius der Stärke anzusprechen, sondern wird mit seinen drei Schlägen höchstens einen Konfliktdämon zitieren. Ein rücksichtsloser 2.A. (Meister des Wasserelements) kann nicht den Friedensengel ansprechen. Ein eigensinniger M.v.St. (Meister der Luft) wird nicht das Licht der Weisheit in die Loge tragen können. Ein unzuverlässiger T.H. (Meister der Erde) wird das Bewusstsein der Anwesenden nicht festigen können.

Die Bedeutung des schwächsten Gliedes einer Kette ist bekannt. Die Bedeutsamkeit der stärksten Glieder sollte mehr beachtet werden. Sie sind es nämlich, die den Umfang ausweiten können. Die von den Hammerführenden Meistern evozierte Geistigkeit hüllt alle ein. In einer FM-Kette zu stehen ist weitaus intimer als ein gemeinsames Bad.

Fassen wir zusammen:

Die Magie des Rituals ruht auf vier Pfeilern:

1. Die Loge ist ein Kraftplatz, aufgeladen durch den bewussten Gebrauch für rituelle Zwecke.
2. Im Ritual werden bestimmte Kräfte dargestellt und evoziert.
3. Nach dem hermetischen Gesetz "wie oben, so unten" werden analoge Mächte im persönlichen Bewusstseinsfeld geweckt.
4. Diese Mächte können automatisiert und bewusst wieder abgerufen werden.

Wer sich mit Autogenem Training beschäftigt hat, weiß, wie sich jede formelhafte Vorsatzbildung schon nach kürzester Zeit zu einem mächtigen selbständigen Wesensglied im Bewusstsein entwickelt und eigenständig wirkt. Gemeinsam geschaffene Vorstellungen wirken ungleich mächtiger.

Hannes Lindemann hat mit Hilfe des Autogenen Trainings als Einziger von über hundert Einhandseglern die Überquerung des Atlantiks in einem Faltboot geschafft. Die Vorstellung, ans Ziel zu gelangen, hatte er als formelhafte Vorsatzbildung: "Kurs West" belebt und in sich versenkt. Im entscheidenden Moment der Gefahr erschien ihm dann dieser Bewusstseinskomplex, personifiziert als schwarzer Steuermann. Das rettete ihm mehrmals das Leben.

Die magische Wirkung unseres Rituals beruht auf den gleichen Techniken. Denn auch wir nützen diese tiefenpsychologischen Mechanismen. Wir personifizieren das Unbewusste unseres Denkens, Fühlens, Wollens und Seins in den Hammerführenden Meistern, um diese als Repräsentanten für Weisheit, Stärke, Schönheit und Bewusstheit auch im Profanen evozieren zu können.

Ich möchte das mit einem kurzen Beispiel, anhand des T.H., des symbolischen Vertreters unserer Bewusstheit, erklären. Man macht sich keine Vorstellung, wie wenig man wirklich mit Bewusstheit erlebt und wie selten man bewusst handelt. Wer gewohnt ist, zu meditieren, weiß, wie schwer es ist, auch nur einem einzigen Gedankenablauf bewusst zu folgen. Noch schwerer ist es, sich seines SELBST bei der Verrichtung der täglichen Arbeit bewusst zu bleiben. Der innere T.H. ist zu schwach.

Wer dem Ritual konzentriert folgt, sich nach außen gehörig "deckt", indem er alles Profane aus seinem Bewusstsein ausschließt, der stärkt damit den Vorsteher seines Erdelements und ist bald imstande, auch andere Arbeiten mit mehr Bewusstheit zu planen und auszuführen. Wer es sich zur Gewohnheit macht, jede Handlung, jeden Gedanken, jedes Gefühl, zumindest kurz, bewusst zu erleben, der erschafft und festigt damit auch seine wahre Wesenheit, sein ICHSELBST. Dieses wahre ICHSELBST ist jenes fünfte Wesensglied, das imstande ist, sich selbst beim Denken, Fühlen, Wollen und Dasein bewusst zu beobachten.

Es ist ein tief beeindruckendes Erlebnis, wenn man hinter seinem Denken, Fühlen und Wollen und Sein auch sein SELBST entdeckt und sich selbst bewusst erlebt. Meyrink hat es das Wachsein genannt. Der erste Schritt zum Wachsein ist, wachsam zu handeln. Zu prüfen, ob man es wirklich selbst ist, der über sein Denken, Fühlen, Wollen und Handeln gebietet.

Als Bestätigung sage man: "Ich will und handle, weil ich es so für richtig halte und damit Gutes schaffe." Versuche das gleich bei der nächsten Zigarette. Zur Unterstützung seines wahren Wollens kann man als formelhafte Vorsatzbildung die Formeln, die wir zum Entzünden und Verlöschen der Lichter sagen, verwenden. Wer dazu im rechten Rhythmus klopft – es muss nicht auf Holz sein –, ist nicht abergläubisch, sondern bedient sich einer alten magischen Praktik.

Meine Brüder, wir sind mitten in einem Ritual. Das hermetische Gesetz "wie oben, so unten" bedeutet auch: wie unten, so oben. Daher hängt es von der Qualität des Einzelnen und von seiner bewussten Mitarbeit am Ritual ab, welche kosmischen Qualitäten, also Mächte, wir ansprechen. Das gilt nicht nur für die Qualität der Loge, die wir als Lebende Steine bilden, sondern auch für den Tempel der Persönlichkeit.

Gedanken und Gefühle sind geistige Moleküle, lebendige Bausteine, die unser Wesen formen. Den Plan zu diesem Tempel erstellen wir selbst und wir sind als Baumeister unseres SELBST auch für den Bau verantwortlich. Seien wir uns stets dieser Pflicht bewusst. Ein jeder Tag ist für uns Tempeldienst! Die Freimaurerei (gnostische Hermetik) ist ein Weg nach innen über das bewusste Erleben des Außen. Das bewusste Erleben des Alltags ist als geistige Schulung der erste Schritt nach innen, zum WAHREN ERWACHTEN ICHSELBST!

Jene Leser die keinen Zugang zum Ritus der Freimaurer haben, finden in meinem 3. BUCH "Die Vier Elemente" das "Ritual der Hermetischen Vier". Mit diesem machtvollen Ritual erhält auch der außenstehende Suchende den geheimen Schlüssel zur geistigen Macht.

MAGISCHER KREIS ODER LOGEN-TAPIS

MESA-KREIS UND LOGEN-TAPIS

Vielen Esoterikern, die einem magisch-mystischen Entwicklungsweg folgen, stellt sich eines Tages die Frage, ob sie sich einer okkulten Logengemeinschaft anschließen sollen. Rückschläge und Stagnation nach verblüffenden Anfangserfolgen bei magischen Experimenten lassen sie nach neuen Methoden und Hilfsquellen suchen.

Wenn Bardon einen Weg (Der Weg zum wahren Adepten, Bauer Verlag) aufzeigt, der von jedem allein zu gehen ist, beschreibt W. E. Butler (Hohe Schule der Magie, Bauer Verlag) die Möglichkeiten gemeinsamer Logenarbeiten als magisches Instrument. Beide Wege schließen einander nicht aus, sondern ergänzen einander und können sich gegenseitig befruchten. Die Vorteile gemeinsamer Ritualarbeiten zur Hebung der magischen Persönlichkeit und Erzeugung eines Kraftfeldes sind nicht zu übersehen. Sie werden seit Jahrtausenden auch von hohen Eingeweihten genützt.

Eine Gruppe kann leichter magische Kräfte entfalten als ein Einzelner. Während der Magier, allein auf sich gestellt, im Mittelpunkt eines Kreises – dem Abbild eines Gottes – steht und damit seine Vollkommenheit zum Ausdruck bringt, bildet eine Logengemeinschaft den Kreis aus einer Bruderkette – und jeder ist nur Teil der absoluten Macht.

Wichtigstes Werkzeug jeder magischen Arbeit ist der "Tapis“: ein Teppich, versehen mit jenen Symbolen, die als Grundlage die Autorität darstellen soll, unter deren Namen die Gruppe oder der Einzelne arbeitet. Arbeitet der Magier allein, wird der Tapis Kreisform haben. Als lebendes Symbol des allumfassenden und allmächtigen Prinzips steht der Magier in der Mitte und muss diese Vollkommenheit auch in sich erlangt haben. Er wirkt aus diesem Mittelpunkt nach außen und muss, entsprechend der vierten Dimension, aus einem Trancezustand heraus beginnen.

Anders bei der gemeinsamen Arbeit. Die um den Tapis, und nicht auf dem Tapis stehenden Teilnehmer symbolisieren jeder für sich nur Teilaspekte einer schon geoffenbarten Gottheit, was einen weitaus geringeren Kraftaufwand für den Einzelnen erfordert.

Im Kreis vereinigt, wird wieder Vollkommenheit demonstriert, wodurch sich das zur magischen Arbeit nötige Kraftfeld aufbaut, welches ein gefahrloses Wirken ermöglicht. Auch die Arbeiten der Schamanen sind als Gemeinschaftsarbeit zu werten. Daher hat die Mesa, das Tuch, auf dem sie ihre Symbole auflegen, eine rechteckige Form. Der Kreis wird aber nicht wie bei einer Logenarbeit durch die Anwesenden symbolisiert, sondern mit den Gegenständen der Macht abgesteckt: den Dolchen, Stäben und Schwertern des Schamanen.

In allen Fällen ist zu beachten: Es genügt nicht, ein Kraftfeld aufzubauen, das ist keine besondere Kunst. Aber um damit eine sinnvolle Arbeit verrichten zu können, muss diese Kraft auch an eine Qualität gebunden sein, und die entspricht immer nur dem Niveau des Magiers oder der am Werk beteiligten anwesenden Brüder, Schwestern oder der Glaubensgemeinschaft.

Grundlage jeder magischen Handlung (soweit es sich nicht um einen "quabbalistischen Akt" im Sinne Bardons handelt) ist stets die Mobilisierung einer Wesenheit, welche auf der geeigneten Ebene die vom Magier geplante Aufgabe realisiert.

Das gilt nicht nur für die Evokation eines Zonenvorstehers oder die Anrufung eines Elemente-Wesens. Auch wenn mittels einer Formel oder eines Rituals scheinbar "selbst" gehandelt wird, sind es dann doch Wesen, die auf ihrer Ebene die Arbeit verrichten. Sogar eine Fernbeeinflussung mittels der so genannten Suggestionskraft wird, genau genommen, durch die bei der Konzentration gebildeten Elementale bewirkt.

Ganz gleich, ob ein kurzlebiges Elemental oder die mächtige Intelligenz einer Planetenzone etwas bewirken soll, es geht nicht ohne das elektrische und das magnetische Fluid, die beiden Urqualitäten der Elementale. Diese feinstofflichen Kräfte sind aber keine leblosen Energieströme, sondern – ähnlich den Gehirnströmen des Menschen – Bewusstseinsträger von Elementarwesen. Macht über die Elemente-Wesen bedeutet daher auch Macht über diese elementaren Kräfte.

Um Elemente-Wesen zu beherrschen, bedarf es keiner Beschwörung oder magischen Evokation. Selbstbeherrschung durch bewusste Kontrolle und Formung des Charakters bedeuten auch Herrschaft über die Wesen. Denn der feinstoffliche Körper besteht, so wie der grobstoffliche, aus lebenden Zellen, den Elementalen, die sich in ihrem Wirken als Charakter des Menschen äußern. Wie ich im Kapitel über die hermetische Psychologie (3. BUCH) beschreibe, sind diese Zellen kleine selbständige Wesen, die aber, anders als die Zellen des physischen Körpers, bewusster, freier und eigenständiger existieren.

Dabei darf man sich den feinstofflichen Körper nicht als dünneres, durchsichtigeres Gegenstück zum physischen Leib denken. Die Anatomie und Physiologie der Seele ist weitaus komplizierter als jene des grobstofflichen Körpers. (Siehe Hermetische Anatomie, 3. BUCH).

Man kann das Zusammenwirken der persönlichen Wesenszellen, welche die Seele bilden, mit dem eines Bienenvolks vergleichen. Denn auch die Elementale sind Wesenszellen von komplizierteren mehrzelligen Seelenwesen, die im feinstofflichen Leib spezielle Funktionen, ähnlich den physischen Körperorganen und Gliedern, erfüllen, und sie werden vom ICH (wie die Bienen von ihrer Königin) ferngesteuert. Darüber hinaus stehen diese Elemente-Wesen über die Elementale auch mit Wesen gleicher Qualität aus anderen Seelenorganismen in Verbindung.

Das Raumgefüge in den feinstofflichen Welten beruht bekanntlich nicht auf "Orten", sondern auf "Qualitäten". Dabei verhalten sich die Elemente dualistisch wie das Licht: Als Seelenkörperzelle erscheinen sie als Teilchen. Als verbindendes Element erinnern sie an ein Feld. Als Wirkkraft gleichen sie Wellen oder Strahlen. Trotzdem dürfen Elementale nicht als blinde Energieform betrachtet werden. Ein Elemental bleibt stets ein selbständiges, bewusst lebendes Wesen, das je nach "Größe" (es wächst durch die Aufmerksamkeit, die man ihm schenkt, weil es sich durch die Beachtung und das Interesse vervielfältigt) eine gewisse Eigenmächtigkeit entwickelt. Sie sind daher schwer kontrollierbar und nur durch einen starken Willen über die Vorstellungskraft zu lenken.

Eine neue Form des Materialismus hat das kausalmechanistische Denken auch auf die geistigen Ebenen übertragen. Man versucht nun auch dort, die Gnomen, Nixen, Engel und Dämonen zu vertreiben und durch "Astral-Energien" und "Mentalfelder" zu ersetzen.

Normalerweise folgen Elementale der Wunschkraft jener Elemente-Wesen, deren Körper sie bilden, und werden gebremst durch Elementale der entgegengesetzten Qualität. Sie sind als Triebkraft nicht nur die lebenden Bausteine des Seelenkörpers von Mensch und Tier, sondern bilden die geistigen Organe aller feinstofflichen Wesen, deren Impulsen sie Folge leisten.

Daher wird letztlich jede Wirkung auf den feinstofflichen Ebenen durch Elementale ausgelöst, unabhängig davon, ob sie von einem menschlichen oder einem anderen Geistwesen dazu gebracht werden. Magische Macht verlangt somit Macht über die Elementale. Ob der Magier mittels seiner persönlichen Willens- und Vorstellungskraft selbst auf die Elementale einwirkt oder diese Arbeit einer anderen Wesenheit überträgt, ist dabei belanglos. Er wird das Wesen – ganz gleich aus welcher Ebene – wieder nur über Elementale erreichen, ansprechen und bewegen können.

Magische Autorität durch Vollkommenheit

Wer einer Intelligenz eine Arbeit übertragen will, muss dieser in irgend einer Weise überlegen sein. In der Regel wird das aber auf den Spezialbereich des Wesens nicht zutreffen. Denn selbst ein sehr erfahrener Hermetiker wird sich mit dem Vorsteher einer Zone nicht messen können. Der Magier wird deshalb zeigen, dass ihm auch andere Bereiche offen stehen, die dem Wesen verschlossen bleiben.

Zur Anrufung einer Planetenintelligenz wird der Magier dazu eine Gottform annehmen, die alle Sphären in sich beinhaltet, und diese durch einen Kreis um sich symbolisch darstellen. Zur Beherrschung eines Wesens aus einer Elemente-Ebene genügt es, die Vierpoligkeit zu demonstrieren. So wird es zur Beherrschung eines "Gnomenkönigs" nötig sein, das Erdelement (und Erd-Elementale auch in sich) zu beherrschen. Diese verbindenden, dem Gnomenreich als Grundlage dienenden Elementale in Form eines zuverlässigen, konzentrierten, ausdauernden Charakters sind zwar zur Kommunikation und Anrufung nötig; aber mehr beeindrucken wird den "Gnomenkönig", dass der Magier auch die Leichtigkeit, Freiheit, Klarheit und Beweglichkeit des ihm nicht zugänglichen Luftelements ebenso wie Feuer- und Wasserwesenszellen in sich vereint und ihm damit überlegen ist.

Indem der Magier in der Mitte seines Kreises steht und nicht am Rand, zeigt er, dass ihm keine Ebene, kein Element näher steht und ihn somit stärker beeinflussen kann, als er es will. Die Mitte, das wahre magische Gleichgewicht auch auf der feinstofflichen Szene zu halten, ist nur wenigen Menschen möglich. Für magisches Arbeiten aus dem Kreis heraus ist das aber die Voraussetzung für ein Gelingen.

Maurerische Ritualstrukturen

Durch eine Gruppe lässt sich Vollkommenheit anders und wesentlich einfacher darstellen. Was ein Einzelner in sich nicht vereinigen kann, bildet man gemeinsam. Statt aber aus der Mitte eines Kreises zu wirken, projiziert man dann gemeinsam, jeder für sich nur ein Teilaspekt der Vollkommenheit, die vier Elemente von außen nach innen. Denn was im Mittelpunkt vereint sein muss, hat, im Umkreis geoffenbart, jeweils seinen Ort.

An diese Orte stellt man Priester (oder Meister bzw. Brüder und Schwestern, je nach dem System, in dem die Gruppe arbeitet). Diese brauchen sich jetzt jeder nur noch auf ein Element, das ihrem Ort entsprechende, zu konzentrieren, und bilden so gemeinsam wieder ein magisches Gleichgewicht als Fundament der Ordnung. Jeder ist vom anderen getrennt nur Teil des Ganzen, aber doch für sich ein Meister jenes Elements, dem er vorsteht.

In Form eines Rituals wird diese räumliche Trennung wieder zu einer Einheit verbunden. Dabei wird in einem zeitlichen Ablauf der Umraum hermetisch richtig aufgebaut – die Einheit tritt aus sich heraus und stellt sich dar.

Anstelle eines Adepten, der als Kreismittelpunkt von innen nach außen wirkt, schaffen nun die im Kreis vereinten Teilnehmer von ihrem Ort aus nach innen. Die gemeinsame Mitte wird daher als Symbol des Erschaffenen, Realisierten, Sichtbaren mit einem quadratischen oder rechteckigen Tapis belegt. Auf dem Teppich werden die Symbole der Macht und Kraft, mit der man arbeitet, dargestellt oder wie bei der Mesa eines Schamanen aufgelegt. Nachdem man so die ordnende, haltgebende Mitte symbolisch mit dem Tapis abgegrenzt hat, bekräftigt man die universale schöpferische Wirkkraft, die ja durch die Teilnehmer ausgedrückt wird, indem diese den Tapis, ihre Welt, von rechts nach links umschreiten.

Der Ablauf des Rituals spiegelt auf der feinstofflichen Ebene den vollkommenen Menschen als Abbild göttlicher Gesetzmäßigkeit. Genauso, als ob ein Adept aus seinem Kreis heraus wirken würde, baut sich entsprechend dem vierpoligen Magneten ein Kraftfeld auf, das von den Teilnehmern für magische Zwecke verwendet werden kann.

***

Heute wird diese Möglichkeit des gemeinsamen Wirkens kaum noch genützt. Das Wissen um die wahre Grundlage gemeinsamer Rituale und die persönlichen Fähigkeiten, die zur magisch wirksamen Durchführung nötig wären, fehlen heute in den meisten Logen. Daher erscheint es mir zielführender, wenn sich interessierte Brüder und Schwestern, ganz gleich aus welchen Logen, Orden oder Traditionen sie kommen, in freier Gemeinschaft zu Ritualarbeiten treffen. Für jene Leser die bisher keiner Loge beigetreten sind und das auch nicht planen, finden in meinem 3. BUCH "Die vier Elemente" das "Ritual der Hermetischen Vier". Mit diesem machtvollen Ritual erhält auch der außenstehende Suchende den geheimen Schlüssel zur geistigen Macht.

Dieses Ritual dient der Evokation und der Invokation der vier Elemente und bildet die Grundlage gemeinsamer Arbeiten im Sinne der gnostischen Hermetik.

Dieses Ritual folgt nicht dem in der katholischen Kirche und in der Freimaurerei verwendeten Dreierschlüssel, sondern dem von mir in meinen "Büchern der Magie und Mystik im 3. Jahrtausend" erklärten Viererschlüssel, der auch die grobstoffliche Ebene in das Ritualgeschehen einbezieht.

Die Erkenntnisse aus den Büchern der "Magie und Mystik im 3. Jahrtausend" führen über das Gedankengut der Tradition der Freimaurer hinaus. Die Säulen der Moscheen, Tempel und Kathedralen, die man betreten kann, muss man niederreißen. Aber während der Freimaurer in den sogenannten Hochgraden, aus dem zertrümmerten Tempel, in einen neuen Raum geführt wird, hat der Gnostische Hermetiker den einzig wahren heiligen Ort gefunden, der Ausblick in höhere Sphären gewährt: Es gibt nur einen Raum, in den man sich zurückziehen, und sich und die Schöpfermächte finden kann: nämlich den gewaltigen, unzerstörbaren Dom, gebaut aus dem Geist des Gedanken ICH BIN. In diesem persönlichen Refugium ist man frei. Hier kann man ruhen. Hier kann man unbeirrt der selbstbewusste Beobachter seiner Gedanken, der selbstbewusste Beobachter seiner Gefühle, der selbstbewusste Beobachter seines Wesens und seines Gottes sein.

DIE ESOTERIK CHRISTLICHER ORDEN

Die Geburt des ICHBIN

DIE GEISTLICHEN ÜBUNGEN DES IGNATIUS VON LOYOLA

Was an Loyolas geistlichen Übungen auf den ersten Blick wie eine fromme mystische Anweisung zur persönlichen Selbsthingabe an Gott erscheint, erweist sich in der Praxis als systematische magische Geistesschulung;

- Seine "Betrachtungen" dienen in Wahrheit der gezielten Ausbildung der Imaginationskraft mit den fünf Sinnen (siehe Bardon).
- Die strengen Ordensvorschriften sollen den Willen schulen.
- Die mit bestimmten Atem- und Konzentrationsübungen verbundenen Gebetsanweisungen sind wohldurchdachte Meditationstechniken, die der Vorbereitung zur Kontaktaufnahme mit höheren Wesen dienen.
- Dazu vermitteln die "Regeln" wichtige Erkenntnisse über die geistigen Einflüsse, denen jeder, ohne es zu merken, ständig ausgesetzt ist. Loyolas Hinweis, auf die innere Stimmung zu achten, aus der heraus ein Gedanke für eine Entscheidung gefasst wird, ist nicht nur ein guter Rat für richtiges Verhalten im Alltag, sondern birgt ein wichtiges Geheimnis: **dass nämlich die Gedanken nicht nur die feinstofflichen Wesenszellen des Geist- und Seelenkörpers der Menschen sind, sondern auch die unsichtbaren Leiber der Götter, Engel und Dämonen formen.**

Gedanken sind die lebenden Elemente, durch welche alle Wesen untereinander verbunden sind. Durch sie erlebt man Eingebungen von Wesen aus anderen Ebenen unmittelbar in sich, als Intuition und Inspiration. Umgekehrt hinterlassen die eigenen Gedanken auf den geistigen Ebenen einen deutlichen Eindruck, der von den Wesen dort wahrgenommen wird, besonders wenn die Vorstellungen gezielt als "Gebet" abgefasst oder bildhaft visualisiert werden.

Welche Wesen man dabei anspricht und aus welcher Ebene man umgekehrt seine Eingebungen empfängt, ergibt sich aus der

Qualität und Reinheit des seelischen Empfindens, also aus der inneren Gestimmtheit, in der man sich gerade befindet.

Es versteht sich, dass zum Beispiel aus einem angsterfüllten Seelenzustand nicht die Engel des Erfolgs die nötigen Inspirationen übermitteln, sondern dass diese Gefühle eher mit jener Ebene verbinden, aus der Dämonen des Zweifels und der Hoffnungslosigkeit Gedanken eingeben, die zum Misserfolg führen.

Man wird daher, um nicht in den Einflussbereich negativer Mächte zu gelangen, der Gedanken- und Gefühlskontrolle größten Wert beimessen.

Die Geheimwissenschaft kennt zwei Wege, über die das erreicht wird. Der eine ist der Weg der Gnade, dem der religiöse Mystiker folgt, der andere Weg ist der Weg der Macht, der Weg des Magiers. Während der religiöse Mystiker meist unbewusst, durch Selbstveredelung, seine innere Stimmung, die ja den Nährboden der Gedanken bildet, so bereitet, dass daraus nur positives Denken erwachsen kann, versucht der magisch Geschulte bewusst, über einen starken Willen seine Gedanken zu formen und zu beherrschen.

Loyola vereint beide Wege und hat damit, erstmals auch für Christen, ein vollkommenes Einweihungssystem geschaffen. Die vorangehenden christlichen Mystiker stellten ausschließlich die Pflege der menschlichen Tugenden in den Vordergrund des Strebens. Demut, Opferbereitschaft, Bescheidenheit und Abkehr von allen irdischen Versuchungen wurden gefordert, um der Gnade Gottes teilhaftig zu werden.

Dazu ist es wichtig, dem Wort Gnade, das besonders für die Protestanten und evangelischen Christen eine besondere Bedeutung hatte, die richtige Bedeutung beizumessen. Man meinte damit nicht einen Akt gnädiger Barmherzigkeit als Nachsicht bei einem Vergehen, sondern Gottes Nähe durch Zuwendung seiner Aufmerksamkeit. Man wünschte, dass er einen anblickt, so wie man von den Engeln sagt, sie stehen vor Gottes Angesicht. Mit Gnade meinte man die freudige, innige Zuwendung Gottes auf Grund seines Wohlgefallens an der Wesensverwandtschaft der ihm entgegenströmenden menschlichen Seelenwesenszellen.

So wie man SELBST teilnimmt an den "eigenen" Gedanken und Gefühlen und diese in sein Bewusstsein holt, sobald man sie "anblickt", also denkt und fühlt, wollte man von Gott angeblickt und dadurch in seine himmlische Welt gehoben (in seine Bewusstseinsebene einbezogen) werden.

Während sich aber dem unvollkommenen menschlichen Bewusstsein die persönlichen Wesenszellen als Triebe, Begierden, Stimmungen oder Zwangsvorstellungen aufdrängen können, kann sich der Mensch seinem Gott nicht aufzwingen. Die Menschen sind zwar als Wesenszellen ihres Gottes zu betrachten, aber sie bedürfen seines Wohlgefallens, seiner "Gnade", um in die göttliche Bewusstseinsebene der Vollkommenheit zu gelangen.

Auch in den geistigen Welten entscheidet die Sympathie, wie weit sich ein Wesen einem anderen Wesen zuwendet. Von dem, was einem zuwider ist, wendet man sich ab. Die Zuwendung (Gnade) von Gottes Wesen (den Intelligenzen) erfordert daher, dass man sich selbst als gottgefällig erweist. Entsprechend den persönlichen Seelenwesenszellen (Charakter) ist man mit den analogen Wesensgliedern Gottes, die als Engelhierarchie sein Wesen bilden, verbunden.

Das göttliche Wesen ist sich zwar als einigender Geist, der alles umfasst, seiner selbst bewusst, besteht aber aus einer Vielzahl von Wesenheiten, die an seinem Bewusstsein und Leben teilhaben und daher selbst-bewusst mitwirken an seinem Werk.

Nach dem hermetischen Gesetz "wie oben, so unten" ist der Mensch nach diesem Ebenbild nämlich mit der Anlage zur Vollkommenheit geschaffen.

Das wirkliche (wirkende) Wesen eines Menschen, die so genannte Seele, besteht daher nicht nur aus irgend einer einheitlichen feinstofflichen Geistsubstanz, wie manche meinen, sondern tritt einem entgegen in seinem Verhalten, als Zusammenspiel seines Denkens, Fühlens und Wollens. Das menschliche Wesen zeigt sich in seinem Charakter, und der besteht aus einer Vielfalt von Eigenschaften, die als Wesensformen zeitweise ein recht lebhaftes Eigenleben führen, wenn zum Beispiel der Zorn mit einem durchgeht, die Liebe blind macht, die Furcht lähmt oder eine Meinung verblendet.

Das ist die persönliche Hierarchie des Menschen und diese inneren Wesenszellen (die Elementale) des Bewusstseins sind gleichzeitig auch die Fühler (oder Boten), die mit den geistigen Welten verbinden.

Eine richtige Geistesschulung ermöglicht es jedem, sowohl auf passiv-mystische als auch aktiv-magische Weise mit den Wesen dieser Welten in Verbindung zu treten und dadurch am göttlichen Leben teilzunehmen. Das bedeutet aber nicht, mystisch verzückt in geistige Ebenen aufzusteigen, sondern umgekehrt, hier in dieser Welt zusammen mit den hohen Mächten als deren irdischer Vertreter am Werk der Schöpfung mitzuwirken.

Loyola hatte das erkannt und sah in seinem Orden die Streitmacht Gottes. Zeitweise konnte der Orden seine Macht über die halbe Welt ausdehnen. Wenn ein Jesuitenpater von der Kanzel donnerte und die Schrecken der Höllenfeuer ausmalte, so erlebten die Zuhörer die von der starken Vorstellungs- und Glaubenskraft gezeichneten Bilder in sich als Realität und waren tiefer beeindruckt als von normalen Predigten.

Wer geistliche Exerzitien durchführt, gewinnt nicht nur Macht über sich selbst, sondern auch Einfluss über andere und ist auf Grund seiner besonderen Ausstrahlung fähig, Menschen zu überzeugen und zu lenken. Eine Erfahrung, die jeder, der einem geistigen Weg folgt, machen kann. Man wird wachsam, selbstbewusst und ist überall erfolgreicher als früher.

Natürlich ist das nicht das Ziel unseres Weges. Wer eine Geistesschulung nur zur Erlangung persönlicher Vorteile durchführt, wird zu Recht als Schwarzmagier bezeichnet. Vom christlichen Standpunkt gesehen ist der Betreffende ein Diener des Herrn dieser Welt. Jener Welt, von der es heißt: "Macht sie euch untertan".

- Die Welt beherrscht man aber nicht, indem man andere beherrscht, sondern sich selbst. Es gilt nicht die Welt zu verändern, sondern zu vermeiden, dass man sich selbst von ihr so verändern lässt, dass man die Herrschaft über seine innere Ordnung verliert und gegen sein Gewissen handelt.

Der Herr dieser Welt

Von Geburt an nimmt einen die irdische Welt gefangen. Sie fesselt die Aufmerksamkeit und beeinflusst das Denken, Fühlen, Wollen und geistige Dasein.

Aber wie gelangt man in diesen Machtbereich des Irdischen? Materiell bedingte Gegebenheiten und Empfindungen körperlicher Bedürfnisse sind es, die als Triebe die Gefühle wecken, welche dann in Form von Angst, Zuversicht, Liebe, Abneigung, Lust und Leid den Menschen rühren und bewegen. Nicht nur seelisch innerlich berühren einen die Gefühle, sondern diese Regungen sind es ja erst, die einen, als eigentliche Beweggründe des Wollens, zu konkreten Handlungen verführen und nach außen reagieren lassen.

Daher beherrscht nur der die Welt, der sich von ihren Verlockungen nicht mehr bedrängen lässt. Wer frei ist von Verlangen nach Ehre, Macht und Geld oder Anerkennung und unbeirrt seinen Weg geht, ja sogar bereit ist, auf sein Leben in dieser Welt zu verzichten, der kann von sich sagen, dass er die Mächte dieser Welt beherrscht. Sie können ihn nicht mehr gegen seinen Willen beeindrucken, er ist ihnen überlegen.

"*Ihr sollt nicht Schätze auf Erden sammeln, denn da, wo euer Schatz ist, ist auch euer Herz.*" Und wo das Herz, also die Liebe, die Sehnsucht, das Begehren ist, dahin konzentriert sich die Aufmerksamkeit und schiebt das Begehrte ins Blickfeld, fesselt das Bewusstsein und macht blind für anderes.

Nicht irdischer Besitz ist schlecht, sondern dass man ihm Aufmerksamkeit, Liebe und Gedankenkraft widmet, weil dadurch das Bewusstsein nicht sich selbst folgt, sondern den Dingen. Daher wird heute vom Geistesschüler nicht Abkehr von der Welt gefordert, sondern Abstand zu sich selbst.

Sobald man sich nicht mehr als Spielball, sondern als Betrachter seiner Gedanken und Gefühle erkennt, fällt es einem leichter, Sorgen, Leid und Demütigungen gelassen zu begegnen. Mit dem Abstand zu sich selbst steht man plötzlich in einer neuen Position und hat gleichzeitig auch zur Welt die nötige Distanz gefunden, um sie zu beherrschen. Man sieht auch seinen Körper als Teil dieser Welt und wird sich seiner wahren Geistigkeit bewusst. Dies ist der Beginn einer Wiedergeburt und gleichzeitig der Tod des alten ICH, das als EGO nun selbst zum kontrollierten Seelenwesensteil wird. Das war das eigentliche Ziel der geistlichen Übungen des Ignatius von Loyola. Deshalb machte er Jesus und sein Leben zum Vorbild der Imaginationsübungen.

Geistige Wiedergeburt, Tod und Auferstehung lassen sich aber nicht in einem einzigen Augenblick als "die große Erleuchtung" erleben, sondern sind mit einem lebenslangen Reifeprozess verbunden. Ich habe das in den Meisterbüchern von verschiedenen Seiten ausgeleuchtet und ganz bewusst das Christusmysterium an den Beginn des Meisterweges gestellt. Ich sehe darin eines der stärksten Symbole für einen Einweihungsweg und finde es schade, dass sich so wenige westliche Hermetiker dieses Kraftquells bedienen.

Die Esoterik des Christentums hat sogar in der antiklerikalen Freimaurerei einen eigenen Rosenkreuzergrad, der dem Initiierten das Mysterium des Opfers und des Kreuzes erschließen soll.

Das Kreuz und die vier Elemente

Das Kreuz symbolisiert die vier Elemente des Menschenwesens. Im Denken, Fühlen, Wollen und Dasein wird das fünfte und eigentliche Wesen des Geistes, das im Selbstbewusstsein erwachte ICH, einerseits "festgenagelt", anderseits aber auch gestützt. Daher geht es nicht darum, sich aus dem Machtbereich der Elemente, etwa durch Weltflucht, zu befreien, sondern im Gegenteil, das Kreuz der vier Elemente muss bewusst ergriffen werden. Dazu muss man vorher die einseitige Haftung an die vier Träger, die das ICH in verschiedene Richtungen spannen, überwinden. Das Ziel jeder echten Geistesschulung ist daher, die vier Elemente über sein erwachtes ICH als fünftes Element ins Gleichgewicht zu bringen.

Wem das gelingt, der braucht dann nicht mehr auf Lust und

Freude zu verzichten, sondern kann gerade aus der Überwindung des Widerstandes zwischen Begierde, Vernunft und Rücksichtnahme durch bewusste willentliche Lenkung die Triebenergie der Wunschkraft in reine Geisteskraft umwandeln und zur Stärkung seines wahren Wesens, das ihn über das Irdische in geistige Ebenen hebt, verwenden. Man muss diesen inneren Kampf als Seelenmuskeltraining sehen und zu seiner Vervollkommnung bewusst nützen. (Siehe 3. BUCH "Die vier Elemente", Kapitel "Hermetische Transformation")

Unter dieser Voraussetzung gewinnt die von Loyola so geschätzte Askese eine neue Bedeutung und erscheint nicht mehr als demütige Selbstkasteiung.

Aber zur Zeit des Mystikers wusste man noch nichts von den Grundlagen der hermetischen Anatomie und sah hinter jeder Versuchung den Teufel, dem man sich zu widersetzen hatte. Das ist zwar eine berechtigte Forderung, denn so wie der gute Engel Gutes in die Seele bringen kann, ist der böse Engel imstande, Böses in das Bewusstsein zu senken. Aber stets muss dazu erst die innere Bereitschaft in Form von entsprechenden Seelenwesenszellen vorhanden sein. Ein Seelenleib, der mehrheitlich aus Elementalen der Sanftmut, Güte und Bescheidenheit gebildet ist, wird nicht von einem Zorndämon zu einem Racheakt verleitet werden können.

Es ist also nicht der "Teufel", der verführt, sondern es sind die eigenen persönlichen Wesenszellen, die sich rühren und einen verleiten. Das ist aber nicht weniger gefährlich. Denn erstens interessiert sich das Böse wirklich für jene, in denen sich Wesenszellen vermehren, die seinem Wesen entsprechen, und zweitens, was noch schwerwiegender ist, formieren sich diese Wesenszellen, sobald man sich ihnen zu sehr überlässt, recht bald zu machtvollen Schemen und Komplexen.

Soweit diese negativer Art sind, wird der Betreffende dadurch selbst, zumindest zum Teil, ein Teufel, und es gibt genug Beispiele von Menschen mit dämonischen Wesenszügen, die sich ärger als ein solcher benehmen, sobald sie sich dem Einfluss eines ihrer Schemen hingeben.

Jeder Erzdämon ist leichter abzuwehren als so ein selbstgeschaffenes Wesen. Dieses ist nämlich als Teil des eigenen feinstofflichen Leibes mit dem ICH verbunden. Seine Austreibung entspricht einer Amputation und schwächt den gesamten geistigen Organismus, wenn man die freiwerdende Energie nicht gezielt in sein geistiges Bewusstseinsfeld transformiert. Daher wehrt sich in der Regel neben dem Schemen, der sich am Leben erhalten will, auch der Betreffende selbst dagegen, ihn loszuwerden.

Denn nicht nur dass mit der vollständigen Abtrennung die Lebenskraft und das Bewusstsein dieser Wesenszellen dem ICH verloren gehen, hat das Böse auch im feinstofflichen Leib eine ganz bestimmte Funktion und Aufgabe zu erfüllen:

Ohne Ichsucht zum Beispiel würde der Selbsterhaltungstrieb fehlen. Daher ist zur Abgrenzung und Erhaltung des eigenen Wesens ein gewisses Maß an Egoismus nötig. Leichtsinn dagegen ist eine Folge von Leichtigkeit, die zur Freiheit nötig ist, sich aber der Ordnung nicht entziehen darf, sonst wird aus der gelösten Ungebundenheit Chaos. Angst wieder bewirkt, dass man sich nicht zu weit vorwagt, und ist eine wichtige Seelenfunktion, welche die Elementale des Übermuts bremst. Solange nur wenige Angst-Elementale zur Vorsicht mahnen und sich wieder auflösen, gleichen sie dem Schmerzsignal, das wir vom physischen Körper kennen. Bleiben sie aber längere Zeit zu einer bestimmten Vorstellung zusammengefügt, dann entsteht ein Angstkomplex, der sich nur schwer wieder auflösen lässt und den Betreffenden bald völlig handlungsunfähig macht.

Loyola hatte zu all diesen Erkenntnissen der heutigen Geheimwissenschaft noch keinen Zugang. Es hätte den Menschen damals auch nicht viel geholfen, die Zusammenhänge der hermetischen Anatomie zu kennen, da ihre geistigen Fähigkeiten noch nicht so weit entwickelt waren, diese auch bewusst einzusetzen.

Für ihn konnte es also nur eine Trennung von Gut und Böse geben. Mit Askese, Besitzlosigkeit und einem tugendhaften Leben wollte man jede Versuchung durch das Böse ausschalten und schon im Keim ersticken. (Für die Mehrheit der Menschen wäre es auch heute besser, von vornherein auf gewisse Vergnügungen zu verzichten, als sich Versuchungen auszusetzen.)

Über Gut und Böse sind viele Bücher verfasst worden und es ist hier nicht der Platz, über Licht und Finsternis zu philosophieren. Was das eigene Wesen betrifft, wird sich Gut und Böse stets als Folge von Gleichgewicht und Übermaß äußern. Alles, was einseitig zu viel ist und zu stark in Erscheinung tritt, stört die Harmonie und ist als "böse" einzustufen.

Daher ist jeder innere Impuls zu prüfen und zu überwachen. Was anfangs nur als natürliches Lebenszeichen eines seiner Bewusstseinsträger zu werten ist, kann bald zu einem ernsthaften Gegner anwachsen. Alle inneren Regungen sind Versuche der persönlichen Wesenszellen, die Macht über das ICH zu erlangen, und diesem Kampf muss man sich stellen. Denn indem sie vom ICH-Bewusstsein Aufmerksamkeit auf sich ziehen, gewinnen sie an Kraft und verdrängen das ICH aus dem Ort der Mitte, von dem allein aus man als Gebieter die gesamte persönliche Seelenlandschaft überblicken und beherrschen kann. Sie setzen sich dann selbst für die Zeit ihrer Er-„Regung" an diese Stelle des gebietenden ICHSELBST:

"So wie Gott (die wesenhafte Manifestation der allmächtigen Vollkommenheit) seine Heerscharen teilte, in Gute und Böse, und die Bösen verstieß", so liegt es an jedem selbst (er ist ja nach Gottes Ebenbild mit der Anlage zu Vollkommenheit geschaffen), die Elementale und Elementare (Gedanken und Gefühle), die seinen feinstofflichen Körper bilden und beleben, zu prüfen und sich von den negativen zu lösen.

Der gesunde physische Organismus erledigt diese Arbeit ohne unser bewusstes Zutun. Er hält die heilsame Ordnung automatisch aufrecht, indem er sich ständig erneuert und das Störende, das überhand nimmt, aussondert. Der feinstoffliche Organismus, von dem ein Teil die so genannte Seele ist, muss bewusst durch gelenkte Geisteskraft vom ICH SELBST in Ordnung gehalten werden.

So wie man seinen Körper pflegt und nährt und seinen Wohnraum in Ordnung hält, ist man auch verantwortlich für den Zustand seines Geist- und Seelenleibes, den man sich als Hohlraum denken muss, der die persönlichen inneren Welten birgt, in dem sich das ICH bewusst erlebt.

Die so genannte Seele ist nichts anderes als das Wogen der Gefühle, und der Geist ist das Licht, das die Gefühle in Bilder kleidet und ihnen dadurch im Bewusstsein zeitlichen Bestand verleiht. Dabei bilden die Gedanken und Vorstellungen die feste Struktur des Geistes und die Gefühle sind die energetischen Elemente, welche die Gedankenbilder beleben.

Man ist zwar genauso wenig der Schöpfer seiner Gedanken, wie man seine roten Blutkörperchen erschafft, aber so wie die Nahrung, die man zu sich nimmt, Einfluss auf die Zusammensetzung des Blutes hat, bestimmen die persönlichen Neigungen und Vorlieben, die man pflegt, welche Vorstellungen sich dem Bewusstsein aufdrängen. Die Aufmerksamkeit, die man einem Gedanken widmet, wird diesen verstärken und die vorgestellte Gefühls- oder Triebregung noch deutlicher im Bewusstsein wachrufen.

Der Geist des Menschen besteht selbst aus lebendigen Geistern

Es kann nicht oft genug wiederholt werden: Vorstellungen und Gedanken (die sich auf den feinstofflichen Ebenen in Form von Elementalen manifestieren) sind weder leblose Bilder, die automatisch über einen inneren Bildschirm flimmern, noch Formen blinder Seelenenergien. Gedanken sind, wie schon mehrmals hervorgehoben, sehr reale und bewusst strebende Geistwesen, die als lebende Zellen den Geistkörper, der das Bewusstsein trägt, bilden. So wie die zu Organen und Gliedern vereinten Körperzellen den physischen Körper formen und am Leben halten, bilden die von Gefühlen zum Leben erweckten Gedanken als lebende Bausteine den feinstofflichen Leib.

Das eigenständige Leben, das sie dabei führen, dient aber eher der Erhaltung des Dargestellten, der Idee oder Regung, die sie ausdrücken, und weniger dem Überleben des gesamten feinstofflichen Organismus, dessen Teil sie sind. Man erlebt das, wenn zum Beispiel ein Verlangen nach einer Süßigkeit mit jeder Befriedigung immer stärker seinen Platz im Bewusstsein behauptet und, erst als Gewohnheit, bald als Sucht, zum festen Bestandteil des persönlichen Wesens wird. Viele für das Leben gar nicht nötigen Bedürfnisse drängen sich in Form von Gedanken als eigenständige Vorstellungen vor das Bewusstsein.

Dabei muss es sich keineswegs um so machtvolle Gedankenformen handeln, die zur Suchtabhängigkeit führen oder in Form von Komplexen oder Zwangsvorstellungen schon krankhaft entarteten geistigen Krebsgeschwüren gleichen. Jede Vorstellung führt, sobald sie einmal gedacht wurde, ein Eigenleben und bleibt für alle Zeiten als Wesensteil mit dem Denker verbunden.

- Die Aufmerksamkeit, die man einer Vorstellung widmet, ist vergleichbar einem Lichtstrahl, der das Bild deutlicher zeichnet und vergrößert. Die Anteilnahme, also die innere Empfindung, mit der man dem Bild begegnet, verleiht ihm Macht und Kraft.

Dabei ist es egal, ob die Seelenenergie, die vom Gefühl freigesetzt wird, positiver oder negativer Art ist. Sympathie oder Abneigung, die Urformen der Gefühle, die sich in den verschiedenen Abstufungen zum Beispiel als Angst, Hoffnung, Lust oder Ekel aufdrängen, sind gleichermaßen die belebende Kraft der Wesenszellen.

Daher ist jeder selbst, als Nährvater seiner Gedanken, auch Herrscher über sein Gefühlsleben und in der Lage zu bestimmen, von welchen Regungen er sich tragen lässt. Jeder gleicht damit einem Gott, der über seine inneren Welten herrscht und gebietet. Denn jeder herrscht über sich selbst, über sein Wesen, das er in seinen

Wesenszellen (den Gedanken und Gefühlen) erkennt, die ihm gehorchen, wenn er über sie gebietet. Jeder ist Herr über diese persönliche Seelenwelt und die Seelenwesenszellen, die diesen inneren Umraum füllen.

Gott ähnlich zu sein bedeutet nicht, dass man Berge versetzen und Sterne vom Himmel holen kann. Gott ähnlich ist man als Herrscher über seine Wesenszellen, nämlich über die Elementale seines Denkens, Fühlens, Wollens und Bewusst-SEINS. Aber nur wenige nützen ihre schöpferische Macht.

Die meisten Menschen lassen sich von ihrem Denken, Fühlen, Wollen und Dasein einseitig beeinflussen und zu Handlungen drängen. Sie entscheiden einmal zugunsten einer gedanklichen Überlegung, dann auf Grund einer sentimentalen Gestimmtheit des Fühlens, manchmal emotional getrieben und nur ganz selten selbst und bewusst. Trotzdem meinen sie, SELBST bewusst zu sein.

In Wahrheit lassen sie sich von ihren Bewusstseinsträgern, den Gedanken, Gefühlen und Wollensimpulsen, davontragen, statt durch sie festen Halt zu finden. Sie geben sich ihnen hin und überlassen die Entscheidung für die Lenkung ihres Lebens den persönlichen Wesenszellen, also einmal einer Stimmung, dann einem Einfall, manchmal einem Triebimpuls, zumeist jedoch der Trägheit und der "Macht der Gewohnheit".

Den meisten wird das nicht einmal bewusst und gerade jene, die meinen, ihr Leben sehr erfolgreich zu gestalten (zumeist messen sie ihren Erfolg an der Macht und an dem Besitz, den sie sich erarbeitet haben), merken nicht, dass auch sie längst von (Erfolgs-) Schemen getrieben sind und gar nicht mehr sich selbst folgen. Leise Regungen des wahren ICHSELBST unterdrücken sie sofort mit passenden Argumenten, und immer mehr greifen zusätzlich zu selbstlösenden (das SELBST auflösenden) Mitteln wie Alkohol, Drogen und Discolärm, um sich ihrer Schwäche nicht bewusst sein zu müssen. Sie gleichen dann erst recht den von ihnen verurteilten "Versagern", jenen, die sich erst gar nicht dem Leben stellen und lieber passiv (fernsehgewohnt) durchs Leben träumen.

Aber das Leben ist kein Fernsehprogramm, das beim Tod abgestellt wird, sondern es geht bekanntlich weiter. Wie es weiter geht, hängt davon ab, welche Eindrücke man als geistige Nahrung aus dieser Welt schöpfte und wie man gelernt hat, diese während des Lebens aufgenommenen Wesenszellen zu beherrschen. Erst aus der Selbstbeherrschung gewinnt das ICH die Kraft zum Aufbau seines wahren ICHSELBST. Durch Askese allein ist zwar noch keiner zur Vollkommenheit gelangt, aber ohne Selbstüberwindung ist auch noch keiner Meister geworden.

Dabei ist nicht das asketische Leben das Tugendhafte, sondern die durch den Verzicht veredelten und gezähmten Wesenszellen sind es, die das wahre ICHSELBST aufbauen und stärken und daher anzustreben sind. Nicht der Fleisch-, Alkohol- oder Sex-Konsum behindert die geistige Entwicklung, sondern die Hingabe des ICH an die Triebschemen bei der gedanklichen Beschäftigung damit kostet Geisteskraft. Umgekehrt wird jede nicht gerauchte Zigarette, jede zurückgehaltene Zorneswallung, kurz, jedes Elemental einer beherrschten Triebregung und der Selbstüberwindung zu einem Baustein des wahren SELBST und sichert die Überlegenheit beim nächsten Kampf.

Wurde früher dieser Kampf als Krieg gegen das BÖSE zu Ehren Gottes geführt und aus Angst vor den drohenden Höllenfeuern durchgestanden, so ist für den heutigen Esoteriker zumeist die persönliche geistige Entwicklung das Motiv seiner Bestrebungen.

Es geht aber um beides! Ich habe daher Loyolas geistliche Übungen an den Beginn des Meisterweges gestellt, um wieder zu daran erinnern, dass dieser Krieg keineswegs eine persönliche Angelegenheit ist, sondern jeden betrifft und auf allen Ebenen stattfindet.

Zur Dokumentation der nachstehenden Abhandlung über die Magie in der christlichen Kirche bringe ich im Anhang dieses Buches eine Kurzfassung von Loyolas Exerzitien.

Jeder Mensch ist entweder ein Kämpfer Gottes oder macht sich durch sein Verhalten zu einem Handlanger der Schattenmächte. Die inneren Kämpfe spielen sich ja auf den geistigen Ebenen ab und haben dort analoge Auswirkungen, die sich wieder im irdischen Weltgeschehen spiegeln. Den wenigsten Menschen ist bekannt, dass selbst kleinste, bedeutungslose egoistische Regungen, denen nachgegeben wurde, auf den feinstofflichen Ebenen bestimmten negativen Wesen als Nahrung dienen und verheerende Folgen nach sich ziehen können.

Es ist die zusammengeballte Macht und Gewalt der Summe dieser von allen Menschen gemeinsam verursachten geistigen Umweltverschmutzung, die den negativen zerstörenden Mächten die Möglichkeit und Macht verleiht, über die Naturgewalten und Dämonen zu gebieten, Katastrophen einzuleiten, und es ihnen ermöglicht, auch Menschen in ihrem Sinne zu verführen. Kein Diktator könnte sich ohne die von Millionen kleinen Familiendespoten produzierten Gewalttätigkeiten an der Macht halten. Kein Dieb könnte ohne die durch Politik und Wirtschaft legalisierten gewerbsmäßigen Großbetrügereien der Mächtigen in Banken und Industrie und die Milliarden kleinen so genannten Notlügen der Normalsterblichen seine Gaunereien durchführen.

Am Bösen in der Welt ist jeder gleichermaßen mitschuldig! Daher soll jeder, ehe er den Meisterweg beschreitet, prüfen, auf welcher Seite er steht, und wachsam bleiben im täglichen Kampf um Wahrheit, Gerechtigkeit und Mitgefühl.

DAS CHRISTUSPRINZIP

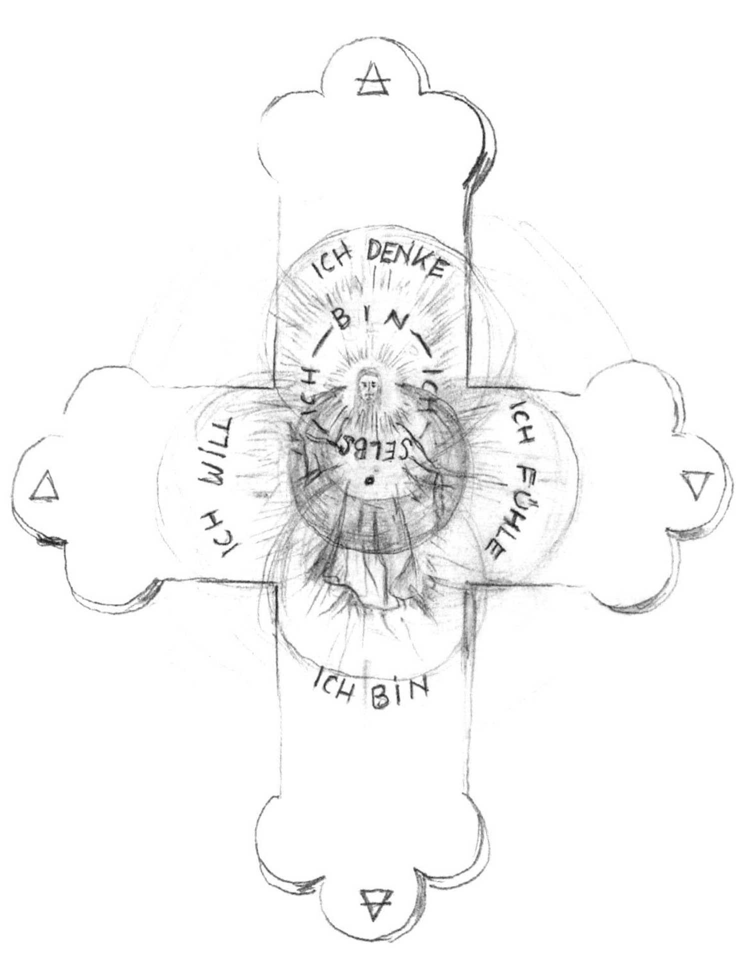

Die 4 Elemente als Bewusstseinsstütze

DIE MYSTISCHEN ELEMENTE DER "SCHULE DER SEELE"

Der Verfasser der "Schule der Seele," der Arzt und Astrologe Dr. Lomer, setzt den Weg der christlichen Mystiker fort. Während Loyola, der erstmals magische Elemente in die mystische Tradition der Kirche einfließen ließ, seine Anweisungen für Ordensbrüder schrieb und daher auf christlichen Glaubenselementen aufbaute, sind die Exerzitien des Dr. Lomer, der übrigens ein enger Freund des Franz Bardon war, an keine bestimmte Konfession mehr gebunden. Sie können genauso gut von jedem Andersgläubigen, und auch außerhalb des Klosterlebens, nachvollzogen werden.

Freunde von mir, die diesem Wegweiser folgten, berichteten von unerwarteten inneren Erlebnissen und sind durch diese Übungen zu bedeutsamen neuen Erkenntnissen gelangt.

Die frommen, sentimental anmutenden Gebete haben sich in der mystischen Praxis als höchst wirksame Mantren erwiesen. Besonders das "Vaterunser" ist eine ganz mächtige "Formel". Auch die christlichen Symbolgestalten haben sich im Laufe der Jahrhunderte durch die Anbetung von Millionen Gläubigen zu machtvollen Kraftspendern entwickelt, die man in dieser Form erfolgreich anrufen kann.

Maria und das Jesuskind, das später zum "Christus" wird, sind personifizierte Symbole von Wesensmächten, die als Grundlage des Makrokosmos wie des Mikrokosmos den ewigen Fortbestand der Schöpfung und des persönlichen Bewusstseins garantieren. Sie sind unter anderen Namen in allen Religionen – sogar in der Alchemie gibt es das Kind – zu finden.

Selbst bei den magischen Praktiken Crowleys, die ich durchwegs ablehne, findet man eine rituelle Anleitung, welche die Entfaltung dieser wichtigen Seelenglieder bewirken soll. "HAAR-PO-KRAAT-ES", das Kind im Ei, ist nur eine andere Bezeichnung für das Jesuskind in der Krippe, das wahre ICH SELBST, das wachsen soll durch die geistigen Übungen, und NUIT ist eine andere Darstellungsform der Maria oder Isis, des allumfassenden, stützenden, aufnehmenden Raumprinzips.

Es gehört zu jeder esoterischen Praxis, bestimmte Urkräfte zu personifizieren und so die analogen Wesensmächte in sich wachzurufen. Besonders wirkungsvolle Techniken sind uns aus der tibetischen Tradition bekannt. Dass auch der christliche Mystiker nach dem gleichen System arbeiten kann, geht aus der vorliegenden "Schule der Seele" hervor.

Ziel ist es, die Symbolgestalten in sich zu neuem Leben zu erwecken. Durch sie kann dann das ICH über sich hinaus wachsen und in so genannte höhere Sphären, nämlich in die Ebene der dargestellten Wesen gelangen und daran teilhaben.

Die verehrten Götterfiguren dienen dabei nicht nur als bildliche Vorlage oder erhebende Inspirationsquelle, wie zum Beispiel Musik, sondern sie erwecken, sobald sie einmal nachgezeichnet sind, tatsächlich als ganz reale Kraftspender analoge Fähigkeiten im Bewusstsein des Übenden. Sie werden zu seinem Ideal und binden ihn in den gesamten Machtbereich, den sie darstellen und repräsentieren, ein.

Sobald sie einmal am Bewusstsein des ICH teilhaben, Teil seines Bewusstseins und damit Bewusstseinsträger und Wesenszelle geworden sind, können sie dem ICH auch nach dem Ablegen des physischen Körpers als Bewusstseinsträger dienen. Je vollkommener man dabei diese Ideale in sich aufbaut, um so hilfreicher stehen einem dann die damit angesprochenen Mächte zur Seite.

Hildegard von Bingen, die große christliche Mystikerin, schildert in ihrer Vision vom Leben nach dem Tod diese Wesenszellen als: *„...die lichten und finsteren Gestalten, die sich aus den Taten des Menschen bilden und die, während die Seele sich löst, herbeieilen und als Genossen ihres Wandels und Zeugen ihrer Werke zugegen sind*".

Das Tibetanische Totenbuch beschreibt diese "*Wegbegleiter*" als die "*friedvollen und zornvollen Gottheiten*", die als Formen des eigenen Bewusstseins dem Verstorbenen gegenübertreten.

Das gilt für alle Bewusstseinsinhalte. Wer zum Beispiel Nachsicht übte und Mitleid hatte zu Lebzeiten, dem werden diese Wesenszellen seiner Persönlichkeit in Form guter Engel erscheinen und zur Seite stehen. Wer dagegen seinen Seelenraum mit Schemen und Elementalen der Habsucht, Machtgier und Rücksichtslosigkeit, füllt, den werden auch nach dem Tod nur diese egoistischen Seelenwesensteile tragen und ihm als böse Mächte gegenübertreten. Es sind ja seine persönlichen Bewusstseinsträger, die im Denken, Fühlen und Wollen seinen feinstofflichen Körper bilden und beleben und sein Bewusstsein in ihre Ebene versetzen. Wer einen edlen Charakter aus positiven Wesenselementen pflegt, schafft sich damit eine Lichtgestalt, der er sich gerne hingeben wird, um sich von ihr in die harmonischen Ebenen tragen zu lassen, der ihre Wesensteile angehören.

Ich möchte dazu aus Meyrinks Tagebuch jene Eintragung zitieren, die er selbst als wichtigste Erkenntnis seines Lebens betrachtete:

"Heute am 7. August 1930, morgens um 10 Uhr, nach langer, qualvollster Nacht, fiel es mir plötzlich wie Schuppen von den Augen, und ich weiß nun, was der Zweck alles Daseins in Wahrheit ist.

Nicht sollen wir durch Yoga uns selbst verändern, sondern wir sollen quasi einen Gott bauen, oder christlich gesprochen: ‚Wir sollen nicht Christo nachfolgen, sondern ihn vom Kreuz abnehmen!‘

Den alten Mann, den ich immer in der Ferne sehe, soll ich also krönen und ihn mit Purpur bekleiden und ihn zum Herrscher meines Lebens machen. Ich sehe ihn jetzt auch gekrönt und im Purpurmantel! Je vollkommener er wird, desto eher wird er mir helfen. ER ist also dann der Adept, und ich werde nur insofern daran teilnehmen, als er sich einmal mit mir verschmelzen wird, denn im Grunde ist er ja mein eigenstes Ich. ‚Er wird wachsen, ich aber werde schwinden.‘ (Dies ist der Sinn der Rede des Täufers!)

Bisher war falsch und die Ursache alles meines Leidens, dass ich all das nicht klar wusste und glaubte: ‚ich‘ müsste mich vervollkommnen, mich und nicht ihn! Die Tantrik-Übungen sind also wie alle Askese falsch, führen in den Abgrund und sind eigentlichste schwarze Magie!

Jetzt weiß ich auch, weshalb der alte Mann immer so unbeweglich war wie ein Bild! Eben, weil ich an mir arbeitete und nicht an ihm.

Bo Yin Ra stellte es mir so dar, als müsse man sofort alles, was man in solcher Art findet, gewissermaßen verschlingen und sich von ihm nähren! Gerade umgekehrt! Der Alte ist also der Christos, und wir müssen ihn losbinden und ihn mächtig machen, dann erst kann er Wunder tun! Das Wundertun geht erst dann auf uns über, bis diese Schizophrenie aufgehoben sein wird und wir mit aufgesogen sein werden. Zum Beispiel die Konnersreutherin müsste den, den sie leiden sieht, geistig loszubinden trachten, statt immer mitzuleiden. Sie geht also immer im Kreis herum.

Alle diese Erkenntnisse müsste ich eigentlich jetzt in Romanform behandeln. Es wäre das denkbar interessanteste Thema. Vielleicht ändern sich bald unsere Verhältnisse, dass ich endlich so arbeiten werde können, wie ich es möchte.

Ich kann keineswegs alles das, was ich ein Leben lang hindurch in Yoga versuchte und tat, als Irrtum bezeichnen. Ich glaube aber, solche Mühen sind nötig, um das zu erkennen, was mir heute, am 7. August, klar geworden ist."

Manche Leser werden dieser Aussage Meyrinks verständnislos gegenüberstehen. Ich glaube auch nicht, dass sie für den, der noch am Anfang eines hermetischen Weges steht, Gültigkeit besitzt. Auch Meyrink ist erst nach jahrzehntelanger härtester Geistesschulung, damals sagte man noch Yoga dazu, zu dieser Erkenntnis gelangt, und es ist trotzdem nicht sicher ob er die "Schizophrenie" richtig ausgelegt und sein Idol in den Griff bekommen hat.

Es ist bekannt, dass Meyrink über Jahre hinweg täglich stundenlang die unterschiedlichsten Übungen praktizierte, von denen die meisten tatsächlich unsinnig oder sogar schädlich gewesen sind. Dank Franz Bardons Einweihungsweg wissen wir es heute besser. Der Gnostische Hermetiker zieht sich nicht zurück um sich in endlosen Meditationen oder Selbstkasteiung zu verlieren, sondern blickt wach und bewusst auf seine geistigen Wesensglieder, die er bearbeitet und auf sein irdisches Leben das er zu gestalten versucht.

Die Schulung der Imaginationsfähigkeit, die Stärkung der Willenskraft und die Kunst des Wachseins können problemlos in den täglichen Alltag eingebaut werden. Dabei wird kein Phantom aufgebaut, mit dem man verschmelzen soll, sondern der "Christus" erwacht und wächst im eigenen Bewusstseinsraum.

Das Christusprinzip ist ein Universalsymbol für den erwachten Geist in einem Menschenkörper. Ob Buddha, Krishna oder Osiris, ob Hermes, höheres Ich oder Überselbst, immer ist das gleiche Wesensglied damit gemeint, das jedem sein Bewusstsein trägt und das ins Bewusstsein rückt, wenn man über sein irdisches ausgerichtetes ICH und die damit verbundenen körperbedingten Bedürfnisse hinauswächst. Denn: "*Sein Reich ist nicht von dieser Welt.*"

Das, was sich im Bewusstsein als geistige Wesenheit erkennt, ist jener Teil des ICH, der die Herrschaft über die anderen Wesenselemente erlangt hat. Er repräsentiert die Macht der Mitte, mit der man sich identifizieren muss; die personifizierte fünfte Kraft, das so genannte Akasha-Prinzip, aus dem die vier Elemente entstanden sind und in das sie sich wieder zurückverwandeln im geheimnisvollen alchemistischen Prozess des Lebens.

Die Lebenskraft ist ein irdischer Aspekt des Akasha. Es ist das verbindende, überbrückende Element, das überall dort frei wird und in Erscheinung treten kann, wo sich Atome zu Molekülen und Zellen formieren, die gemeinsam einem übergeordneten Organismus dienen. Wo das der Fall ist, entsteht aus Feuer, Wasser, Luft und Erde das Leben.

Der feinstoffliche Organismus, aus dem das geistige Leben als Bewusstsein strömt, bildet sich aus den analogen vier geistigen Grundelementen, die im Denken, Fühlen, Wollen und Dasein ihren speziellen Ausdruck finden. Das Streben und Begehren, das im Wollen als kontrollierte Kraft in Erscheinung tritt, entspricht dabei dem feurigen Prinzip. Die passive Hingabe als Voraussetzung des Fühlens ist Folge des Wirkens der wässrigen Elemente im feinstofflichen Organismus. Das luftige Wesen bewirkt die Fähigkeit der Wahrnehmung, Intuition, der Vorstellungskraft und des Denkens. Und die geistige Erde verleiht der Gesamtheit den ordnenden Halt für die Bewusstwerdung.

Die vier Elemente bilden nun zwar einen gemeinsamen geistigen

Organismus, aber jedes Element will die Vorherrschaft erlangen und zieht die Aufmerksamkeit des Bewusstseins auf seine Seite. Das ICH, das sich ja im Bewusstsein erlebt, wird dadurch in seiner Freiheit behindert und ist vom Denken, Fühlen, Wollen und Da-Sein ans Kreuz der vier Elemente gefesselt.

Das ICH identifiziert sich nicht nur mit seinem Körper, sondern auch mit seinem feinstofflichen Leib, dessen Wesensglieder im Denken, Fühlen, Wollen das Bewusstsein tragen.
Es verbindet sich mit einem Wunsch, einer Vorstellung, einem Gefühl oder mit dem daraus erwachsenden EGO und sagt: ich denke, ich fühle ich will und ich bin, obwohl es in Wirklichkeit, einmal von einem Gedanken verblendet, dann von einer Begierde mitgerissen, oder, hingegeben an eine Stimmung, gar nicht sich selbst, sondern das Wesen des Elements erlebt.

Es ist daher zumeist nicht das ICH selbst, das seine Wesensglieder zusammenhält, sondern der Geist, der aus dem irdischen Körpergeschehen, in Form von Vorstellungen und Empfindungen, im Menschen zu Bewusstsein gelangt.

Diesen Geist kann man sich als sehr konkretes, selbstbewusstes Wesen vorstellen. Man nannte ihn auch den "bösen Engel", der neben dem guten von Geburt an als EGO teilnimmt am Leben eines jeden Menschen. Dieses Ego ist nicht böse im moralischen Sinn, sondern weil es das ICH am Aufbau seines wahren unsterblichen Wesens hindern kann. Denn auch der feinstoffliche Leib muss ernährt und am Leben (bei Bewusstsein) erhalten werden. Da sich aber das EGO aus Elementalen aufbaut und ernährt, die aus den Eindrücken und Empfindungen stammen, welche die physischen Sinnesorgane liefern und irdisch ausgerichtet sind, ist es vom irdischen Körper abhängig. Wenn sich nun das ICH mit dem körpergebundenen Wesen des EGO identifiziert, statt dieses, genauso wie seine anderen Wesensglieder, als Teil von sich zu betrachten und entsprechend zu behandeln, wird es sich mit diesem beim Tod des Körpers auflösen und sein Bewusstsein verlieren. Denn jedes Elemental nimmt einen Teil seines Bewusstseins mit sich in jene Ebene, in die es eingeht, wenn sich der feinstoffliche Leib des Verstorbenen auflöst.

Wer dagegen imstande ist, sich mit seinen geistigen Fähigkeiten der Willens- und Vorstellungskraft einen Bewusstseinsträger zu schaffen, dessen Wesensteile er beherrscht, der wird damit sein Bewusstsein erhalten können. Auch diese geistige Grundlage seiner wahren Wesenheit ist den Elementen entsprechend vierpolig, wobei er selbst als schöpferisches ICH, als fünftes Element, seine vier Wesensglieder durchdringt, vereint und beherrscht.

Ich beschreibe im 3. BUCH eine völlig neue ritualisierte Technik, die erstmals auch die hermetische Anatomie bei der Erschaffung des unsterblichen Lichtkörpers berücksichtigt. Die "Schule der Seele" Dr. Lomers stützt sich auf die Methode der christlichen Mystik und ist als Vorübung sehr gut geeignet. Mit ihr schafft man sich die notwendige seelische Grundlage für den geistigen Überbau.

Das Kind in der Krippe ist das wahre ICHSELBST, das, wenn man es pflegt, zum Christus, zum unsterblichen Wesen seines Wesens wird. Es muss erst zur Welt kommen, also einem bewusst werden. Das geschieht, sobald man "mystisch erwacht", also sich SELBST erkennt und beobachtet. Dann muss es gepflegt und am Leben erhalten werden. Einmal "erwachen" genügt nicht. Das Kind muss wachsen, ehe man sich mit ihm dauerhaft identifizieren kann. Man vergisst sein wahres Wesen immer wieder. Die gnostische Hermetik kennt dazu die Übung des Wachseins, ich beschreibe sie noch eingehend im 3. BUCH. Das Wachsein ist für den inneren Christus genauso wichtig wie die Pflege der moralischen Tugenden. Die christliche Mystik erzählt die Geschichte auf dem Ölberg, als Petrus dreimal einschlief und seinen Christus vergaß. Es ist wirklich lohnend, das Christus-Mysterium von verschiedenen Seiten zu betrachten.

Ist das Kind einmal geboren, wird es durch die Übung des Wachseins zum Christus reifen. Das wache ICH BIN wird zu dem, der von sich sagte: "ICH BIN DER ICH BIN."

Die Bedeutung des "ICH BIN" war auch den Verfassern der heiligen Schriften bekannt. Laut Exodus 3,14 definierte sich Gott dem Moses mit den Worten "***Ich bin, der ich bin***", und auch

Jesus Christus verwendete nach den Aufzeichnungen des Johannes diese Formel, wenn er von sich redete:

Joh. Kap. 10, Vers 7
Ich bin *das Tor: So jemand durch mich eingeht, der wird selig werden, und er wird ein- und ausgehen und Nahrung finden*. Das bedeutet:
Die Vorstellung "**ich bin**" ist ein Tor: Wer durch dieses Tor geht kann sowohl im Diesseits als auch im Jenseits leben. Auf den Gedanken "ich bin“ gestützt, kann man ein- und ausgehen zwischen den Bewusstseinsebenen ohne das Bewusstsein zu verlieren.

Joh. Kap. 11, Vers 25,26
Ich bin *die Auferstehung und das Leben: Wer an mich glaubt, der wird leben, auch wenn er schon gestorben wäre. Wer da lebt und an mich glaubt, der wird nicht sterben in Ewigkeit*. Das bedeutet: Der Gedanke "**ich bin**" bewirkt die eigentliche Geburt und das bewusste Leben. Wer an sich glaubt, also erkennt, dass er ist, und sich das in der Vorstellung "**ich bin**" bewusst macht, der wird leben, auch wenn er schon gestorben wäre. Und wer da lebt und an sich glaubt und denkt "**ich bin**", der wird sein Bewusstsein nicht verlieren.

Wenn man in der Vorstellung "**ich bin**" das göttliche Erwachen im Menschen, den auferstandenen Sohn Gottes, den Christus sieht, dann könnte man auch sagen: "**Ich bin**" ist eine einzigartige magische Formel die jeden, der sie richtig ausspricht also bewusst erlebt, in höhere, geistige, "göttliche" Sphären erhebt. Wird doch auch das göttliche Bewusstsein, wie er angeblich selbst verkündete von der Vorstellung "ich bin" getragen.

Für den Gnostiker ist der Jesus Christus das fleischgewordene göttliche Prinzip das in der Wahrnehmung "**ich bin**" in einem Menschenkörper erwacht und sein Bewusstsein erlangen kann.

Mehr über das Mysterium des Erwachens in meinem 11. BUCH "An der Pforte zur letzten Latern".

Der Christus muss vom Kreuz genommen werden

"*Den Christus muss ich vom Kreuz nehmen*", schrieb Meyrink in sein Tagebuch, nachdem er das Christus-Mysterium erlebt hatte. Das wahre ICH SELBST, der CHRISTUS, wird von einem Bewusstsein getragen, das losgelöst ist von den irdischen Balken der vier Elemente. Es hängt nicht mehr leidend am Kreuz, sondern schwebt darüber oder steht davor, und seine Krone (Korona), der Horizont seines Blickfeldes, umfasst das Kreuz † mit einem Kreis O (krönenden Christus) ⊕. Das ist das Symbol für den geistigen Umraum des wahren Wesens, das neben dem Denken, Fühlen, Wollen und Dasein als Wahrnehmender und Gebieter über seine Wesenszellen und Glieder SELBST IST. Der von sich sagt: "ICH! bin, der ICH BIN."

Die Rosenkreuzer, Templer und Pansophen haben ihren Christus vom Kreuz genommen und anstelle des † Symbols dieses Sinnzeichen ⊕ verwendet. Der Umraum ist dabei vierdimensional zu denken. So wie man seinen physischen Körper von innen heraus mit allen Gliedern gleichzeitig empfindet, denkt man sich gleichsam als Mittelpunkt einer Seelenblase (Seelengarten), wo das ICH wie ein Auge alle Regungen und Gefühle als Bilder gespiegelt auf seiner Außenhaut erlebt und sich selbst erschaut. Es ist die Welt der Vorstellungen und Gefühle, die jeder auch schon zu Lebzeiten in der physischen Welt nur in sich erleben und wahrnehmen kann.

Macht und Kontrolle über diesen inneren Umraum zu gewinnen, war seit jeher das Ziel okkulter Schulung und religiöser Bestrebungen. Es gilt die Herrschaft über sich zu gewinnen, sich vom Kreuz zu lösen oder, wie Meyrink sagt: seinen Christus vom Kreuz zu nehmen.

Dazu müssen die geistigen Fähigkeiten geweckt und entwickelt werden. Aber es darf mit den bei der okkulten Schulung gewonnenen Fähigkeiten und Kräften nicht die einseitig irdisch ausgerichtete Seite des ICH, das als "EGO" die körperbedingten Interessen und Bedürfnisse vertritt, aufgebaut werden, sondern es muss das neue, wahre, geistig ausgerichtete ICH damit ausgestattet und gestärkt werden. Die Gaben des Geistes müssen dem Jesuskind, dem noch schwachen "neuen" ICHSELBST dargebracht werden. Indem man die erworbenen Fähigkeiten für seine Mitmenschen einsetzt und nicht für sich missbraucht, wird das Kind, das zum Christus heranwächst, genährt, gesalbt und gekrönt.

Das war der Sinn der Aussage: "Was ihr dem geringsten eurer Brüder getan habt, das habt ihr mir getan."

Das Denken, Fühlen und Wollen, die drei Geistesglieder, die gemeinsam das Bewusstsein tragen, werden symbolisch dargestellt in den drei Königen, die aus dem Morgenland kommen, um das Kind zu beschenken. Dieses andere Land ist die geistige Ebene, wo man unmittelbares Empfinden nicht als Bedrängnis fühlt, sondern als bildhaftes Erleben, das einem in Form von Vorstellungen gegenübertritt und so, objektiviert und auf Abstand gehalten, emotionslos wahrgenommen werden kann.

Aus dieser Welt stammen die Gaben, die dem Kind, das im Stall liegt, umgeben von Tieren, die nichts anderes als die dumpfen Triebe symbolisieren, die königliche Würde des Überirdischen zurück geben können.

Gold, Weihrauch und Myrrhe stellen die Symbole jener geistigen Reichtümer dar, die den Menschen durch die Vorstellungskraft, Willensmacht und das Mitgefühl über alle Wesenheiten, einschließlich seiner eigenen Wesensteile, erheben und zu deren Herrscher machen.

Bei der Geburt ist das wahre ICHSELBST schwach wie das Kind, durch das es in die Welt eintritt. Ohne diese Geistesgaben wächst nur die egozentrierte Seite des ICH, das EGO, das, wie ein Ochs im Stall des irdischen Weltgeschehens, alles in sich hineinfrisst, was die Welt ihm bietet.

Die meisten Menschen nähren durch ihr Denken nur ihre Triebregungen, anstatt ihr wahres ICH in Gedanken zu kleiden, bewusst zu erfassen und zu beleben. Selbst wenn durch ein magisches Ritual, eine Taufe oder eine Initiation die so genannte Neugeburt stattfand, muss die dadurch ins Bewusstsein gerufene Vorstellung des neugeborenen geistigen ICH weiterhin bewusst genährt und belebt werden, sonst bleibt das wahre ICH unbekleidet im toten Stroh irdischer Gedanken eingebettet liegen.

Die drei Könige kommen nur einmal, dann muss der Betreffende selbst die Gaben, die er erhalten hat, erwerben, indem er sie richtig anwendet. Dem Initiierten leuchtet dazu das Licht der bewussten Erkenntnis von Wahrheit, Gerechtigkeit und Mitgefühl, sobald er die ihm vermittelten Instruktionen in die Praxis umsetzt. Dem Nichtinitiierten leuchtet das Licht des Glaubens an das Wahre, Gerechte und Schöne aus dem unbewussten Wissen des Gewissens entgegen.

Daher sehen die Priester aller Religionen ihre Aufgabe darin, dieses Glaubenslicht zu entzünden und am Leben zu erhalten. Während solchermaßen die Religionen, indem sie den Glauben an die guten Mächte außerhalb des SELBST erwecken, den mystischen Weg weisen, bereiten die Orden und Logen den magischen Weg vor. Durch die Initiation und Verleihung von Würden und Graden wird das Selbstbewusstsein und damit der Glaube an die Macht des wahren ICHSELBST gestärkt.

Die christliche Tradition bietet durch ihre Lehre, Messrituale und Sakramente einen Einweihungsweg, der in der Priesterweihe seinen Höhepunkt findet und Magie und Mystik vereint.

Für den Eingeweihten birgt das christliche System wertvolle Quellen geistiger Erkenntnisse und höchst wirkungsvolle magische Praktiken, die nicht unterschätzt werden sollen. Gerade die Entwicklung der letzten Jahre zeigt wieder deutlich, dass sich einzelne katholische "Eingeweihte" dieser Kraft bedienen, um ihre Ziele zu erreichen. Was zum Beispiel die Macht von Kapital und Militär in Jahrzehnten nicht schaffte, das gelang dem polnischen Papst Woytila in wenigen Jahren. Durch seine Reisen schuf er ein unsichtbares Netzwerk christlicher Kraftplätze, die er mit dem Bodenkuss siegelte und mit der geballten Kraft, die von Hunderttausenden Gläubigen bei der Messe freigesetzt wurde, auflud. – Der Kommunismus war gestürzt, und der erste freigewählte Präsident Russlands ließ sich taufen. Dass die Welt damit nicht besser wurde, war allerdings vorherzusehen. Ich möchte auch nicht die christliche Kirche anderen Glaubensgemeinschaften vorziehen. Als Institution und Macht ist sie, mit allen ihren Glaubensrichtungen, genauso Werkzeug der negativen Mächte wie jede andere Religion.

Das ändert aber nichts an der Tatsache, dass man trotzdem aus dem Kraftquell christlicher Hermetik und dem Wissen, das die Tradition der Rosenkreuzer bietet, schöpfen kann. Die Erkenntnisse der westlichen Eingeweihten stehen unserem Denken näher als die östlichen Lehren oder der Schamanismus.

Aber der Prophet gilt nichts im eigenen Land. Und so murmeln tibetische Freizeitmönche Mantren, die sie nicht verstehen, rezitieren (getaufte) Sufis bei einem Gläschen Wein die Suren des Mohammed oder hebräische quabbalistische Zauberformeln. Synthetische Großstadtschamanen, die ohne jede Beziehung zur Natur aufgewachsen sind, werden in Gruppenreisen zu Kraftplätzen gekarrt, wo sie Baum- und Steingeister anrufen, um sich dann von indianischen Krafttieren (statt von Engelwesen, die der Menschenwürde weitaus eher entsprechen würden) in geistige Ebenen tragen zu lassen, die ihnen fremd sein müssen.

Anstatt mit Trommel und Rassel Energiequellen längst überwundener Urinstinkte anzuzapfen, kann man sich der akustischen Droge bedienen, die Mozart, Haydn, Bach und Wagner mit ihrer sakralen Musik schufen, und damit weitaus höhere Bewusstseinsstufen erreichen.

Die Menschheit hat sich weiter entwickelt. Nicht nur die Naturwissenschaft und die Technik machen ständig Fortschritte, auch die Geisteswissenschaft gelangt zu immer umfassenderen Erkenntnissen über das Wesen des Bewusstseins und die Zusammenhänge zwischen den Bewusstseinsträgern und den Hierarchien der Genien in den feinstofflichen Welten.

Das bedeutet nun nicht, dass alte Überlieferungen überholt und unmodern werden, sondern dass Dogmen, denen man früher gläubig folgte, heute eine anschauliche und logische Erklärung finden. Glaubensrichtungen und Riten, die nicht verstanden werden, weil sie einem fremden Kulturkreis oder Zeitgeist entstammen, sind für die hermetische Praxis nicht immer förderlich. Heute hat der Geistesschüler die Möglichkeit, aus einer Vielzahl von angebotenen

Einweihungswegen zu lernen und die gemeinsam verbindenden Elemente der magischen und mystischen Unterweisungen zu nützen, ohne sich dem Unbekannten auszuliefern oder sich einseitig einer bestimmten Richtung, Glaubensgemeinschaft, Sekte oder einem Orden zu verschreiben.

Es ist zwar ungemein hilfreich, den Anleitungen eines bewährten Systems zu folgen, und viele sind glücklich, wenn sie einen "Guru" oder eine Gruppe finden, bei dem oder in der sie sich umsorgt fühlen, aber der wahre Meister muss seinen eigenen Weg finden und schult sich selbst.

Daher sollen, und das gilt natürlich auch für die Instruktionen in meinen Meisterbüchern und in den von mir in diesem Buch empfohlenen "Wegweisern", von den Anweisungen nur jene befolgt werden, die dem Leser selbst für seine persönliche Entfaltung sinnvoll erscheinen. Ein frustrierter, aus der Kirche ausgetretener ehemaliger Jesuitenzögling zum Beispiel wird sich genauso wenig mit dem Christus-Symbol identifizieren können wie ein tibetischer Mönch.

Die Wegweiser sollen nicht einen Guru ersetzen, sondern den Weg zum inneren Meister weisen und jeden Guru überflüssig machen. Nicht dass eine Übung getreu nachvollzogen wird, ist wichtig, sondern zu erkennen, warum sie zu machen ist und was damit bewirkt wird, darauf kommt es an. Erst dann ist es möglich, sie bewusst durchzuführen.

Dr. Lomers Schule der Seele bezweckt die Stärkung der mystischen Macht des Bewusstseins. Die wird heute von den meisten Hermetikern zu Gunsten der "magischen" willensbetonten Wesenskraft vernachlässigt. Aber gerade durch Hingabe lernt man die wahre Stärke seines ICH und seine Schwächen kennen. Im 3. BUCH, Kapitel Mystische Transformation, gehe ich näher auf diese bedeutsame Tatsache ein.

Genauso wie magische Übungen erst nach Jahren die geweckten Kräfte beherrschen und nutzen lassen, dienen die mystischen Exerzitien als Vorbereitung für weitere wichtige Erfahrungen.

Die lichten und finsteren Gestalten, die sich aus den Taten des Menschen bilden und die, während die Seele sich löst, herbeieilen und als Genossen ihres Wandels und Zeugen ihrer Werke zugegen sind. (Hildegard von Bingen)

DIE MAGISCHE MACHT DER MYSTISCHEN KRAFT

Es gehört seit jeher zur hermetischen Tradition, dass das esoterische Gedankengut für jede Generation neu geschrieben wird. Ungefähr alle fünfzig Jahre wird das okkulte Wissen auf den neuesten Stand der Erkenntnisse gebracht und dem Zeitgeist angepasst, neu veröffentlicht.

So hat auch Dr. Lomer später die mystischen Anleitungen seiner "Schule der Seele", mit magischen Elementen versehen als "Lehrbriefe zur Entwicklung höherer Seelenkräfte", in einer neuen, zeitgemäßen Form herausgebracht. Während die "Schule der Seele" jedoch noch stark von Loyolas "Geistlichen Übungen" geprägt ist und viele christliche Elemente aufweist, lässt sein neues Werk schon deutlich den Einfluss der Hermetik des zwanzigsten Jahrhunderts erkennen. Dr. Lomer hatte inzwischen Franz Bardon kennen gelernt und wurde sicher von seinem Gedankengut befruchtet. Beide gehörten eine Zeit lang der selben Loge an und es ist leicht möglich, dass es sich ursprünglich, so wie bei den vorliegenden "Exerzitien für Freimaurer", um logeninterne Instruktionen handelte, die von beiden gemeinsam erarbeitet wurden.

Bardon übersetzte dann Dr. Lomers Lehrbriefe in verkürzter und verbesserter Form ins Tschechische. Nach Bardons Tod übersetzte Frau Votavova Bardons Version wieder ins Deutsche und Dieter Rüggeberg veröffentlichte diese Übersetzung unter dem Titel "Hohe Magie" im Anhang an den Roman "Frabato", Auflage 1979. Ich empfehle dringend, auch diese Ausführungen von Bardon: "Hohe Magie" zu lesen, sie ist weitaus besser als Dr. Lomers Original. Leider hat Rüggeberg diesen Anhang in den weiteren Auflagen weggelassen. Dr. Lomers "Lehrbriefe zur Entwicklung höherer Seelenkräfte" sind in einer Neuauflage im Rüggeberg Verlag erschienen.

Der Geist reift nach bestimmten Regeln

Dass ich gerade Loyolas und Lomers von christlicher Mystik geprägte, unzeitgemäß erscheinende Schriften an den Beginn des Meisterweges stelle, hat einen ganz bestimmten Grund:

Die ersten vier Wegweiser, die zum Meisterbuch führen, sollen auch den Weg erkennen lassen, der schon zurückgelegt wurde. Jeder, der sich heute mit den okkulten Wissenschaften beschäftigt, ist schon seit Jahrhunderten als Pilger unterwegs, wobei ihm anfangs nur das Licht des Glaubens den Weg erhellte.

Sein weiteres Suchen, Streben und die gewonnenen Erkenntnisse haben dann nicht nur ihn SELBST, sondern die Entwicklung der gesamten Geheimwissenschaften mitgeprägt und beeinflusst. Denn auch nicht veröffentlichte Gedanken beeinflussen über die Mentalebene das Denken aller Wesen. Und alle jemals gemachten Erfahrungen sind auch in der geistigen Wesensstruktur jeder neuen Inkarnation enthalten.

Aber so wie der physische Körper im embryonalen Zustand den Jahrmillionen dauernden Entwicklungsprozess in verkürzter Form nochmals nachvollzieht und der Fötus in den ersten Wochen alle Stadien seiner tierischen Epoche wiederholt, muss auch der feinstoffliche Leib die durchgemachten Erfahrungen in jedem Leben kurz wiederholen, um darauf bauen zu können. Wenn das nicht geschieht, ist mit einer einseitigen geistigen Entwicklung zu rechnen, vergleichbar mit den psychischen Fehlern, die auftreten können, wenn ein Kind in einer bestimmten Wachstumsphase nicht mit entsprechenden erzieherischen Maßnahmen konfrontiert wurde.

In den Einweihungsschulen der alten und neuen Tradition wird daher streng darauf geachtet, dass der Neophyt am Beginn seines Weges zuerst wieder die Elemente des Glaubens und der Demut, also die mystischen Wesenszellen, in sich aufnimmt, ehe er mit magisch ausgerichteten Willensübungen an seiner Vervollkommnung weiter arbeitet. Dabei versteht der Hermetiker unter Demut nicht Untertänigkeit, sondern die geduldige Bescheidenheit, den Platz, den man einnimmt, und die Aufgaben, die einem gestellt werden, gewissenhaft zu erfüllen.

Ohne Mystik keine Magie

Religiöse Mystik war und ist der erste Ausdruck geistigen Strebens der Menschen, die sich ihres Geistes bewusst sind, der sie über ihr erdgebundenes tierisches Dasein hebt und in Kontakt mit höheren Wesen bringt.

Der hoffnungsvolle Glaube, mit dem der Mystiker sich anfangs demütig den unsichtbaren Mächten zuwendet, wandelt sich dann auf Grund der positiven Erfahrungen in den unerschütterlichen Glauben des Magiers, der sich seiner eigenen Macht bewusst ist und sich selbst in die höheren Welten versetzen kann.

Magie und Mystik sind daher untrennbar miteinander verbunden und müssen gleichmäßig beherrscht und gepflegt werden. Darauf hat auch Franz Bardon, der letzte große Vertreter eines magischen Weltbildes, immer wieder hingewiesen.

Erst durch eigene mystische Erlebnisse bekommt man die Einblicke, wie sich die Geheimwissenschaft des Abendlandes vom religiös-mystischen, über das gnostisch-magische Denken zum heutigen Weltbild der "gnostischen Hermetik" entwickelt hat. Man erlebt dann, dass, entgegen der unterschiedlichen Schwerpunkte am Beginn des geistigen Aufbruchs der Menschheit, heute sowohl Magie als auch Mystik gleichermaßen die Grundlage einer echten okkulten Schulung bilden müssen. Ohne Mystik ist keine Magie möglich, und umgekehrt braucht der Mystiker die innere Stärke des Magiers.

- **Mystische Empfindungen bewirken die Entfaltung von Seelenwesenszellen, die für die geistige Selbstvervollkommnung genauso wichtig sind wie die Funktion des Willens oder der Vorstellungskraft.**

Aus der hermetischen Anatomie ist bekannt, dass jedes Gefühl der Ausdruck eines Wesensgliedes ist und auf den feinstofflichen Ebenen die Aufgabe eines Sinnesorgans erfüllt. Im 3. BUCH wird das eingehend erklärt und gezeigt, wie zum Beispiel erst das Gefühl der Seelenempfindung "Hochachtung" dem geistigen ICHSELBST ermöglicht, mit übergeordneten Wesen den ersten Kontakt aufzunehmen. Die höheren Ebenen lassen sich nicht gewaltsam erobern, sondern erschließen sich nur dem, der seinen Platz in der Hierarchie kennt, ihn ausfüllt und von dort aus zu dem Übergeordneten bescheiden aufblickt. Wer auf Grund falscher Erziehung oder angeborener Unbescheidenheit nie in sich das Gefühl der Hochachtung, sei es vor seinem Vater, Mutter, Lehrer oder Priester, erweckt hat, der wird sich schwer tun, dieses Gefühl dem Geist, der das kosmische Weltgeschehen belebt, entgegenzubringen, und kann auch nicht in die Bewusstseinsregion dieses Geistes eingehen.

Mystik ist daher nicht mit Schwäche oder Weltflucht zu verwechseln. Aber die Welt und ihre Reize vermögen den Mystiker nicht mehr zu fesseln. Er hat eine Welt entdeckt, die ihm mehr bietet. Der Mystiker weiß: Die Gedankenkraft, die man auf Irdisches richtet, statt sich mit den Dingen zu beschäftigen, die dem Bewusstsein höhere Welten erschließen, fehlt der geistigen Entwicklung.

Das Denken, Fühlen und Wollen muss sich zu einem Bewusstsein vereinen, das nichts anderes denkt, fühlt und will, als einzudringen in die geistige Welt. Das Fühlen muss durchdrungen sein von einer unbändigen, schier unstillbaren Sehnsucht nach der anderen Welt und darf sich nicht gleichzeitig zersehnen nach einem Liebespartner oder Geld oder Macht. Die Kraft, welche die entsprechenden Elementale zum Bild eines geliebten Menschen oder begehrten Gutes formt, muss statt dessen Bilder von erstrebenswerten Geistesfähigkeiten zeichnen, damit die Macht der Liebe diese belebt, näher bringt und realisiert.

Geistige Exerzitien sind mit einer Gehirnwäsche vergleichbar, durch die völlig neue Bewusstseinsträger aufgebaut werden.

- Wer mit aller Willens-, Wunsch- und Gedankenkraft nach geistig-seelischer Vervollkommnung strebt, wer in einsamen Stunden leer ist von irdisch ausgerichteten Hoffnungen und keine besonderen Bedürfnisse für sich mehr hegt, der erlebt, wie sehr bald statt der gewohnten Phantasien und Wünsche eine andere "Geliebte" das Bewusstsein erfüllt. Es ist die Personifizierung des geistigen Reiches, das sich einem voll Leben wesenhaft eröffnet, bereit zur Vermählung, zur mystischen Hochzeit.

- Da ist kein Allein-Sein, alles ist beseeltes Bewusstsein, das zu einer Einheit verschmilzt, in die sich der Mystiker aufgenommen fühlt. Eine innere Geborgenheit umfängt ihn, aus deren friedvoller Stille er ungeahnte Ausblicke genießt.
- Ohne magische Schulung würde sich der Mystiker dabei in passivem Schauen verlieren, wie das in manchen Meditationen auch geschehen kann. Trotzdem ist der Aufbau dieser passiven Wesensseite nötig, um seelisch aufnahmebereit zu sein.

Dabei besteht die mystische Empfindung, aus der sich jenes feinstoffliche Wesensglied und Seelenorgan formt, das imstande ist, das Bewusstsein in höhere Welten zu tragen, aus verschiedenen Gefühls-Elementalen, deren Pflege zur mystischen Schulung gehört.

Es ist das Gefühl des Gelöstseins von aller irdischen Schwere, das man in Meditationen und bei guter Musik verspürt, wenn man sich hingibt. Es ist das Gefühl der Reinheit und Unschuld, das man in sich strömen fühlt, sobald man in der Einsamkeit der Natur den Abstand zur Welt gefunden hat und sich öffnet. Es ist das Gefühl der weihevollen Würde und Kraft, das überströmt auf alten Kultplätzen, in Kathedralen und Tempeln, sobald man vertrauensvoll und demütig hochblickt zur Weisheit, Stärke und Harmonie, die dort jeden schützend empfängt, der in diesen Räumen, die der Göttlichen Vollkommenheit gewidmet sind, sich selbst vergessend ruht.

Der Wunsch nach Hingabe, der am Beginn eines mystischen Weges noch durch Opfer, Selbstlosigkeit und Nächstenliebe bewusst verstärkt wird, mündet plötzlich nicht mehr in einen Akt des Gebens, sondern der Mystiker bekommt und wird beschenkt.

Die bewusste Ausweitung des ICHSELBST in jene geistigen Bereiche bewirkt ein spezielles Glücksempfinden, das irdische Freuden nie vermitteln können. Die überschwänglichen Schwärmereien der Mystiker aller Religionen sind keine Phantasien, sondern beschreiben die reale Stimmungslage, aus der heraus sich einem die geistigen Welten erschließen.

Aber nicht das Verschmelzen und das Eindringen in andere Ebenen verursachen die Verzückung, sondern sie ist als Stimmungslage nötig, um das Tor zu öffnen. Wenn mystische Empfindungen nicht auf beherrschten reinen Wesenszellen ruhen, wird das Bewusstsein weggetragen wie im Drogenrausch und löst sich auf. Das Glücksgefühl, das zum Beispiel ein Sonnenaufgang im Gebirge auslösen kann, gleicht zwar dem Gefühl der Freiheit, das man bei außerkörperlichen Erfahrungen erlebt, wo sich statt irdischer Weite geistige Welten erschließen, aber es ist nicht Ziel des Mystikers, in einer Stimmung aufzugehen. Die durch die Hingabe möglich gewordene Ausweitung und Anteilnahme an der Wesenhaftigkeit anderer Ebenen ist es, die der Mystiker anstrebt, und damit gleicht er dem Magier.

Leider bleiben viele Mystiker in ihren euphorischen Gefühlen stecken, statt sich von ihnen hochtragen zu lassen und dann auszusteigen. Sie haben nicht gelernt, ihre Gefühle durch die magische Schulung der Selbstbeherrschung in geistige Sinnesorgane umzuformen und zu kontrollieren.

Der Yogi, der glaubt, im Nirwana zu sein, die Heilige, die sich mit Jesus vermählt fühlt, sie bleiben stehen an der Schwelle dieser Welt und blicken nur in ihren eigenen Seelengarten, auf die Wesenszellen ihres eigenen Seelenleibes, und nicht in andere Welten.

Würde der Mystiker auf dieser Stufe seinen Körper ablegen und, getragen von diesen Wesenszellen, tatsächlich in die entsprechende Ebene, der diese Elementale angehören, eingehen, er würde als Wesenszelle dieser Intelligenz sich mit dem Bewusstseinsinhalt dieser Ebene identifizieren, in deren Bewusstsein aufgehen und damit sehr bald die Anlage zur Vollkommenheit verlieren. Politische oder religiöse Fanatiker befinden sich schon zu Lebzeiten in dieser bedauernswerten Situation und merken es nicht.

- Daher ist, um nicht die Selbstkontrolle zu verlieren, neben den mystischen Übungen auch eine magische Schulung durchzumachen. So wie der Magier ohne Mystik in Selbstherrlichkeit vereinsamt und verhärtet, würde der Mystiker sich verlieren, wenn er nicht lernt, die sich ihm öffnenden Welten mit einem starken, bewusst gestalteten SELBST zu durchwandern. Meine Anleitungen im 3. BUCH werden zeigen, wie dieses wahre ICHSELBST aufzubauen ist. Man kann nur jene Mächte außer sich beherrschen, die man zuvor in sich beherrschen gelernt hat. Umgekehrt konnte ich sehr oft beobachten, dass sich Esoteriker, die sich längere Zeit einseitig einer magischen Schulung unterzogen, gegen Ende ihres Lebens plötzlich genauso einseitig einer mystischen Richtung zuwendeten und auf eine einfältige sektiererische Weise zu frömmeln begannen. Die zuvor vernachlässigte unterdrückte Wesenskraft bricht doch irgendwann hervor und schafft damit erst recht ein Ungleichgewicht.
- Es ist daher ungemein wichtig, gleich zu Beginn seines Entwicklungsweges darauf zu achten, dass keine Schwerpunkte entstehen und man sowohl der Magie als auch der Mystik die gleiche Aufmerksamkeit widmet.

Wissenschaft und gnostische Hermetik

Genauso wie sich die okkulten Wissenschaften weiterentwickelt haben, macht auch der Geistesschüler seine Fortschritte. Die Hermetik unterscheidet dabei ganz bestimmte Erkenntnisstufen, zu denen jeder im Laufe seines Weges gelangt.

Mit erlernbarem Wissen hat das wenig zu tun. Ab einer bestimmten Reife sind neue Erkenntnisse nur noch durch eigene Forschung und Inspiration von geistigen Führern möglich. Diese praktischen Erlebnisse sind der wahre Spiegel des geistigen Fortschritts. Sie setzen aber nicht nur ganz bestimmte okkulte Fähigkeiten, die sich im Laufe der Zeit auf Grund der hermetischen Schulung einstellen, voraus.

- Den wahren geistigen Entwicklungszustand erkennt man daran, wie man das Leben meistert und wie man mit seinen Mitmenschen umgeht.

Man hat deshalb die hermetische Wissenschaft auch Königliche Kunst genannt. Sie erfordert neben Wissen auch Begabung und vor allem praktische Arbeit, sowohl im Labor als auch im Leben. Diese Arbeit kann keinem abgenommen werden. Wer den hermetischen Weg beschreitet, ist am letzten Wegabschnitt auf sich allein angewiesen.

Trotzdem bietet die gnostisch-hermetische Tradition Wegweiser an, die jedem als Licht seinen persönlichen Weg weisen und erhellen können. Diesen soll aber nicht blind gefolgt werden. Sie können nur die Richtung weisen und die eventuell noch vorhandenen Schwachstellen bisher vernachlässigter Wesensstrukturen besser erkennen lassen.

Aus dem übergroßen Angebot einschlägiger esoterischer Fachliteratur muss sich heute jeder Geistesschüler das selbst heraussuchen, was ihm besonders wichtig erscheint, und daraus ein Übungsprogramm, entsprechend seinen persönlichen Schwächen und Stärken, zusammenstellen.

Nur wer imstande ist, sich selbst zu erkennen, und ohne Guru oder Gebrauchsanweisung eines okkulten Lehrwerks, ohne Wegleitung eines Ordens oder einer Logen-Gemeinschaft die nötigen Schritte für sich planen kann, darf sich Meister nennen. Wer dazu noch der Führung eines anderen Meisters bedarf, hat seinen Weg noch nicht gefunden.

Ich möchte mit den Unterweisungen im 3. BUCH dem Leser einen Weg zeigen, der ihn auch seinen persönlichen Meisterweg erkennen und beschreiten lässt. Ich beschreibe darin erstmals die Praxis der alchemistischen Transformation, mit der die Urqualitäten der Seelenelemente zu neuen geistigen Wesenszellen umgewandelt werden. Damit wird nicht nur gezeigt, wie man sich den Lichtleib seines wahren ICHSELBST gestalten kann. Die Techniken und Rituale ermöglichen auch die Nutzbarmachung der

Seelen-Urenergie (der grobstofflichen Kernenergie vergleichbar) und rufen Kräfte wach, die den, der sie beherrscht, zu einem wahren "Meister seiner Elemente" macht. Die hermetische Wissenschaft steht damit am Beginn einer geistigen Molekularbiologie, deren "feinstoffliche Gentechnik" der Menschheit wieder die Herrschaft über sich und alle Wesen auf den geistigen Ebenen sichern kann.

Auch die hermetischen Wissenschaften entwickeln sich weiter

Die Geheimwissenschaft macht genauso Fortschritte wie die so genannte Naturwissenschaft. Denn anders als die im Dogma erstarrte religiöse Tradition ist die Hermetik offen für die neuen Erkenntnisse, die sich laufend aus der praktischen Anwendung des okkulten Wissens ergeben. Parallelen zu den Naturwissenschaften sind nicht zufällig, sondern ergeben sich aus dem Analogiegesetz "wie oben, so unten", was besagt, dass alles, was sich auf den feinstofflichen Ebenen abspielt, seine Entsprechung im irdischen Bereich findet, und umgekehrt.

So ist vermutlich zur Zeit des ersten Ackerbaus das kosmische Bild vom Paradies und Lebensbaum entstanden. Dann, mit dem Entstehen der Baukunst, wurde Gott als großer Baumeister verehrt und der Mensch sah sich als Tempel Gottes. Im Zeitalter der Technik verbreitete sich mit dem kausalmechanistischen Wirtschaftsdenken der Materialismus, der zuletzt selbst den Mechaniker Gott aus dem "kosmischen Uhrwerk" Universum verbannte und dafür seine irdischen Naturgesetze zur "Religion" erhob.

Der Materialismus erreichte seinen Höhepunkt mit der Erfindung des Computers. Unbelebte Mechanik ist scheinbar imstande, geistige Arbeit zu leisten. Wieder übertrug man die hier gewonnenen Erkenntnisse auf ein Erklärungsmodell für geistige Welten. Das Jenseits wurde zu einem dünneren Diesseits, in dem statt Göttern, Engeln und Dämonen Kraftfelder, Wellen und Energien die Programme geistiger Prozesse steuern. Das persönliche Bewusstsein ist zum Bildschirm erstarrt (was dem Akashaprinzip entsprechen würde).

Als es mit der Holographie gelang, dreidimensionale Bilder herzustellen, entstand gleichzeitig mit dieser Technik das holographische Weltbild. So wie die holographischen Bilder auf einer zweidimensionalen Fläche drei Dimensionen zeigen, wird nun das Jenseits, aus der dreidimensionalen Welt von seiner richtigen Seite, nämlich vom Mittelpunkt aus, vierdimensional dargestellt. Auch wenn vorerst Engel, Dämonen und die Verstorbenen keinen Platz in diesem holistischen Weltbild finden, wurde damit doch die Möglichkeit eines allgegenwärtigen Mittelpunktes eines jeden denkbaren Ortes und damit ein möglicher Standplatz für ein unsterbliches Bewusstsein ins Auge gefasst. Damit wurde auch die vierte Dimension wiederbelebt.

Mit der Molekularbiologie und Gentechnik hat die moderne Wissenschaft einen neuen Höhepunkt erreicht.

Und wieder zeigt sich, dass die Entdeckungen der Naturwissenschaft und Technik analog den Erkenntnissen der Geheimwissenschaft verlaufen und eine wechselseitige Befruchtung besteht. Denn im selben Ausmaß, wie die Gentechnik in die Lebensprozesse der Mikrowelten verändernd einzugreifen vermag, beginnt man zu erkennen, dass auch die Seele als Organismus aufzufassen ist, der, je nach Zusammensetzung seiner Wesenszellen, ganz unterschiedliche Charaktereigenschaften besitzt, die direkt beeinflusst werden können.

So wie man heute von innen heraus mit der Gentechnik die Lebensstruktur verändern kann, ist der Hermetiker imstande, durch Umwandlung der Urqualitäten seiner Elementale die Bewusstseinsstruktur des Geistes zu verändern. Damit kann er direkt in sein Wesen (und in das Wesen anderer Intelligenzen) eingreifen. Der moderne Hermetiker ist nicht mehr Alchemist, sondern geistiger Mikrobiologe, der die vier Elemente in die Urqualitäten zerlegt.

Zwar hat schon Paracelsus die seelische Grundstruktur mit den vier Elementen beschrieben und C. G. Jung diese Quaternität des Geistes als notwendige Grundlage des Bewusstseins hervorgehoben, aber erst die hermetische Psychologie, siehe 3. BUCH, erklärt den Aufbau der vier Wesensglieder und die Kybernetik ihrer psychophysischen Kraftfelder aus der Wechselwirkung geistiger Kleinstwesen, die dem Willen und der Vorstellungskraft des Menschen folgen.

Die im Gehirn angelegten neuronalen Netzwerke und Nervenzellenverschaltungen sind keine Einbahnstraße. Sie dienen sowohl dazu, die Eindrücke aus der grobstofflichen Ebene dem Bewusstsein (auf der mentalen Ebene) zuzuführen, als auch mit Vorstellungen und Willensimpulsen den Zustand des Gehirns und der Hormone zu verändern.

Der Mensch und die Götter

Würde man es in Zukunft der Mikrobiologie überlassen, den Charakter und damit das Bewusstsein mit physischen Mitteln wunschgemäß zu verändern, dann hätte das weit üblere Folgen für die Menschheit als der Drogengebrauch. Die Menschen würden dann tatsächlich verlernen, ihre Seelenmuskeln zu trainieren, und könnten sehr bald die Macht ihres Geistes nicht mehr einsetzen.

Sie würden vollends zu Melkkühen ihrer Götter degenerieren, und, gleich den ICH-losen schlaffen Drogen-Zombies, die sich beim Alkohol- und Haschkonsum völlig in Ordnung fühlen, gar nicht merken, dass sie nur noch bedauernswerte Karikaturen ihres wahren SELBST sind.

Nicht nur der Glaube hält die Götter und Dämonen am Leben. Auch die Elementale, also die Gedankenbilder die sich zu Gefühlskomplexen und Schemen verdichten und frei werden, sobald man die Herrschaft über sie, also über sich selbst verliert, ernähren sie. Diese geistigen Kleinstwesen sind die eigentliche Nahrung und bewusstseintragende Lebensgrund-

lage der feinstofflichen Welten. Sie werden ausschließlich über den lebenszündenden alchemistischen Prozess im Tier und Menschenkörper aus der Materie befreit und in die feinstofflichen Ebenen zurückgeführt.

Aber so wie die Tiere zum Schlachtvieh der Menschen wurden, werden dabei immer mehr Menschen zu Melkkühen der Götter und Schatten. Die bewusste Seelenschulung ist daher heute wichtiger ist als je zuvor.

Hatte man früher versucht, unerwünschte Eigenschaften mittels Askese zu unterdrücken, so ist es heute den Transformationstechniken der gnostischen Hermetik möglich, diese geistigen Komplexe direkt umzuwandeln. Trotzdem muss man dazu auch die okkulten Methoden der Vergangenheit beherrschen. Die frommen Übungen der mystischen Tradition sind daher genauso wenig unmodern wie das Einmaleins für den Informatiker.

ANHANG

Wenn ich im Anhang die Exerzitien für Freimaurer mit einer Kurzfassung der Exerzitien der Jesuiten ergänze, dann weniger, um diese als Übungen zu empfehlen, sondern um aufzuzeigen, dass die hermetische Wissenschaft keine konfessionellen Grenzen kennt: Es gibt nur eine Möglichkeit der geistigen Vervollkommnung, nämlich die, dass man bewusst seine Geist- und Seelenmuskeln trainiert. Dies geschieht immer über gezielte Imagination, Konzentration und die bewusste Schulung der Willenskraft und Hingabefähigkeit. Genau das aber wird auch durch die Exerzitien des Loyola bewirkt.

Für die Praxis in der heutigen Zeit sind jedoch die Anleitungen des Franz Bardon und die im 3. BUCH beschriebenen Transformationstechniken der gnostisch-hermetischen Tradition besser geeignet als die von religiösen Dogmen geprägten Übungen des christlichen Mystikers.

Jene Leser aber, die gerade eine mystische Phase ihrer Entwicklung erleben, sowie religiös veranlagte Hermetiker mögen sich getrost eine Zeit lang mit der magischen Askese des Loyola oder mit der auf seinen Übungen basierenden "Schule der Seele" des Dr. Lomer beschäftigen.

Die Christen erhoffen sich die Erlösung der Seele durch die Gnade Gottes. Die Gnostiker dagegen, und sie wurden deshalb verteufelt, meinten, man kann auch allein, durch Selbsterkenntnis, sein Seelenheil erlangen. Beide Wege sind, die Erfahrung bestätigt es, einseitig und haben mehr Phantasten als Adepten oder Heilige hervorgebracht.

Die Tradition der gnostischen Hermetik dagegen schult Geist und Seele gleichermaßen. Der Hermetiker übt neben Selbsterkenntnis auch Selbstbeherrschung, Selbstlosigkeit und Selbstbewahrung seines Bewusstseins. Er macht das für den noch unvollkommenen Menschen einzige Zugängliche, hautnah Spürbare und unverfälscht Erfahrbare des Geistes, das wahre

ICHSELBST, zu seinem Studium und zugleich zum Werkstück, das er bewusst und gezielt bearbeitet. Er beobachtet sich selbst "erwacht", und indem er erwacht und sein SELBST erkennt und nun seine feinstofflichen Wesenszellen bewusst veredelt, gelingt es ihm, neue, vollkommenere Wesensglieder für ein bewusstes Erfassen der feinstofflichen Welten und Wesen auszubilden. So wird sein ICHSELBST zu seiner Welt, in der er wie ein Schöpfer aus der Mitte wirkt.

DIE ÜBUNGEN DER JESUITEN
Eine systematische Selbst-Disziplinierung

HANS LIENHARD

Die Uebungen der Jesuiten

Eine systematische Selbst-Disziplinierung

BBG

Preis Fr. 1.— Buch und Bildung 2

Buch- und Bildungsgenossenschaft Zürich 32 1949

Freiestrasse 165 - Postcheck-Konto VIII 10269 - Telephon 34 26 10

Die Himmelsleiter der Jesuiten

I. EINLEITUNG

1. Loyola und seine Exerzitien

Ignatius von Loyola (1491-1556) war ein spanischer Edelmann, der sich nach einer schweren Verwundung vom weltlichen zum geistlichen Soldaten wandelte. Er verteilte seine Güter unter die Armen, wurde u. a. als Sektierer eingesperrt, gründete den Jesuiten-Orden und wurde nach seinem Tode heilig gesprochen.

Loyola erwies sich mindestens als großer Psychologe und Organisator. Er hat ein Büchlein über "Geistliche Übungen" verfasst, das einen systematischen Feldzugsplan zur Unterwerfung der ungeordneten menschlichen Triebe darstellt. Loyola ist ein Kenner der menschlichen Seele und Meister in ihrer Beeinflussung. Viele seiner Ratschläge in den "Exerzitien" finden wir heute unter anderem Namen in den modernen "Erfolgs-Schulen".

Meyers Konversations-Lexikon, Ausgabe 1887, schreibt nun allerdings, diese Übungen seien "ganz dazu angethan, alle Willensfreiheit gänzlich niederzuschlagen und einen teils schwärmerisch fiebernden, teils leidenden Gemütszustand zu erzeugen..." Das ist natürlich auch ein Standpunkt. Es ist ferner eine natürliche und immer wieder zu beobachtende Tatsache, dass das Genie vielen Durchschnittsmenschen als "verrückt" erscheint. Es ist eben wirklich weggerückt von der Durchschnittsebene – aber doch wohl auf eine höhere.

Jedenfalls bleiben die "Exerzitien" von Loyola eine Fundgrube für psychologische Erkenntnisse. Wer konfessionell oder weltanschaulich auf anderem Boden steht, muss nur Sprache und Bilder von Loyola in die eigene Ausdrucksweise "übersetzen" können. Eine gute deutsche Ausgabe der "Exerzitien" ist 1946 von Hans Urs von Balthasar im Verlag Josef Stocker, Luzern, herausgegeben worden.

2. Der Jesuiten-Orden

Die erstaunliche Kraft, die im Jesuiten-Orden (Gesellschaft Jesu) seit Jahrhunderten wirksam geworden ist, darf mindestens zum

Teil mit diesen "Exerzitien" in Zusammenhang gebracht werden. Als Beichtväter von Staatslenkern und durch ihre Missionserfolge haben die Jesuiten oft politische Macht erlangt. Man trifft sie auch in fast allen Zweigen der Wissenschaft. Gegen tausend Mitglieder dieses Ordens haben ihre irdische Laufbahn als Blutzeugen abgeschlossen. Der Orden wurde sozusagen abwechslungsweise privilegiert und verboten. In der Schweiz stand er mit dem Sonderbundskrieg 1847 in Zusammenhang und ist seither verboten.

Die Jesuiten kennen neben den drei allgemeinen Ordensgelübden der Armut, der Keuschheit und des Gehorsams noch ein viertes: auf Wunsch des Papstes jede kirchliche Sendung auszuführen.

Im folgenden lassen wir Loyola, soweit möglich, selbst zu Wort kommen, indem wir aus seinem Übungsbüchlein das zusammenstellen, was auch für den Außenstehenden nützlich sein kann.

II. ZWECK UND ZIEL

1. Der Sinn des Lebens

Der Mensch ist geschaffen dazu hin, Gott, unseren Herrn zu loben, ihm Ehrfurcht zu erweisen und ihm zu dienen, und mittels dessen seine Seele zu retten.

Die anderen Dinge auf Erden sind zum Menschen hin geschaffen, und um ihm bei der Verfolgung seines Zieles zu helfen, zu dem hin er geschaffen ist. Daraus folgt, dass der Mensch sie soweit zu gebrauchen hat, als sie ihm zu seinem Ziele hin helfen, und soweit zu lassen, als sie ihn daran hindern.

Darum ist es notwendig, uns allen geschaffenen Dingen gegenüber gleichmütig zu machen, dergestalt, dass wir von unserer Seite Gesundheit nicht mehr als Krankheit begehren, Reichtum nicht mehr als Armut, Ehre nicht mehr als Ehrlosigkeit, langes Leben nicht mehr als kurzes, und dementsprechend in allen übrigen Dingen einzig das ersehnend und erwählend, was uns jeweils mehr zu dem Ziele hin fördert, zu dem wir geschaffen sind.

2. Der Sinn der Übungen

Die geistlichen Übungen sollen dich lehren, dich selbst zu überwinden und dein Leben zu ordnen, ohne dich durch irgendeine Neigung bestimmen zu lassen, die ungeordnet wäre.

Unter geistlichen Übungen versteht man jede Art, das Gewissen zu erforschen, sich zu besinnen, zu betrachten, mündlich und im Geiste zu beten und andere geistige Tätigkeiten, wie sie sich aus der folgenden Darstellung ergeben. Sie müssen die Seele dazu bringen, alle ungeordneten Hinneigungen von sich zu tun, und nachdem sie abgelegt sind, den göttlichen Willen zu suchen und zu finden in der Einrichtung des eigenen Lebens zum Heile der Seele.

III. ALLGEMEINE WEISUNGEN

1. Abgeschiedenheit und Konzentration

Der Übende wird für gewöhnlich um so mehr vorankommen, je mehr er sich abseits abscheidet von allen Freunden und Bekannten und von aller irdischen Sorge, indem er zum Beispiel das Haus verlässt, das er bewohnt hat, und sich ein anderes Haus oder Zimmer wählt, um daselbst so zurückgezogen als möglich zu leben.

Indem er so abseits abgeschieden steht, und seine Einsicht nicht auf die Vielfalt der Dinge zersplittert, sondern seine ganze Sorge auf eine einzige Sache richtet: seinem Schöpfer zu dienen und in seiner eigenen Seele voranzukommen, bedient er sich seiner natürlichen Fähigkeiten in größerer Freiheit.

Je mehr sich unsere Seele allein und abgeschieden findet, um so geeigneter macht sie sich, ihrem Schöpfer und Herrn zu nahen und an Ihn zu rühren, und je mehr sie sich so an Ihn bindet, um so mehr stellt sie sich bereit, Gnaden und Gaben zu empfangen von Seiner Göttlichen Güte.

2. Lehrer und Schüler

Damit sowohl der, der die geistlichen Übungen gibt, wie der, der sie empfängt, einander jeweils mehr helfen und fördern, haben sie vorauszusetzen, dass jeder gute Christ mehr bereit sein muss, eine Aussage des Nächsten zu retten, als sie zu verdammen. Vermag er sie aber nicht zu retten, so forsche er nach, wie jener sie versteht, und wenn er sie übel versteht, so verbessere er ihn mit Liebe.

Der Lehrer soll den Stoff mit kurzer und inbegriffshafter Erklärung darstellen. Denn wenn der Übende ihn selbständig überdenken und auf seinen Grund dringen kann, und wenn er dabei selbst irgendetwas findet, was die Geschichte ein wenig mehr erhellt und kosten lässt, so gewährt dies mehr Geschmack und geistliche Frucht, als wenn der Lehrer viel erklärt hätte. Denn nicht das Vielwissen sättigt die Seele, sondern das Fühlen und Kosten der Dinge von innen.

Der Exerzitiengeber darf den Empfangenden nicht mehr zu einer Lebensweise oder zu einem Versprechen hin bewegen, als zu deren Gegenteil. Denn innerhalb der geistlichen Übungen ist es beim Suchen des göttlichen Willens mehr entsprechend, dass Er selber, der Schöpfer und Herr, sich seiner Ihm hingegebenen Seele mitteile. Dergestalt, dass der Exerzitiengeber sich weder zu der einen noch zu der anderen Seite hinwende, sondern, in der Mitte stehend wie eine Waage, unmittelbar den Schöpfer mit seinem Geschöpf wirken lasse und das Geschöpf mit seinem Schöpfer und Herrn.

3. Vorbereitungen

a) Vorbereitungsgebet

Das Vorbereitungsgebet ist: von Gott unserem Herrn die Gnade erbitten, dass alle meine Absichten und Handlungen rein im Dienst und in der Verherrlichung seiner Göttlichen Majestät geordnet seien. Vor allen Übungen und Betrachtungen ist stets dies Vorbereitungsgebet zu verrichten, das immer dasselbe bleibt.

b) Einstellungen

Der eigentlichen Betrachtung gehen zwei oder drei "Einstellungen" voraus:

- **Die 1. Einstellung** ist die Vergegenwärtigung des Vorganges. Bei der Besinnung über die zwei Banner z.B.: wie Christus ruft und alle unter sein Banner zu sammeln wünscht, Luzifer im Gegenteil unter das seine.
- **Die 2. Einstellung** ist die Zurichtung des Schauplatzes. Bei der Besinnung über einen sichtbaren Gegenstand, wie etwa beim Anschauen Christi, besteht die Zurichtung darin, mit der Schau der Einbildung den leiblichen Ort zu sehen, an dem sich die zu betrachtende Sache befindet (z. B. einen Tempel, Berg usw.).
- **Die 3. Einstellung** ist: Bitten um was ich begehre. In der Betrachtung über die Sünden wird Beschämung und Zerknirschung über mich selbst zu erbitten sein. In der Betrachtung der Passion sind Leiden, Tränen, Folter mit dem gequälten Christus zu erbitten. In der Betrachtung von der Auferstehung ist Freude mit dem sich freuenden Christus zu erbitten.

4. Anwendung der Sinne

In den Übungen wird die Einbildungskraft weitgehend eingespannt, wie schon aus der oben erwähnten "Zurichtung des Schauplatzes" zu ersehen ist. Mit allen fünf Sinnen, mit Leib und Seele, soll der Übende die Betrachtungen erleben. Als Beispiel diene die Besinnung über die Hölle:

- Der erste Punkt wird sein: Sehen mit der Schau der Einbildung die großen Flammen, und die Seele wie in brennenden Leibern.
- Der zweite: Hören mit den Ohren, Weinen, Wehklagen, Geheul, Geschrei, Lästerungen.
- Der dritte: Riechen mit dem Geruch, Rauch, Schwefel und Faulendes.
- Der vierte: Schmecken mit dem Geschmack bittere Dinge wie Tränen, Trübsal und den Wurm des Gewissens.
- Der fünfte: Tasten mit dem Getast, wie die Feuergluten die Seelen erfassen und entzünden.

5. Gespräche mit Gedankengästen

Den Abschluss der Übung bildet meist ein Gespräch mit Christus, dem Vater oder mit Maria. So ist z.B. nach der 1. Übung vorgesehen: Christus Unseren Herrn sich gegenwärtig und am Kreuze hängend vorstellen und ein Gespräch halten: wie Er denn als Schöpfer dazu kam, Sich zum Menschen zu machen. Das Gespräch wird mit richtigen Worten gehalten, so wie ein Freund mit seinem Freunde spricht oder ein Knecht zu seinem Herrn, bald um Gnade bittend, bald sich wegen eines begangenen Fehlers anklagend, bald sein Anliegen mitteilend und dafür Rat erbittend. Und ein Vater Unser beten.

In weltlicher Form hat solches auch Goethe praktiziert (Dichtung und Wahrheit 13. Buch): Er pflegte nämlich, wenn er sich allein sah, irgendeine Person seiner Bekanntschaft im Geiste zu sich zu rufen. Er bat sie niederzusitzen, ging an ihr auf und ab, blieb vor ihr stehen und verhandelte mit ihr den Gegenstand, der ihm eben im Sinne lag. Hierauf antwortete sie gelegentlich oder gab durch die gewöhnliche Mimik ihr Zu- oder Abstimmen zu erkennen.

Broder Christiansen (z.B. "Wege zum Erfolg", Reclam) hat solche Unterhaltung mit Gedankengästen weiter ausgebaut.

6. Selbstprüfungen

a) Besondere Prüfung

Am Morgen gleich beim Aufstehen fasse der Mensch den Vorsatz, sich vor jener besonderen Sünde zu hüten, von der er sich freizumachen strebt.

Nach dem Mittagessen halte er die erste Prüfung, indem er Rechenschaft von seiner Seele fordert über die besondere Sache, die er sich vornahm. Er übergehe Stunde um Stunde seit dem Aufstehen bis zur gegenwärtigen Prüfung und merke auf der ersten Linie eines Schemas so viele Punkte an, als die Zahl der Rückfälle in den besonderen Fehler beträgt. Er nehme sich hierauf von neuem vor, sich bis zur nächsten Prüfung zu bessern.

Nach dem Abendessen halte er die zweite Prüfung auf die gleiche Weise über jede Stunde seit der 1. Prüfung bis zur gegenwärtigen zweiten, und er trage auf der zweiten Linie desselben Schemas soviele Punkte ein, als der Zahl der Rückfälle in den besonderen Fehler entspricht.

Die Eintragungen in dieser "Buchhaltung" sind von Zeit zu Zeit miteinander zu vergleichen, und das Ergebnis soll natürlich immer günstiger werden. – Die besondere Prüfung wird z.B. gemacht, um die Fehler und Nachlässigkeiten in der Verrichtung der Übungen zu überwinden.

Benjamin Franklin hat ein ganz ähnliches System der Gewissenserforschung geschaffen: "Ich machte mir ein kleines Buch und zog auf jeder Seite so viele Linien, dass sieben Felder, für jeden Tag der Woche eines, entstanden. In diese Felder trug ich durch ein besonderes Kennzeichen jeden Fehltritt ein, den ich mir hatte zu Schulden kommen lassen, wobei ich immer eine Woche lang nur auf Verstöße gegen eine Tugend meine besondere Aufmerksamkeit lenkte. Zu meiner Überraschung fand ich, dass ich unendlich mehr Fehler hatte, als ich mir eingebildet; allein ich hatte die Genugtuung, sie abnehmen zu sehen". Vergl.: René Fülöp-Miller: Macht und Geheimnis der Jesuiten, Th. Knaur, Berlin, 1932.

b) Allgemeine Prüfung des Gewissens

Zur Vorbereitung: Gott Dank sagen für die empfangenen Wohltaten; Gnade erbitten, die Sünden zu erkennen und von sich zu werfen.

Rechenschaft fordern von seiner Seele, angefangen von der Stunde des Aufstehens bis zur gegenwärtigen Prüfung, Stunde um Stunde, Zeit um Zeit; und zuerst über die Gedanken, dann über die Worte, dann über die Werke, in derselben Folge, die bei der besonderen Prüfung dargelegt wurde. Sodann Verzeihung erbitten von Gott unserem Herrn für die Verfehlungen. Besserung sich vornehmen mit Seiner Gnade. Vater Unser.

Die allgemeine Prüfung ist u.a. als Vorbereitung der Beichte gedacht. Es liegt auf der Hand, dass bei einzelnen Menschen Tagebücher eine ähnliche Funktion innehaben.

7. Vom Sprechen

Kein müßiges Wort reden. Ich verstehe darunter ein solches, das weder mir noch einem anderen nützt, noch auf eine solche Absicht sich hinrichten lässt.

Nichts sagen, was verleumdet oder ins Gerede bringt. Ist die Absicht gut, so kann man nur unter zwei Umständen über die Verfehlung eines anderen reden. Erstens wenn die Sünde eine öffentliche ist oder zweitens wenn eine verborgene Sünde jemandem aufgedeckt wird, damit dieser dem Gefallenen helfe, vorausgesetzt dass man gute Gründe hat, anzunehmen, er werde ihm behilflich sein können.

8. Vom Essen

Wenn wir bei der Nahrung das Überflüssige lassen, so ist das noch keine Buße, sondern Mäßigkeit. Buße ist es, wenn wir vom Zukommenden lassen, und je mehr und mehr, desto größer und besser ist es, sofern nur dabei das Subjekt nicht verdorben wird, noch merkliche Schwäche sich zeigt.

Vom Brot braucht man sich weniger zu enthalten, weil es keine Speise ist, nach der die Esslust so ungeordnet zu begehren pflegt. Bei den Gerichten muss eine größere Enthaltsamkeit beobachtet werden, denn hier ist sowohl die Esslust bereiter zur Unordnung wie die Versuchung mehr auf dem Sprung, etwas Besonderes aufzusuchen. So kann die Enthaltsamkeit bei den Gerichten, um Unordnung zu vermeiden, aus zweierlei Art geschehen: einmal so, dass man sich gewöhnt, gröbere Speisen zu essen, dann so, dass man ausgesuchtere in geringerer Menge genießt.

Vorausgesetzt, dass der Mensch sich davor in acht nimmt, in Krankheit zu fallen, gilt, dass je mehr er sich vom Zukömmlichen entzieht, er desto rascher in die Mitte gelangt, die er in Speise und Trank einhalten soll.

Während man isst, stelle man sich vor, man schaue Christus zu, wie er mit seinen Aposteln zusammen isst, oder man wähle eine andere fromme Betrachtung. Vor allem hüte man sich davor, dass der ganze Sinn auf das gerichtet sei, was man isst, und dass man aus lauter Esslust zu hastig sei.

Um alle Unordnung abzulegen, nützt es viel, zu einer Stunde, da man keine Begierde nach Essen verspürt, bei sich selbst für die nächste Mahlzeit die Menge festzulegen, die zu nehmen tunlich sei, und über die man nachher um keiner Versuchung willen hinausgehen soll; im Gegenteil: um jede ungeordnete Begierde um so besser zu besiegen, esse man noch weniger.

9. Vom Schlafen

Auch hinsichtlich des Schlafens ist es keine Buße, das Überflüssige an Weichlichem und Verzärtelndem zu lassen. Buße ist es vielmehr, wenn man bezüglich der Art des Schlafens vom Zukömmlichen lässt, und je mehr und mehr, desto besser, sofern dabei nur das Subjekt nicht verdorben wird, noch merkliche Schwäche sich zeigt. Auch lasse man nicht ab vom zukömmlichen Maß des Schlafes, wenn man nicht gerade die fehlerhafte Gewohnheit hat, zuviel zu schlafen, um so zum rechten Mittelmaß zu gelangen. Nach dem Zu-Bett-Gehen überlegen, wann und zu welchem Zweck ich aufzustehen gedenke, und dabei die Übung, die ich zu halten habe, kurz durchgehen. Beim Erwachen nicht diesen oder jenen Gedanken Raum geben, sondern sich sogleich dem zuwenden, was ich in der ersten Übung betrachten werde.

10. Der Atem

Bei einer der empfohlenen Gebetsarten spielt der Atem eine Rolle: Bei jedem Atemzug betet man im Geiste, indem man ein Wort des Vater Unser oder eines anderen Gebetes spricht, derart, dass zwischen zwei Atemzügen jeweils nur ein Wort gesagt wird, und dass man in der Zwischenzeit vom einen zum andern Atemzug vor allem auf die Bedeutung des betreffenden Wortes achtet, oder auf die Person, an die man es richtet, oder auf die eigene Niedrigkeit.

Und nach der gleichen Form und Regel wird man bei den übrigen Worten des Gebetes verfahren. ("Gebet nach dem Zeitmaß")

11. Entschlüsse

Was immer ich erwähle, muss so beschaffen sein, dass es mir zum Ziel hin helfe, zu dem ich geschaffen bin. Drei Arten guter Wahl gibt es:

a) Wenn Gott den Willen so bewegt und an sich zieht, dass eine ihm ergebene Seele, ohne zu zweifeln oder auch nur zweifeln zu können, dem folgt, was gezeigt wird, wie St. Matthäus tat, da er dem Herrn nachfolgte.

b) Wenn Klarheit und Einsicht genug empfangen wird, von der Erfahrung in Tröstung und Trostlosigkeit her und aus der Erfahrung der Unterscheidung der verschiedenen Geister.

c) Im übrigen darf ein Entschluss nur in einer ruhigen Zeit gefasst werden, wenn nämlich die Seele nicht von verschiedenen Geistern hin und her bewegt wird, sondern von ihren natürlichen Fähigkeiten in Freiheit und Ruhe Gebrauch macht. Dann ist notwendig, sich das Ziel vorzulegen, zu dem hin ich geschaffen bin. Gleichmütig, ohne irgendeine ungeordnete Anhänglichkeit, muss ich mich wie im Gleichgewicht der Waage befinden, um dem folgen zu können, von dem ich spüre, dass es mehr zum Lobpreis Gottes und zur Rettung meiner Seele dient. Bitten von Gott, Er wolle meinen Willen bewegen. Erwägen, wieviele Vorteile und Nachteile mir im einen und im andern Fall erwachsen, einzig auf den Lobpreis Gottes und das Heil meiner Seele hin. Nachdem ich so überlegt und die vorgestellte Sache nach allen Seiten hin erwogen habe, zusehen, wohin sich die Vernunft jeweils mehr hinneigt.

Einen Menschen sich vorstellen, den ich nie gekannt habe, und ihm alle erreichbare Vollendung wünschen. Dann erwägen, was ich ihm sagen würde, dass er tun und erwählen solle zur größeren Ehre Gottes und zur größeren Vollendung seiner Seele: und ebenso handle ich selbst und halte mich an die Regel, die ich für den anderen aufstelle.

Als wäre ich in der Todesstunde, bedenke ich die Form und das Maß, das ich dann hinsichtlich der jetzigen Wahl wünschte eingehalten zu haben; und darnach richte ich mich und treffe im ganzen meine Entscheidung.

Ich betrachte und erwäge, wie mir am Tage des Gerichtes zumute sein wird, und ich überlege, wie ich dann wünschte in der vorliegenden Sache entschieden zu haben; und die Regel, die ich dann befolgt haben möchte, nehme ich jetzt an, um mich dann voller Freude und Wonne zu finden. Nachdem ich diese Richtlinien zu meinem ewigen Heil und Frieden angenommen habe, treffe ich meine Wahl und bringe sie Gott Unserem Herrn dar.

12. Bewegungen in der Seele

Vom geistlichen Trost: Ich rede von Trost, wenn in der Seele eine innere Bewegung sich verursacht, bei welcher die Seele in Liebe zu ihrem Schöpfer und Herrn zu entbrennen beginnt oder wenn einer Tränen vergießt, die ihn zur Liebe seines Herrn bewegen, sei es aus Schmerz über seine Sünden oder über die Passion Christi. Und endlich nenne ich Trost jede Zunahme von Hoffnung, Glaube und Liebe, und jede innere Freudigkeit, die ihn zu den himmlischen Dingen zieht.

Trostlosigkeit ist alles, was dazu in Gegensatz steht, als da ist: Verfinsterung der Seele, Verwirrung in ihr, Hinneigung zu den niedrigen und erdhaften Dingen, Unruhe verschiedener Getriebenheiten und Anfechtungen, die zum Mangel an Glauben, an Hoffnung, an Liebe bewegen, wobei sich die Seele ganz träge, lau, traurig findet und wie getrennt von ihrem Schöpfer und Herrn.

Zur Zeit der Trostlosigkeit soll man nie eine Änderung treffen, sondern fest und beständig in den Vorsätzen und der Entscheidung stehen, in denen man vor dieser Trostlosigkeit stand. Sollen wir auch in der Trostlosigkeit die früheren Vorsätze nicht ändern, so ist es doch sehr von Nutzen, uns selber entschieden gegen eben diese Trostlosigkeit hin zu ändern, indem wir uns mehr dem Gebet, der Betrachtung hingeben, uns prüfen und in irgendeiner Weise freigebiger Buße tun. Der Geprüfte gebe sich Mühe, in Geduld auszuharren. Und er möge bedenken, dass er gar bald wieder getröstet sein wird.

Der Böse ist tückisch, erkundet unsere Eigenschaften und greift an der schwächsten Stelle an. Gegenüber einer vorwärtsschreitenden Seele versucht er oft, die Gestalt des Guten anzunehmen: zunächst gute Gedanken einzuflößen, dann aber ganz allmählich zu seinem eigenen Ziele überzugehen, indem er die Seele in seine verdeckten Betrügereien hineinzieht. Wir müssen daher sehr achtgeben auf den ganzen Verlauf der Gedanken. Nur wenn Anfang, Mitte und Ende gut sind, ist dies ein Zeichen des guten Geistes. Wenn aber einer beim Verlauf seiner Gedanken bei einer schlechten oder ablenkenden Sache endet, oder wenn es die Seele schwächt oder verwirrt, ist dies ein Zeichen, dass es vom Bösen stammt.

13. Individualisierung

Die vorliegenden Übungen haben sich an die Voraussetzungen derer anzupassen, die sie empfangen wollen, nämlich an ihr Alter, ihre Bildung und ihre Begabung. Es sollen nicht einem, der ungebildet oder von geringem geistigem Umfang ist, Dinge vorgetragen werden, die er nicht ohne Überspannung seiner Kräfte zu tragen und aus denen er keinen Nutzen zu ziehen vermag.

IV. DIE EINZELNEN ÜBUNGEN

Für die Übungen sind vier Wochen vorgesehen. Doch sind je nach den Umständen Verlängerungen oder Abkürzungen zulässig. Pro Tag sind je fünf Übungen abzuhalten: die erste um Mitternacht, die zweite beim Aufstehen in der Frühe, die dritte zur Zeit der Messe, jedenfalls vor dem Mittagessen, die vierte zur Stunde der Vesper, die fünfte vor dem Abendessen. In der letzten Woche kann allenfalls die Übung um Mitternacht weggelassen werden.

Der Übende muss in jeder der 5 täglichen Übungen oder Betrachtungen je eine Stunde verweilen. Besonders zur Zeit der "Trostlosigkeit" ist es schwer, eine ganze Stunde auszuharren. Um die Anfechtung aber umso besser zu überwinden, übe man eher noch länger.

Körperhaltung: Die Betrachtung auf den Knien beginnen oder hingestreckt auf die Erde oder liegend mit dem Blick nach oben, oder sitzend oder stehend, immer von der Absicht geleitet, das zu suchen, was ich begehre. In der Haltung bleiben, in der die gewünschten Gefühle eintreten.

1. Woche: Betrachtung der Sünden

In dieser Woche nicht an Dinge denken wollen, die Freude erregen; denn um Pein, Schmerzen und Tränen um unserer Sünden willen zu spüren, ist jeder Gedanke an Frohes hinderlich. Mich aller Helligkeit berauben. Nicht lachen. Buße tun und mich züchtigen. Die Augen zügeln.

1. Übung: Eine Besinnung mit den 3 Fähigkeiten (Gedächtnis, Einsicht, Wille) über die 1., 2. und 3. Sünde (Sünde der Engel, Adam und Evas, des Einzelnen).
2. Übung: Aufreihung aller eigenen Sünden, Abscheu über mich selbst, steigernde Erregung.
3. und 4. Übung: Wiederholung der 1. und 2. Übung.
5. Übung: Besinnung über die Hölle.

2. Woche: Der Ruf Christi und sein Leben

Für die 2. Woche und die folgenden ist es nützlich, zuweilen in den Büchern der Nachfolge Christi oder in den Evangelien und den Leben der Heiligen zu lesen. Zur Einleitung der 2. Woche findet 2 mal am selben Tag die Übung "Der Ruf" statt: Wie ein König seine Ritter zum Kreuzzug aufruft, so lässt Jesus an jeden Einzelnen den Ruf ergehen, an der Aufrichtung seines Reiches mitzuwirken.

1. Tag: 1. Betrachtung: Von der Menschenwerdung.
2. Betrachtung: Von der Geburt Christi.
3. und 4. Betrachtung: Wiederholung der 1. u. 2.
5. Betrachtung: Anwendung der 5 Sinne auf die 1. u. 2.

2. Tag: Das Jesuskind im Tempel. Flucht nach Ägypten.

3. Tag: Jesu Jugend. Sein Zurückbleiben im Tempel.

4. Tag: Besinnung über zwei Banner: In einem großen Heerlager ruft der Böse seine Dämonen zusammen und spornt sie zur Tätigkeit an, während auf der anderen Seite Jesus seine Jünger, Freunde und Diener aufruft und aussendet zur Rettung der Menschen. Dies nimmt Übung 1-4 dieses Tages in Anspruch, worauf als Übung 5 folgt: Besinnung über 3 Menschengruppen, wovon nur die eine das Geld richtig dem Willen Gottes unterordnen kann.

5. Tag: Taufe Christi im Jordan.

6. und 7. Tag: (ev. auf weitere Tage verlängert): Lehre und Leben Christi bis zum Palmtag.

3. Woche: Die Passion Christi

1.Tag: 1. Betrachtung: Das Abendmahl.
2. Betrachtung: Im Garten Gethsemane.
3. und 4. Betrachtung: Wiederholung der 1. und 2.
5. Betrachtung: Anwendung der Sinne auf die 1. und 2.

2. bis 7. Tag: entsprechend der weitere Leidensweg Christi, seine Kreuzigung und Grablegung.

In dieser Leidenswoche darf man keine angenehmen Gedanken herbeirufen, auch nicht, wenn sie gut und heilig sind. Sondern Schmerz, Zermalmung, Tränen, Pein sind anzustreben.

4. Woche: Auferstehung und Himmelfahrt

Nun betrachte man in entsprechender Weise alle Ereignisse der Auferstehung bis zur Himmelfahrt. Jetzt strebe man Freude und Fröhlichkeit an über so große Herrlichkeit und Freude Christi

Unseres Herrn. Ins Gedächtnis rufen und überlegen Dinge, die zur geistlichen Ergötzung und Freude und Heiterkeit bewegen, wie zum Beispiel die himmlische Seligkeit. Helligkeit und Annehmlichkeiten der Jahreszeit benützen. An Stelle der Buße achte man auf Maßhaltung in allen Dingen und halte den Mittelweg ein.

BUCHHINWEISE

Der Weg zum wahren Adepten, Franz Bardon (Blom Verlag)
Die Praxis der magischen Evokation, Franz Bardon (Blom Verlag)
Hohe Schule der Magie, W.E. Butler (Bauer Verlag)
Magie als Wissenschaft vom Ich, Evola (Ansata Verlag)
Schritte zur Initiation, Evola (Ansata Verlag)
Die Smaragdene Vision, Henry Corbin (Diederichs Verlag)
Lebendige Kabbalah, Halevi (Kösel Verlag)
Die großen Arcana des Tarot, Valentin Tomberg (Herder Basel)
Wie erlangt man Erkenntnisse höherer Welten, Rudolf Steiner
Theosophie, Rudolf Steiner
Weiße und schwarze Magie, Franz Hartmann
Alle Werke von Gustav Meyrink

"MAGIE UND MYSTIK IM 3. JAHRTAUSEND"

Magie ist die Wissenschaft von der Arbeit mit dem Geist und die Kunst von der Gestaltung des Ich. Mit Geist sind die feinstofflichen, höchst lebendigen Formen der Gedanken und Vorstellungen gemeint: Die inneren Bilder, die Gefühle und Emotionen wecken, die einen dann anregen und bewegen oder hemmen können.

Ein weitverbreiteter Irrtum unter Esoterikern ist, dass man den Geist als nebuloses, unstoffliches Lichtgespinst sieht. Geistpartikel verklumpen zwar nicht zu Erde, Wasser, Feuer oder Luft, aber auch sie treten in vier verschiedenen Aggregatzuständen auf und unterliegen, genauso wie die kompakten Atome und Moleküle, ordnenden Gesetzen. Durch Konzentration und Imagination lässt sich der Geist zu Bildern und Einbildungen formen. Dabei kann man beobachten, wie sich die Gedankenbilder, Vorstellungen und Gefühle zu mentalen Komplexen verbinden, die, wenn man sie nicht kontrolliert, im Bewusstsein ein Eigenleben entwickeln, was einem unter Umständen die Freiheit nimmt. Nicht nur in Form von Phantasien, Zwangsvorstellungen oder anderen psychischen Komplexen, auch die Vorstellung von der Torte oder dem Bier, die einen zum Kühlschrank drängt, bewegt uns nicht nur innerlich, sondern ergreift den ganzen Körper.

Zu den wohl wichtigsten Ergebnissen der modernen Geistesforschung gehört die Erkenntnis, dass die Gedanken, Vorstellungen und Gefühle, auf die sich das Bewusstsein der Menschen stützt, die feinstofflichen Wesenszellen des Geist- und Seelenkörpers sind, - und - dass auch der Geist der Götter, Genien und Dämonen aus solchen Wesenszellen besteht. Gedanken und Gefühle sind das lebendige Fleisch des Geistes und der Geister. Das bedeutet, wir wissen, was die Wesen der feinstofflichen Ebenen mit den Wesen der irdischen Welt verbindet und kennen die mentalen Botenstoffe.

Die "Magie und Mystik im 3. Jahrtausend" lehrt, wie man seine persönlichen geistigen Wesenszellen, die sich, im Unterschied zu den grobstofflichen Körperzellen, aufführen als wären sie kleine Geister, kontrolliert, und wie man dadurch auch den Einfluss der Götter und Dämonen, die über diese gemeinsamen Wesenszellen die Menschen und das irdische

Geschehen beeinflussen, kontrollieren kann. Dank neuer Erkenntnisse in der astrologischen Forschung kennen wir auch die Gezeiten der Macht der Genien und Dämonen und die Zeit, in der wir selber mächtig sind. Die Astrologie beschreibt nicht nur die Qualitäten der Wesenszellen, sondern auch die Anatomie und Physiologie vom feinstofflichen Körper und hat den Genetischen Code von Geist und Seele geknackt. Mit diesem Wissen kann jeder sich selbst und sein Leben mitgestalten.

Es gibt Erkenntnisse, die erst nach einer gezielten Geistesschulung und menschlichen Reife richtig erfahren und erfasst werden können. Aus diesem Grund haben die Traditionen ihr Gedankengut immer nur ausgewählten, starken, und entsprechend vorbereiteten Schülern zugänglich gemacht. Aber der Zeitgeist, der heute das Denken, Fühlen und Agieren vieler Menschen bestimmt, ist entartet. Die vorgesehene Entwicklung zur Vervollkommnung der Wesen auf diesem Planeten wird immer mehr von negativen Mächten behindert. Es ist notwendig, dass die Menschen mehr über die Verbindungen und Wechselwirkungen, die zwischen den feinstofflichen Welten und der physischen Welt bestehen, erfahren. Heute wird niemand mehr davon geschockt, denn die "Magie und Mystik im 3. Jahrtausend" beschreibt auch, wie man sich den Mächten entgegenstellt.

So hat nach Franz Bardon auch Emil Stejnar die geheimen Instruktionen der Gnostischen Hermetik sowie die neuesten Forschungsergebnisse dieser magischen Tradition, in Form der 13 Bände "Magie und Mystik im 3. Jahrtausend" an die Öffentlichkeit gebracht. Damit ist die Zeit der Geheimnisträger und Geheimbünde endgültig vorbei. Erkenntnisse, die nie zuvor veröffentlicht wurden, sind zugänglich geworden und verborgene Zusammenhänge zwischen den geistigen Sphären und der Menschenwelt werden enthüllt.

Die Bücher der "Magie und Mystik im 3. Jahrtausend" bringen keine neue Weltverschwörungstheorie, sondern decken auf, was bisher nicht bekannt gewesen ist: Nämlich, dass die wirklichen Lenker dieses Planeten nicht auf der politischen Bühne oder in Geheimbünden sitzen, sondern auf den feinstofflichen Ebenen zu suchen sind. Es sind Mächte aus dem Reich der geistigen Welten, welche die Menschen in ihrem Sinne inspirieren und damit die Geschicke der Menschheit bestimmen.

Die Bücher der "Magie und Mystik im 3. Jahrtausend" beschreiben nicht nur diese Mächte, sondern zeigen auch einen Weg, wie man sein "Ich" gestaltet, erwacht und sich aus deren Machtbereich befreit. So wie die Naturwissenschaften und die Technik hat sich auch die Wissenschaft vom Geist und von der Seele weiter entwickelt. Neue Erfahrungen wurden gemacht, wertvolle Einsichten gewonnen, man ist nicht nur dem Geheimnis der Götter und Dämonen, sondern auch dem Mysterium des Bewusstseins und der Bewusstseinsträger auf der Spur.

Das Besondere der neuen Erkenntnisse und Übungen ist nicht, dass man magische Macht erlangt, sondern dass man sich so verwandelt, dass man diese gar nicht mehr braucht. Im selben Maße, wie die Fähigkeiten, magisch zu wirken, wachsen, wird der Wunsch, die erlangten Fähigkeiten einzusetzen, schwinden. Das ist ein Mysterium, das jeder erlebt, der den aufgezeigten Weg auch wirklich geht. Es geht also nicht nur um Magie und Mystik. Die moderne Wissenschaft vom Geist bietet auch im profanen Leben eine wertvolle Lebenshilfe. Nicht Geister werden beschworen, sondern die Macht und Kraft des eigenen Geistes wird geweckt. Das Ziel ist nicht, mit Magie über die Welt und die Geister zu herrschen, sondern, sich selbst so zu wandeln, dass einen die Welt und die Geister nicht mehr beherrschen können.

Der Leser, der den Instruktionen und Ratschlägen folgt, wird zu einem Meister und Priester der Geheimwissenschaft, dem kein Manuskript oder Guru oder Orden noch etwas bieten kann. Er ist selbst in der Lage, anderen Menschen als geistiger Führer den Weg zu weisen.

Die Bücher der "Magie und Mystik im 3. Jahrtausend" umfassen 13 Bände. Sie bieten eine seriöse, umfassende Einführung in das Gesamtgebiet der Esoterik und sind ein einzigartiger Lehrkurs der Magie und Lebensschule. Emil Stejnar hat mit seinem Werk die Magie und Mystik aus der mittelalterlichen Welt der Wunder in die moderne Welt der Wissenschaft geführt.

1. Buch: DAS BUCH DER MEISTER UND SEINE ERBEN.

Ein Einweihungsroman.

Der Autor schildert die zum Teil auf Tatsachen beruhenden Abenteuer aus zwei Inkarnationen eines Eingeweihten und den Weg, den jeder, der wie dieser Meister den geheimen Anleitungen folgt, zu gehen hat:

In einer Wiener Freimaurerloge wird der Arzt Dr. Michael Stein in den Meistergrad erhoben. Während des geheimnisvollen Rituals erlebt er eine so genannte Seelenreise und wird dabei in die Zeit des 13. Jahrhunderts versetzt: Er ist Mönch und eingeweiht in die Mysterien der Templer. Und er ist dem Geheimnis von Baphomet auf der Spur. Wegen seiner spektakulären Heilerfolge wird er der Hexerei beschuldigt und auf dem Scheiterhaufen hingerichtet. Aber statt in den Flammen zu sterben, erwacht der Mönch im Logentempel, im Körper des Michael Stein. Erschüttert wird ihm bewusst, dass ihn seine Vergangenheit eingeholt hat. Er erinnert sich an seine Mission: An ihm liegt es, ob die Menschen noch zu retten sind, oder ob Baphomet und seine irdischen Handlanger siegen. Er muss die Truhe mit den Gegenständen der Macht und dem Buch der Meister, die er damals vor seinem Tod in einer Höhle versteckte, wieder finden. Maria, die fünfzehnjährige Tochter seines zwielichtigen Logenbruders Brandström, wird ihn auf seiner abenteuerlichen Suche begleiten. Dabei wird er sie, und mit ihr den Leser, in die Geheimnisse der Magie und Mystik einführen. Eine zarte, jahrtausende alte Liebe verbindet die beiden, aber sie ahnen nichts von der Gefahr, die sie bedroht. Denn auch die irdischen Vertreter des Bösen, die Brüder des Schattens, sind hinter der Truhe her und werden die beiden gnadenlos verfolgen.

Das Leserecho bestätigt, "Das Buch der Meister" ist weit mehr als ein Fantasy-Roman. Höchste Erkenntnisse werden auf leicht verständliche Art erklärt und offengelegt. Allein die durch die Wortmagie übertragenen Bilder der geheimnisvollen, phantastischen Szenen hinterließen bei vielen Lesern einen solch nachhaltigen Eindruck, dass sich ihr ganzes Leben wandelte. Was sonst nur durch besondere Initiationsrituale bewirkt wird, bewirkt das Mysterium der Geschichte und bezieht den Leser in sein Mysterium ein. Der Leser erlebt tatsächlich hautnah eine Initiation, also eine Bewusstsein verändernde Weihe, welche die Persönlichkeit verwandelt und das ganze weitere Leben in neue Bahnen lenkt. Man kann daher ohne zu übertreiben sagen, dass es sich bei diesem Buch um einen magischen Text handelt, der eine geistige Kraft in sich birgt, die Außergewöhnliches bewirkt. Der Leser wird beim Lesen selbst zum "Erben" vom "Das Buch der Meister" und zu einem Eingeweihten der geheimnisvollen gnostisch-hermetischen Tradition.

Aus dem Inhalt:

- Das Mysterium von Geist und Seele.
- Der persönliche Seelengarten, in dem man nach dem Tod erwacht.
- Wer sind die wahren Lenker des Geschehens auf diesem Planeten?
- Baphomet, der Herr der Welt und die Fürsten der Macht.
- Die geheimen Oberen im Diesseits und im Jenseits.
- Wie man sich aus ihrem Machtbereich befreit.

2. Buch: EXERZITIEN FÜR FREIMAURER.

Instruktionen und Logenvorträge

Sicher haben Sie sich schon gefragt: Wer bestimmt wirklich die Geschicke der Welt? Woher beziehen die Mächtigen ihre Macht? Wer schützt sie, wer stützt sie, wer gibt ihnen Kraft? Wieso haben manche Menschen immer Erfolg, während andere sich mühen und plagen und trotzdem nicht weiterkommen? Geht das mit rechten Dingen zu? Die Antwort ist: ja. Es gibt nämlich Mechanismen der Macht, die wertfrei sind und geistigen Gesetzen folgen. Wer diese Gesetze kennt, kann die dahinter wirkenden Mächte zu seinem Vorteil nützen. Seit Jahrtausenden pflegen Eingeweihte in ihren Traditionen dieses Wissen und geben es an geeignete Persönlichkeiten weiter. Nicht nur die Freimaurer, auch die katholische Kirche hat ihre Esoterik und den Schlüssel zu den Mysterien der Magie und Mystik.

Aber die Zeit der Geheimnisse ist vorbei. Dank der Exerzitien kann jeder Leser die Macht und Kraft des Geistes in sich erwecken und benützen. Der Zugang zu den Mysterien, welche die Handhabung der vier Elemente und den Umgang mit den Mächten der Götter lehren, steht heute jedem offen. Nachdem Franz Bardon mit seinen Werken den "Weg zum wahren Adepten" gewiesen hat, werden Stejnars Bücher diesen Weg erhellen und Stärke geben auf dem Weg zu einem wachbewussten ICH.

Aus dem Inhalt:

- Exerzitien für Freimaurer.
- Ritualmagie im Logentempel.
- Die magische Forschungsloge "Esoterischer Kreis".
- Die Reisen durch die Elemente Feuer, Wasser, Luft und Erde.
- Wie man die Macht und Kraft der Elemente in sich erweckt.
- Das Mysterium der vier Elemente.
- Die Kybernetik des Bewusstseins.
- Die geheime Macht der christlichen Mystik.
- Die magische Schulung der Jesuiten.
- Wie man sich selbst und andere beherrscht.
- Wie sich überdurchschnittliche Begabungen entwickeln.
- Wie sich übernatürliche Fähigkeiten entfalten.
- Wie man sein inneres Gleichgewicht erlangt.
- Das Geheimnis des Erfolgs.
- Die Grundlagen der gnostisch-hermetischen Tradition.
- Magie und Mystik im dritten Jahrtausend.
- Die Arbeit mit dem Geist: 60 Jahre praktische Erfahrung mit Magie.

Was bisher über die Freimaurer an die Öffentlichkeit drang, sind Verschwörungstheorien und Gerüchte, die der Realität in keiner Weise entsprechen. Das wahre Geheimnis der Freimaurerei ist nur wenigen bekannt: Es ist die Praxis der Magie und Mystik, die im Ritual und im richtigen Gebrauch der Symbole enthalten ist. Dieses Buch gibt erstmals Einblicke in diese verborgene Seite der Logen und Ordensgemeinschaften. Stejnar beschreibt auch den Geist, der die Menschen im Tempel bewegt.

Die geistigen Organe und die Kybernetik von Geist und Seele: Feuer, Wasser, Luft und Erde - Denken, Fühlen, Wollen und Sein. Das sind die vier Elemente des Lebens und die vier energetischen Glieder des menschlichen Seins. Der Freimaurer lernt, wie man diese vier Elemente, welche in ihrer Wechselwirkung die Grundlage des Bewusstseins bilden, dank einer besonderen Geistesschulung beherrscht. Indem er jedem dieser Elemente den gleichen Stellenwert beimisst, findet er ein fünftes Element: sein waches ICHSELBST. Von diesem Standpunkt aus beherrscht er nicht nur sich selbst, sondern auch alle anderen Mächte, Wesen und Geister. Er ist nicht an ein Kreuz genagelt, sondern wird durch die Vier Streben gestützt.

Das verlorene Wort und das verlorene Symbol:
Was Dan Brown in seinem Buch über die Freimaurer "Das verlorenen Symbol" nur andeutet, wird von Stejnar enthüllt und beschrieben: Das Mysterium vom verlorenen Wort und das Geheimnis der Pyramidenspitze. Stejnar erklärt, wie man die fünf Ecken der Pyramide in Form eines Pentagramms miteinander verbindet und damit die "fünf Punkte der Meisterschaft" erweckt.

Die Magie und Mystik der christlichen Tradition:
Es ist wenig bekannt, dass auch die katholische Kirche, die offiziell jede Form der Magie verdammt und verteufelt, selbst magische Übungen und Praktiken pflegt. Die Übungen der Jesuiten sind nichts anderes als die Schulung von Geist und Seele, die auch die Tradition der Hermetik lehrt.

Logenvorträge: Geheime Instruktionen, Anleitungen und Praktiken, die bisher nur wenigen Eingeweihten vorbehalten waren, werden nun erstmals auch Außenstehenden zugänglich gemacht.

3. Buch: DIE VIER ELEMENTE.

Der geheime Schlüssel zur geistigen Macht.

Geist und Seele sind kein nebuloses Lichtgespinst, sondern bestehen, so wie der grobstoffliche Körper, aus Gliedern, Organen und geistigen Wesenszellen. Diese Wesenszellen des Geistes sind selber kleine Geister, die man beherrschen muss, wenn man die Welt des Geistes und die Geister beherrschen will. Nur wer seinen eigenen Geist, seine Gedanken, Gefühle und Emotionen - also die Wesensgeister, aus denen er besteht, - beherrscht, beherrscht auch den Geist der Götter, Genien und Dämonen.

Die gnostische Hermetik beschreibt, wie man die Energie dafür gewinnt. Sie kennt verschiedene Techniken, mit denen man seine Triebe und Emotionen in reine Geisteskraft verwandelt und sein Bewusstsein so weit festigt, dass man es über alle sichtbaren und unsichtbaren Schranken erhebt und auch im Tod nicht verliert. Sie zeigt, wie man seine Schwächen in Stärken verwandelt.

Das wahre Ziel ist aber nicht, mit magischer Macht die Welt oder die Geister zu beherrschen, sondern sich zu wandeln, dass einen umgekehrt die Welt und die Geister nicht mehr beherrschen können. Das wird dank der besonderen Geist- und Seelenschulung auch erreicht. Der gnostische Hermetiker zieht sich dazu nicht stundenlang zurück, um sich zu versenken oder zu meditieren, sondern nützt ganz bewusst den Alltag als Schulung für seinen Geist. Nicht Trance, sondern Wachsein wird angestrebt.

Aus dem Inhalt:

- Wie man seinen unsterblichen Lichtleib gestaltet.
- Wie man die geistigen Mächte beherrscht.
- Magie im Alltag: die Magie des Denkens, des Wünschens und Verwünschens und die "schwarze" Magie der Angst.
- Die Magie der Hilfsgeister: Der Kyilkhor und der Geist in der Flasche.
- Alchemie: Die geheime Praxis der alchemistischen Transformation. Wie man im Diesseits das Gold für das Jenseits schürft.
- Die Magie der Bücher und der Wortmagie: die Sprache magisch verwenden. Jedes Wort ist ein wirkendes Wesen.

- Quabbalah: Die Formelmagie nach Franz Bardon für die Praxis.
- Logenmagie: "Das Ritual der Hermetischen Vier". Dieses Ritual gibt Zugang zur Macht und Kraft der vier Elemente. Damit haben auch Suchende, die sich nicht durch Eide binden lassen wollen, Zugang zu einer Ritualmagie, die bisher nur Mitgliedern von Logen und Orden vorbehalten war. Das Ritual ist nicht nur für Tempelarbeiten in einer Loge vorgesehen. Man kann damit auch allein arbeiten, um sein inneres elementares Gleichgewicht zu erlangen.
- Mystik: Das "Ritual der Klosterpforte" öffnet jedem das Tor zu einem inneren Kloster, das er jederzeit betreten und verlassen kann und das ihn in den Geist der weltweiten Gemeinschaft aller in klösterlicher Zurückgezogenheit lebenden Brüder und Schwestern einbindet, ohne dass er der Welt entsagen muss.
- Nach dem Tod: erwacht man nicht in einem "Jenseits", sondern zuerst in seinem ganz persönlichen "Seelengarten", in dem das Innere, die Gedanken und Gefühle, zur Umwelt werden. Nur wer darauf vorbereitet ist, kann sein Bewusstsein bewahren.
- Priesterschule und Lebenshilfe: Das Buch versetzt den Leser in die Lage, auch anderen mit der Kraft des Geistes zu helfen. Die Erkenntnisse waren ursprünglich nur für Priester und Eingeweihte zur Ausbildung ihrer Nachfolger vorgesehen. Wer dem Weg folgt, ist befähigt, Suchenden den Weg zum Licht und zu sich selbst zu weisen.

4. Buch: AUSSERKÖRPERLICHE ERFAHRUNGEN.

Wie man lernt, ohne seinen Körper zu leben.

Es gehört zu den beeindruckendsten Erfahrungen und ist einer der Höhepunkte auf dem hermetischen Weg, sich außerhalb seines Körpers zu erleben. Selbst erhabenste geistige Erkenntnisse bleiben Theorie, solange man seine eigene geistige Beschaffenheit noch nicht hautnah empfunden hat. In den alten Tempelschulen gehörte daher dieses Erlebnis zur ersten Lektion, die dem Neophyten bei seiner Initiation erteilt wurde. "Magie und Mystik im 3. Jahrtausend" folgt wieder dieser alten Tradition und weiht interessierte Schüler in das Geheimnis des Astralwanderns ein. Es wird dazu eine ganz neue Technik verwendet, die es jedem sehr rasch ermöglicht, seinen Körper zu verlassen. Bereits die Vorübungen und ersten Versuche zum Wandern geben Einblicke in ein völlig neues Dasein und bilden feinstoffliche Wesenszellen aus, die nicht nur für das Bewusstsein im außerkörperlichen Zustand, sondern auch für das bewusste Leben nach dem Tod unentbehrlich sind.

Aus dem Inhalt:

- Die zwölf Schritte, die das Bewusstsein erheben und vom Körper befreien:
- Wachsein im Alltag, Wachsein im Traum
- Der Traumkörper als Bewusstseinsträger
- Wie man das Traum-Bewusstsein schult
- Richtig einschlafen
- Wie man lernt, im Traum zu erwachen
- Der luzide Traum als Startrampe für Mentalreisen
- Flugträume als Starthilfe
- Das Geheimnis vom fliegenden Teppich
- Im Grenzland der Träume - In fremden Seelengärten
- So kann jeder seinen Körper verlassen
- Die Traumwelt als Ort für Begegnungen mit dem Tod

Bisher versenkte man sich in seinen Körper, versetzte sich in Trance und erwartete, dass man sich bewusst aus diesem erhebt. In der Regel funktioniert das aber nicht. Das ist, als wollte ein Astronaut gleich vor seinem Haus mit seinem Auto zum Mond starten.

Zukünftige Raumflüge werden aus einer Umlaufbahn um die Erde beginnen und die beste Startrampe für Astralreisen findet man auf der Traumebene. Sobald man auf dieser erwacht, also luzid träumt, kann man sich von seinem Körper lösen.

Gezielte Geistesforschung hat gezeigt, nicht Trance, sondern Wachsein ist die Voraussetzung für Astralreisen. Die besten Bedingungen dazu findet man in der Welt der Träume, da ist das Feinstoffliche schon etwas vom Grobstofflichen gelöst und man kann seinen Körper leichter verlassen. Aus einem Wachtraum heraus ist das viel einfacher als aus dem reduzierten

Bewusstseinszustand in Trance. Luzides Träumen kann man lernen. Es gibt eine einfache Technik, mit der man diese Fähigkeit entwickelt.

Die Traumwelt ist auch ein Ort für Begegnungen mit den Toten. Aber heraus aus dem Körper bedeutet nicht zugleich hinein in eine andere Welt. Der Bewusstseinszustand, in dem man sich dabei befindet, lässt einem zwar das, was man erlebt, als absolute Realität erscheinen, aber nicht alles entspricht tatsächlich der Wirklichkeit. In die geschaute Landschaft können sich Phantasien, eigene und die von anderen Lebenden und Verstorbenen, drängen. Auch dafür gibt es eine Wegleitung, sich in diesen verworrenen Welten besser zu orientieren und die besondere Symbolik, die der Geist zwischen den Ebenen verwendet, richtig zu begreifen. Wer seine Situation erfasst und die Symbolsprache versteht, gewinnt im Traum bessere Einblicke in andere Ebenen als durch Beschwörungen, mediale Botschaften oder Experimente in Trance.

5. Buch: ASTROLOGIE.

Navigation für den Lebensweg

Genetischer Code von Geist und Seele

Emil Stejnar war fünf Jahrzehnte lang astrologischer Lebensberater. Er beschreibt nicht nur den Zugang zur klassischen Astrologie, sondern eröffnet auch ganz neue Erkenntnisse und Perspektiven.

- Ein Horoskop beschreibt die Anatomie und Physiologie von Geist und Seele. Die Planeten entsprechen den geistigen Organen, die das Bewusst sein ermöglichen, und deren Position im Augenblick der Geburt bestimmt deren Funktionstüchtigkeit und Qualität: Die Sonne ist das Organ für das Selbstbewusstsein, der Mond für das Gefühlsleben, der Merkur für das Denken, die Venus für Liebe, der Mars für die Antriebskraft, der Jupiter für das Rechtsempfinden, der Saturn für Disziplin. Mit Uranus, Neptun, und Pluto blickt man über seinen Bewusstseinshorizont hinaus. Aus dem Zusammenwirken der Organe ergibt sich die Anlage für den Charakter und das persönliche Wesen.
- Eine astrologische Prognose berechnet, wann, auf Grund der sich

laufend verändernden Planetenpositionen, welche Organe besonders stark aktiviert oder beeinträchtigt sein werden, und wann welche Organe besonders gut oder weniger gut funktionieren.
- Die Mundanastrologie untersucht den Zeitgeist, der als Trend und Richtung weisende Strömung das Bewusstsein der Menschen und das Geschehen in der Welt bestimmt.

Mit der Astrologie kann man sich, seinen Nächsten und die kosmischen Gezeiten erkennen und die wirkenden Mächte zur Selbstgestaltung und zum erfolgreichen Handeln nützen.
Von allen philosophischen, religiösen und okkulten Traditionen ist die Astrologie die einzige Geisteswissenschaft, mit der man nachweisen kann, dass es den Geist und die geistigen Mächte (Energien oder Götter) tatsächlich gibt. Astrologie ist eine empirische Lehre, die auf Beobachtung von kosmischen Veränderungen und deren Wirkung auf das Bewusstsein beruht.

Mit diesem Buch lernt auch der Laie sehr rasch die Grundregeln der Astrologie zu verstehen. Der Anfänger wird erstaunt sein, wie einfach es ist, ein Horoskop zu begreifen, und der erfahrene Astrologe wird mit den neuen Erkenntnissen neue Möglichkeiten für seine astrologischen Analysen finden.

Die Astrologie dient nicht dazu, dass man fragt, was das Schicksal bringt, sondern, dass man weiß, wann man handeln soll, damit das, was man plant, gelingt, und sich das, was man befürchtet, nicht verwirklichen kann.

6. Buch: DER ADEPT FRANZ BARDON.

Wer war er? Was lehrte er? Wohin führt sein Weg?

Franz Bardon war sicher die bedeutendste Persönlichkeit auf dem Gebiet der Hermetik. Er hat mit seinen Werken die Geisteswissenschaften für die nächsten Jahrhunderte geprägt und die Grundlage für die "Magie und Mystik des dritten Jahrtausends" geschaffen.

Das eigentliche Ziel des Weges, den er beschreibt, ist nicht magische Macht zu erlangen, sondern die Vervollkommnung von Geist und Seele. Es geht um mehr Geisteskraft, damit man das Leben, sowohl im Diesseits als auch im Jenseits, selbst und bewusst gestalten kann. Nicht alle "wahren Adepten" beschwören Geister und wirken Wunder. Jede Persönlichkeit, die Außergewöhnliches für die Menschheit leistet, jeder hervorragende Künstler, Arzt oder Wissenschaftler, jeder, der selbstlos für Freiheit, Frieden und Fortschritt sorgt, kann ein hoher Eingeweihter sein. Magie ist ein Hochleistungssport, der die volle Aufmerksamkeit und ganze Persönlichkeit beansprucht. Was Bardon beschreibt, kann nicht nebenbei wie ein Hobby betrieben werden. Wer eine bedeutsame Mission übernimmt, verzichtet daher gerne auf die Erinnerung an seine magischen Fähigkeiten, damit er sich voll seiner konkreten irdischen Aufgabe widmen kann.

Auch wer sich nicht mit Magie beschäftigt, kann nach den Anleitungen von Franz Bardon sein Leben, seinen Geist und seine Seele zum Besseren gestalten. Wenn man, wie in Stejnars Buch noch erklärt wird, seine Ausführungen in den Alltag integriert, wird der Weg, den Bardon beschreibt, zu einer praktischen Lebenshilfe.

Stejnars Buch ist ein Wegweiser auf Bardons "Weg zum wahren Adepten". Es werden Fragen, die immer wieder auftauchen, beantwortet, der Weg wird erhellt und Unklarheiten über Franz Bardon werden richtiggestellt. In einem Jahr ist noch keiner ein Adept geworden. Manche Praktiker, die das nicht beachten, glauben, sie machen etwas falsch, zweifeln an sich oder an Franz Bardon und üben nicht mehr weiter. Das ist schade, aber verständlich, denn der Weg ist leider wirklich nicht so leicht zu meistern, wie es Franz Bardon in Aussicht stellt. Trotzdem ist das kein Grund zu resignieren. Stejnar beschreibt erprobte Techniken, mit denen man diese Hindernisse überwinden kann.

Aus dem Inhalt:

- Franz Bardon: Wer war er, was lehrt er, wohin führt sein Weg?
- War Franz Bardon wirklich ein Adept?
- Auszüge aus Briefen von Franz Bardons Witwe.
- Briefe von Franz Bardon
- Das war Franz Bardon; Zeitzeugen erzählen.
- Stimmt das, was in FRABATO geschildert wird?
- Gab es die Loge des FOGC und wer ist Baphomet?
- Wie ist das mit Bardons Genien und der Abramelin Magie?
- Kann man nach Franz Bardons Instruktionen magisch wirken?
- Was macht man falsch, wenn es nicht funktioniert?
- Wie schafft man den Weg, den Franz Bardon beschreibt?
- Bardon und die Dämonen, die Freimaurer und die Alchemie.
- Persönliche Briefe an Freunde über Bardons Magie und Mystik.
- Erlebnisse aus der eigenen Praxis und Ratschläge für den Weg.
- Sättler, Quintscher, Bardon, Stejnar.
- Das Geheimnis der 4. Tarotkarte.
- Das Mysterium Tarot Karte 00.
- Die Pyramide und das Pentagramm

Mit diesem Buch erhält der Leser noch etwas ganz Besonderes. Eine einzigartige Ikone: DIE SONNE DES FRABATO. Es ist ein Bild, das Franz Bardon seinen Schülern und Patienten als ganz persönliches Amulett schenkte und sie auf diese Weise in seine Kraft mit einbezog. Dieses Bild stellt Bardons Leitgedanken als vierfarbiges Mandala dar: **Das Göttliche offenbart sich wie eine strahlende Sonne. Die Sonne durchbricht die Wolken. Das Licht siegt über die Finsternis.**

Bardon machte dieses Mysterium zu seinem persönlichen Logo und verwendete das Symbol der Sonne in Verbindung mit dem Schriftzug FRABATO auch für magische Zwecke. Dieses von positiven Kräften durchdrungene Mandala, das bisher noch nie veröffentlicht wurde und nach Bardons Ableben nur ganz wenigen Freunden zugänglich war, wurde mit Einwilligung von Franz Bardons Tochter an den Beginn des Buches gestellt. Es wird wie ein Fenster in seine Sphären wirken und seinen Lesern den Weg zum wahren Adepten erhellen, und es wird Stärke geben auf diesem Weg zu einem wachbewussten ICH.

7. Buch: DAS SCHUTZENGELBUCH.

Wie erlangt man Kontakt mit den höheren Wesen.

Seit über 40 Jahren gehört Stejnars "Schutzengelbuch" zu den gesuchtesten und beliebtesten Werken der Engelliteratur. Seit Jahrtausenden weiß man, dass es Engel gibt. Die Religionen haben von ihnen verkündet, Franz Bardon hat sie beschrieben, aber Stejnars "Schutzengelbuch" hat sie für jeden zugänglich gemacht. Was früher nur Priestern und Eingeweihten möglich war, vermag jetzt jeder, der seinen Anleitungen folgt. Für die Neuauflage hat der Autor sein Buch um einige Kapitel erweitert und mit neuen wichtigen Erfahrungen aus seiner magischen Praxis bereichert.

Für jeden Lebensbereich gibt es einen zuständigen Engel. Stejnar verrät, wie man einen Engel um Hilfe bittet und an welchen Engel man sich jeweils wenden soll, wenn man Probleme hat. Eine einfache Methode ermöglicht es, auch ohne magische Evokation den Kontakt zu dem gewünschten Engel herzustellen.

Aus seiner jahrzehntelangen Praxis als astrologischer Lebensberater weiß Stejnar um die Sorgen der Menschen Bescheid und bespricht im "Schutzengelbuch" die häufigsten Probleme. Seine Erfahrungen im Verkehr mit den unsichtbaren Intelligenzen beschreibt er in Form von konkreten Fallbeispielen, wo er durch ein Amulett mit dem Siegel eines Engels helfen konnte. Zitate aus Dankschreiben sind der Beweis für das segensreiche Wirken der feinstofflichen Wesen.

Persönliche Belehrungen der jeweiligen Engel ergänzen die Beschreibung ihrer Tätigkeit. Dadurch kann jeder auch von sich aus sein Leben richtig mitgestalten. Durch diese bewusste Zusammenarbeit zwischen den Schutzengeln und den Menschen ist eine optimale Hilfe möglich. Die angeführten Belehrungen und Ratschläge der Engel kann jeder sofort befolgen. Für alle anstehenden Lebensprobleme wird eine Lösung aus der Sicht der Jenseitigen, die von ihrer Ebene aus einen größeren Überblick als die Menschen haben, gezeigt.

So wurde ein völlig neues Lebenshilfebuch geschaffen. Die Gesetze des Erfolges und irdischen Glücks, aus der Sicht der Engel gesehen, lassen vieles in einem neuen Licht erscheinen. Ein Weg wird gewiesen, der in geistige Bereiche führt. Ohne religiöse Dogmen und ohne magische

Beschwörungsrituale wird in der Gemeinschaft mit den Schutzengeln Trost und Hilfe gefunden.

Für folgende Lebensprobleme werden die zuständigen Engel, deren Namen, Siegel und speziellen Belehrungen beschrieben:

- Gesundheit, Krankheit, Nervenkrisen, Unfallschutz, Unfruchtbarkeit,
- Liebesglück, Liebesleid, Einsamkeit, Schönheit, Trost,
- Glück, Erfolg, Geld, Beruf,
- Studium, Prüfungen, Selbstvertrauen,
- Ehe, Treue, Kinder, Familie, Scheidung, Sex,
- Gerechtigkeit, Gericht, Feinde, Schicksalsschlag, Schutz,
- Vitalität, Jugendfrische, Sport, Willenskraft,
- Mediale Fähigkeiten, Magie, magische Verfolgung, Religion, Astrologie,
- Schwarze Magie, Jenseits und Tod, Erdstrahlen, Dämonen,
- Alkohol-, Drogen- und Diätprobleme.

"Das Schutzengelbuch" von Emil Stejnar schließt die Kluft zwischen Wissenschaft und Religion, zwischen Magie und Mystik, zwischen Diesseits und Jenseits. Wer sich an die einfachen Anleitungen hält, dem wird die geistige Welt erschlossen. Tausende Menschen konnten sich bereits von der wunderbaren Hilfe durch die Engel selbst überzeugen.

"Das Schutzengelbuch" ist kein gewöhnliches Buch. Es ist eine echte Lebenshilfe und bewirkt oft schon beim Lesen wahre Wunder. Die wertvollen Ratschläge, welche die himmlischen Helfer gaben, machen dieses außergewöhnliche Lebenshilfebuch zu einem Quell der Weisheit und des Trostes, und geben selbst in ausweglosen Situationen Hoffnung und Zuversicht.

8. Buch: DER THEBAISCHE KALENDER.

Die 360 Vorsteher der Erdgürtelzone und die Gezeiten ihrer Macht. Die Welt der Dämonen, Götter und Geister.

Franz Bardon beschreibt im Buch "Die Praxis der Magischen Evokation" 360 Intelligenzen der Erdgürtelzone. Wer mit einem Engel-Wesen aus der Erdgürtelzone einen engen Kontakt herstellen will, wird im "Thebaischen Kalender" ein wertvolles Hilfsmittel finden. Einmal am Tag ist nämlich jede Intelligenz dem Ort, an dem man sich befindet, ganz besonders nahe. Wenn man das Wesen in dieser Zeit bewusst erwartet und ihm im Geist entgegengeht, kann man es nicht verfehlen. Dazu muss man jedoch im Voraus wissen, wann der Zeitpunkt seiner Nähe gekommen ist.

Der "Thebaische Kalender" ist ein immerwährender Kalender. Man kann daraus für jeden Tag des Jahres ablesen, um welche Zeit ein gewünschter Vorsteher am besten zu erreichen ist. So wie die sichtbare Sonne jeden Morgen aufs Neue im Osten aufgeht, bewegt sich scheinbar auch die unsichtbare Hierarchie der 360 Genien täglich einmal um die Erde. Alle vier Minuten geht ein neuer Grad der Ekliptik auf und vor jedem Grad steht eine geistige Intelligenz als "Vorsteher" dieses kosmischen Ortes. Jener Vorsteher, der gerade "aufsteigt", ist dem irdischen Geschehen besonders nahe und tritt in der Stunde seines Aufstiegs besonders mächtig in Erscheinung. In dieser Zeit ist die Nähe des Engels deutlicher als sonst zu spüren und man kann ihn auch leichter erreichen, als wenn er sich einem anderen Ort der Erde zuwendet.

Um sich die komplizierten Berechnungen zu ersparen, verwendeten schon die Priester und Magier der Antike den sogenannten "Thebaische Kalender". Emil Stejnar hatte Gelegenheit, diesen Kalender, den seinerzeit Quintscher für seine magische Forschungsloge herausbrachte und den auch Franz Bardon verwendete, einzusehen und hat sich davon Notizen gemacht. Dabei stellte sich heraus, dass das Original einige Fehler aufwies. Stejnar hat deshalb den ganzen Kalender neu berechnet und mit Kommentaren, Ratschlägen und wichtigen Hinweisen aus seiner eigenen Praxis versehen, und diesen in Form des nun vorliegenden Thebaischen Kalenders neu herausgebracht.

Die mystische Invokation und der richtige Zeitpunkt

In diesen Aufzeichnungen wird auch die Praxis der mystischen Invokation beschrieben. Das ist eine Technik, die nur wenigen Eingeweihten bekannt ist. Mit dieser Methode lassen sich, auch ohne magische Evokation, die positiven Eigenschaften eines jeden Vorstehers, und die besonderen Qualitäten einer bestimmten Ebene nutzen.

Man muss einen Vorsteher nicht in die irdische Welt zitieren, sondern kann sich selbst, durch meditative Zuwendung, zur richtigen Zeit in seine Nähe versetzen und sich mit seinem Wesen identifizieren. Man nützt die Gezeiten der Macht und bedient sich der lebendigen Wesenszellen, die aufgrund der Nähe einer Intelligenz gerade vorherrschen. Wer bewusst zur richtigen Zeit in die Aura einer Wesenheit eintaucht, kann von ihrer Nähe profitieren und sein eigenes Wesen entsprechend positiv verändern.

Im "Thebaischen Kalender" sind die Namen aller 360 Genien angeführt und ein Index für die wichtigsten Anliegen lässt rasch den gesuchten Vorsteher finden. Wer dringend die Hilfe oder Inspiration eines Vorstehers braucht, wird ihn zur Zeit seiner Nähe am sichersten erreichen. Wer ein Siegel, ein Amulett oder eine magische Geste aufladen will, kann dies zur Zeit seiner Nähe leichter, als wenn er ihn erst herbeizitieren muss.

Aus dem Inhalt:

- Die 360 Vorsteher und die Gezeiten ihrer Macht.
- Jesus und die Genien, ein gnostisches Werk als Schlüssel zur Hermetik.
- Die Praxis der mystischen Invokation.
- Wie man einen ungewollten Pakt vermeidet.
- Vom richtigen Zeitpunkt. Die astrologischen Gezeiten nutzen.
- Tipps für die Praxis.
- Die drei großen Mysterien der geistigen Macht.
- Index für die Eigenschaften und Bereiche der Genien.
- Götter, Genien und Dämonen und die richtigen Namen der Macht.
- Die Namen der 360 Genien bei den verschiedenen Traditionen.

WARNUNG! Stejnar weist auch auf die Gefahren hin, die mit dem Kontakt zu den Genien verbunden sind. Jede Evokation oder Invokation einer Macht, die man nicht beherrscht, hat Folgen und Nebenwirkungen. Viele Anfänger, aber auch fortgeschrittene Magier, die ihre eigene Kraft überschätzten, sind schlussendlich verarmt, erkrankt oder verrückt geworden.

9. Buch: DIÄT-YOGA.

So schlägt man dem Jojo-Effekt ein Schnippchen
So macht man mit dem Rauchen Schluss
So verwandelt man eine Sucht in Willenskraft

Es gibt Menschen, die besitzen eine Ausstrahlung, die jeden sofort beeindruckt. Man spürt förmlich, dass sie nicht nur wollen, sondern auch tun, was sie wollen, und eine selbstbestimmte Persönlichkeit sind. Woher beziehen sie diese Kraft?

Die Antwort ist einfach: Sie wandeln ihre Schwächen in Stärke um. Rauchen Naschen Alkohol, Essen Faulheit Sex, alle Regungen, die sich in Form von Gewohnheiten, Bedürfnissen oder Lustbegehren dem Willen widersetzen, entziehen einem, sobald man sie befriedigt, geistige Energie. Umgekehrt gewinnt man die Energie dieser Schemen, wenn man sich entschlossen weigert, ihnen zu folgen und sie in die Schranken weist. Das ist eine Tatsache und ein kosmisches Gesetz: **Fressen oder gefressen werden.** Jeder bewusste Verzicht stärkt den persönlichen Geist. Es geht dabei nicht um Askese, sondern um mentales Fitnesstraining.

Diät-Yoga bewegt nicht Ihren Körper, sondern Ihren Geist. Diät-Yoga ist keine neue esoterische Modeerscheinung und kein banales Abspeck- oder Rauchentwöhnungsprogramm, sondern uraltes Gedankengut.

Bereits die Eingeweihten im alten Ägypten nutzten das geheime Wissen von der Macht des Geistes über die Regungen des Körpers. Sie wussten: In den Körpertrieben steckt die gleiche Energie wie in der Kraft des Willens, und beschrieben das Mysterium in Form der Sphinx.

Das Geheimnis der Sphinx.

Die Sphinx hat den Körper eines Löwen und den Kopf eines herrschenden

Pharaos. Sie ist Symbol für die Gesamtnatur des Menschen: Im Menschen verbindet sich die unbändige Kraft des Löwen mit der lenkenden Macht der menschlichen Vernunft. Animalische Triebkraft und urteilender Verstand bilden eine lebendige Einheit. Im Kopf wird bestimmt in welche Richtung der Kraftstrom fließen soll. Im Kopf wird der Hebel umgelegt.

Die Entscheidung legt den Hebel um.
Die Entscheidung ist Ausdruck des Willens. Die Entscheidung bestimmt ob der Mensch oder das Tier agiert: Vernunft statt Zigarette. Selbstwertgefühl statt Schokolade. Freiheit statt Sklave einer Lust. Vom Verstand bewusst gelenkte Triebe unterscheiden den Menschen vom Tier. Hat man sich entschieden, fließt, mit dem Beschluss, die animalische Kraft des Löwen in die bestimmende Macht des Willens, und untersteht ab sofort - für die Zeit, die man dafür festlegt - der Kontrolle durch den Geist. Dass das funktioniert, ist auf den Nullzeiteffekt zurückzuführen.

Der Zeitfaktor bewirkt, dass der Hebel einrastet.
Der Zeitfaktor ist das Jetzt! Das unmittelbare JETZT. Der Nullzeiteffekt beruht auf diesem blitzartig zündenden zeitlosen JETZT. Der spontane Entschluss: Von JETZT bis heute Abend wird nicht geraucht, oder nicht genascht, oder nichts gegessen, überrumpelt die Triebregungen und überrascht einen selbst. Dem Löwen bleibt keine Zeit, sich dagegen zu stellen. Diät-Yoga nützt diesen Überraschungseffekt zur Selbstbestimmung.

Nimmt man der Zeit nicht die Zeit, rastet der Hebel nicht ein. Wenn man sich zum Beispiel vornimmt: im neuen Jahr werde ich nicht mehr rauchen, oder ab morgen wird gefastet, oder heute Abend wird nicht genascht, hat das Lustbegehren, also der Löwe mit seinen animalischen Energiekomplexen, genug Zeit sich dagegenzustellen, und die guten Vorsätze schwinden dahin.

- Es kommt nicht auf einen starken Willen an, sondern auf die Entscheidung: "Ich will!"
- In Körperregungen, Leidenschaften, Süchten und Begierden, steckt die gleiche Energie wie in der Willenskraft.

- Jeder kann selbst entscheiden, wofür er diese Energie verwendet: Für sein Lustbegehren, oder für die Entschlusskraft, die nein sagt und sich den unerwünschten Trieben entgegenstellt.

Der Spontanentschluss löst den Nullzeiteffekt aus und stellt die Weichen zur Durchsetzung des Willens. Das Sphinxphänomen beruht auf diesem psychophysischen Mechanismus, den man immer wieder aktivieren kann.

Es ist erstaunlich, wie leicht sich mit diesem Überraschungseffekt Esslust oder Rauchsucht überrumpeln und verdrängen lassen. Wenn der Löwe erkennt, dass er in den nächsten Stunden garantiert nichts bekommt, zieht er sich zurück, und der Gusto stellt sich erst gar nicht ein.

Wenn Sie Übergewicht haben und abnehmen wollen, und das bereits mehrmals vergeblich versuchten, dann lesen Sie dieses Buch.

Wenn Sie mit dem Rauchen aufhören wollen, es nicht schafften, oder Angst haben, Sie würden ohne Zigaretten mehr essen, dann lesen Sie das Buch.

Wenn Sie es satt sind, Sklave einer Sucht zu sein und endlich wieder selbst über sich bestimmen wollen, dann lesen Sie dieses Buch.

Das Geheimnis der Jojo Kurz Diät
- Das Thermostatgewicht und die Verwirrungstaktik.
- Der Sparmodus, der Verzögerungsmechanismus und der Gewöhnungsfaktor.
- Das Wunschgewicht, das Alarmgewicht und das Höchstgewicht.

Wie man die Rauchsucht besiegt
- Die Blitzentwöhnung mit dem Überraschungseffekt
- Die Stufenentwöhnung als Geistessport
- 20 Hinweise, die es erleichtern, mit dem Rauchen aufzuhören

So verwandelt man eine Sucht in Willenskraft
- Das Sphinxphänomen
- Der Nullzeiteffekt
- Die Arbeit mit der Hypnoscheibe.

Mit dem Buch erhält der Leser eine Hypnoscheibe. Mit diesem geheimnisvoll pulsierenden Mandala kann man sich in eine Art Selbsthypnose versetzen. In diesem besonderen Bewusstseinszustand gelingt es einem, das Unterbewusstsein so zu programmieren, dass Essen, Naschen, Trinken, Rauchen an Bedeutung verlieren.

10. Buch: ANDY MO.

Der Sohn des Gnomenkönigs in der Menschenwelt

Ein Junge findet im Keller seines Elternhauses "Das Buch der Meister" und eine neue Generation tritt das magische Erbe an. Wer "Das Buch der Meister und seine Erben" gelesen hat, wird auch die Fortsetzung dieser Geschichte mit Vergnügen lesen und sich noch tiefer in die Mysterien der geheimnisvollen Welt der Geister und der Macht des menschlichen Geistes einweihen lassen.

Andy Mo ist ein junger Erdgeist, der sich in die Menschenwelt wagt, um dort seinen verschollenen Vater, den Gnomenkönig Andimo, zu suchen. Baphomet, der Herr der Welt, hält ihn irgendwo gefangen. Der Fürst des Schattens will verhindern, dass der alte König das Dokument der "Formel des Nichts" findet und den Menschen das letzte große Geheimnis verrät, nämlich, wie man sich endgültig aus dem Machtbereich des Bösen und der herrschenden Mächte befreit. Andy Mo bleibt nicht viel Zeit, seine Mission zu erfüllen, denn wenn ein Geist zu lange auf der Oberfläche der Erde verweilt, kann er nicht mehr in seine geistige Heimat zurückkehren. Zum Glück findet er unter den Menschen gleichaltrige Freunde, die an Geister glauben und ihn daher sehen können. Sie sind ihm bei der Suche nach seinem Vater behilflich. Dafür hilft er ihnen mit seinen magischen Fähigkeiten und weiht sie nach und nach in die Geheimnisse der Magie und Mystik ein. Dabei stoßen sie auf die Spuren von Dr. Stein und die von ihm verfassten Meisterbücher. Der gescheite Rabe Yks ist natürlich auch mit dabei.

Andy Mo erkennt sehr bald: Die Menschen brauchen keine Magie und keine Geister zu beschwören. Wer die Regeln des positiven Denkens praktiziert, ist bereits ein Magier, der seine Zukunft auf geheimnisvolle

Weise nach seinen Vorstellungen gestalten kann. Jeder Gedanke kann als Hilfsgeist dienen. Gedanken können aber auch zu Dämonen entarten. Deshalb ist es wichtig, dass man seine Gedanken beherrscht, und genau das ist auch der Zweck einer magischen Schulung.

Da Andy Mo für die meisten Menschen unsichtbar ist, gibt es immer wieder Überraschungen und lustige Situationen, wenn er mit seinen magischen Fähigkeiten den Schwächeren zur Seite steht. Aber nicht immer hilft der Zauber. Die irdischen Handlanger Baphomets, scheinbar seriöse Persönlichkeiten, in Wahrheit aber kriminelle Individuen, verschonen auch seine Freunde und ihre Familien nicht. Es wird ein Wettlauf mit der Zeit und ein Kampf gegen die Mächte der Finsternis. Wird es Andy Mo und den Freunden gelingen, den Gnomenkönig zu finden und zu befreien? Kann er seine Mission, die Menschen aufzuklären, erfüllen, oder wird am Ende doch das Böse siegen? Der Druck des Schattens auf die Kinder wird immer größer. Als sich Andy Mo in Miri Li, ein Mädchen aus der Gruppe verliebt und gerne wie die Menschen sein möchte, sieht es so aus, als habe Baphomet gesiegt. Probleme tauchen auf, die ganze Welt scheint sich gegen den sympathischen Erdgeist und seine Freunde zu verschwören.

Die Spannung ist bis zur letzten Seite garantiert. Gleichzeitig wird alles, was man über den Geist und über die geistigen Mechanismen, die das Leben und Sterben der Menschen bestimmen, wissen muss, auf leicht verständliche Weise erklärt. Das Geheimnis der "Formel des Nichts" wird erstmals offen gelegt. Mit diesen überraschenden neuen Erkenntnissen über die Macht des Geistes wird das Fundament für die Magie und Mystik des dritten Jahrtausends gelegt. Damit bricht ein neues Zeitalter für die Menschheit an.

Ursprünglich sollte Andy Mo Kinder und Jugendliche in die Welt der Magie und Mystik einführen. Doch es hat sich herausgestellt, dass auch erfahrene Esoteriker von Andy Mo eine ganze Menge lernen können.

Andy Mo erklärt nicht nur, wie Magie in der Praxis funktioniert, sondern auch, wie man ohne Magie, nur durch die Macht der Gedanken, sein Leben auf wunderbare Weise "magisch" verändern kann. Die Arbeit mit dem Geist und mit Geistern ist tatsächlich möglich.

Zwölf Jahre nach Erscheinen der 10 Bände hat sich Emil Stejnar entschlossen, auch die drei letzten Bücher, die, wegen des brisanten Inhalts, nur seinem engsten Freundeskreis vorbehalten waren, herauszugeben. Die sensationellen Erkenntnisse und provokanten Thesen werden vielleicht manche Leser schockieren oder empören, aber auch zum Nachdenken anregen und das ist der erste Schritt auf dem Weg zu einem wachbewussten ICH.

Es geht um den "lieben" Gott und die Frage, welche Bedeutung die Menschen für die Götter, Genien und Dämonen haben. Und es geht um die Freiheit, um das Erwachen, und um die Geburt des "ICH BIN".

Es geht um die Erkenntnis, dass die Menschen, sowohl die Mächtigen, als auch die Ohnmächtigen, ahnungslose Spielfiguren im Strategiespiel der Götter sind. Und es geht um die Technik, die es ermöglicht, dass man sich emanzipiert und erwacht und von diesem Spielbrett springt.

Die Instruktionen im 11. und 12. Buch führen an das Ziel jeder hermetischen Ausbildung - aber auch an den Anfang - denn für den Erwachten gewinnt die Geistesschulung einen völlig neuen Sinn. Wer einmal erwacht ist, sieht nicht nur sich selbst und sein Leben, sondern auch den Tod und das Jenseits aus einem anderen Blickwinkel. Nichts ist wie zuvor. Den neuen Standpunkt erlebt das Bewusstsein wie eine Geburt. Im 13. Buch wird das Mysterium der Schlange und die wahre Bedeutung der Sexualmagie enthüllt.

11. Buch: AN DER PFORTE ZUR LETZTEN LATERN.

Einweihungsroman

Nicht nur der Titel, das ganze Buch könnte von Gustav Meyrink inspiriert worden sein. Stejnar bedient sich gekonnt der Wortmagie Meyrinks und erweckt seinen Geist wieder zum Leben. Er webt bekannte und unbekannte Zitate von ihm in seine Geschichte, bis er mit ihm zu einer Einheit verschmilzt. Was Meyrink begann, hat Stejnar mit diesem Buch vollendet. Der Leser findet sich selbst und erwacht.

Annika, eine junge Wissenschaftlerin wird entführt. Auch ihr Verlobter, Prof. Berg, der sie verzweifelt sucht, ist in Lebensgefahr. Es geht um die Daten für eine epochemachende Erfindung. Eine fanatische, mitleidlose Sekte will diesen Fortschritt für die Menschheit um jeden Preis verhindern und scheut auch vor Folter und Mord nicht zurück. Auch ein mächtiger, skrupelloser Konzern ist hinter dem Geheimnis her. Es wird ein Wettlauf mit der Zeit. Die Spur führt nach Prag, wo Prof. Berg auf mysteriöse Weise in einem mysteriösen Haus, nach einem Unfall erwacht.

Das "Erwachen" ist das zentrale Anliegen jeder Initiation. Dieser besondere Zustand des Bewusstseins, in dem man erfasst, dass man ist, ist die Grundlage jeder selbstbestimmten Persönlichkeit und das erste Ziel jeder okkulten Tradition. So lange man nicht erwacht ist, hat die Beschäftigung mit Magie und Mystik wenig Sinn. Nur der erwachte Geist ist in der Lage, sich von den Mächten, auf die er angewiesen ist, weil sie ihn tragen, zu befreien.

»Die meisten glauben, dass "Wachsein" ein Offenhalten der Sinne und Augen und ein Aufbleiben des Körpers während der Nacht sei. Von nichts ist der Mensch so fest überzeugt wie davon, dass er wach sei; dennoch ist er in Wirklichkeit in einem Netz gefangen, das er sich selbst aus seinen Gedanken und Gefühlen, dem Hirngespinst, aus dem die Träume sind, webt. Er bleibt ein Träumender.«

Schreibt Gustav Meyrink, der wie kein anderer Geistesforscher, die Mystik des Wachseins erfasste, erklärte und beschrieb.

Man ist gefangen in einem Körper, von seinen Regungen betäubt und von seinen Hirnfunktionen hypnotisiert. Man glaubt, wach zu sein, aber in Wahrheit treiben einen die Gedanken vor sich her und halten einen in der mentalen Tretmühle des Alltags im Vorraum des Bewusstseins fest.

In diesem spannenden Thriller wird das "Erwachen" von unterschiedlichen Standpunkten ausgeleuchtet und auf verschiedene Weise beschrieben, so dass das Geschilderte, tatsächlich jedem einen Zugang zu diesem Mysterium gewährt.

Die suggestive Bildsprache, durchwoben mit bekannten und unbekannten Zitaten von Gustav Meyrink, zieht den Leser, ohne dass er es merkt oder etwas dagegen tun kann, tiefer und tiefer in die Welt des Protagonisten hinein. Eine Welt, in der Wahn und Wirklichkeit nicht mehr zu unterscheiden sind. Irgendwann beginnt man dann selbst zu hinterfragen, ob man sich in der Welt der Lebenden, der Träumenden oder der Toten bewegt.

Es ist eine ungeheuer verblüffende Erfahrung, wenn man nach einigen Kapiteln plötzlich selbst nicht mehr sicher ist, ob man wach ist oder träumt. Aber gerade diese kafkaeske Verwirrung bewirkt schlussendlich das Erwachen, das wie eine Initiation zu einer neuen Selbsterkenntnis führt. Das Gelesene setzt einen Mechanismus in Gang, der das Bewusstsein verändert und dem Selbstbewusstsein völlig neue Qualitäten verleiht.

Wieder einmal beweist Stejnar: Esoterik kann intelligent, aufschlussreich und für das Leben (und Sterben) ungemein hilfreich sein.

Wer Stejnar und Meyrink kennt, muss dieses Buch gelesen haben.

12. Buch: TRÄUMEN KANN GEFÄHRLICH SEIN.

Mystische Erzählungen, Aufregende Kurzgeschichten, Rätselhafte Aufzeichnungen

Es geht um die Abgründe, in die man, sowohl im Diesseits, als auch im Jenseits, stürzen kann. Es geht um die Träume, bei denen man weiß, dass man träumt, und es geht um die Realität, die man, obwohl man überzeugt ist, wach zu sein, verschläft. Und es geht um das Erwachen, um das Wachsein, um die Neugeburt des ICH.

Auch wenn man bei manchen Erzählungen den Eindruck gewinnt,

dass sich der Autor über Gott und die Welt und über die Esoterikerinnen und Esoteriker lustig macht, sobald man auch die "Anmerkungen zu den Geschichten" liest, wird man eines Besseren belehrt. Verrückte Weltbilder werden zurechtgerückt. Was geglaubt wird, wird in Frage gestellt, und neue Sichtweisen erhellen, was bisher im Dunkeln lag.

Die revolutionären Thesen über das Mysterium des Bewusstseins, über die Welt der Träume, über das Wesen der Götter und Geister und ihren verborgenen Einfluss auf die Menschen, stellen ein von Grund auf neues Weltbild vor.

Götter werden entthront, Tempelsäulen gestürzt, Moscheen und Kathedralen gestürmt. Ein neuer, gewaltiger, unzerstörbarer Dom, gebaut aus dem Geist des Gedankens "ICH BIN", wird errichtet. Wer in diesem persönlichen Refugium erwacht, hat das Mysterium des Bewusstseins erfasst. Er kann jederzeit der selbstbewusste Beobachter seiner Gedanken, der selbstbewusste Beobachter seiner Gefühle, der selbstbewusste Beobachter seines Wesens und seines Schöpfers sein.

Auf die Frage, was denn seiner Meinung nach in der Magie und Mystik das Wichtigste wäre, antwortete der Schamane Don Eduardo, den man den Magier der Vier Winde nennt, "Humor". Und auch Meyrink bediente sich gerne der Satire, um seine magisch mystischen Erfahrungen einprägsam zu vermitteln. Nun hat auch Emil Stejnar diese Möglichkeit entdeckt und die letzten Erkenntnisse der Geisteswissenschaft in unterhaltsame Geschichten verpackt. Nehmen Sie also die Geschehnisse nicht so ernst, wie sie eigentlich genommen werden sollten. Aber bleiben Sie wachsam und wach! Denn die Erzählungen entführen Sie in eine andere Welt. In die Welt der Träume, und Träumen kann gefährlich sein.

13. Buch: GNOSIS TANTRA QUABBALAH.

Die Schlange, die Macht und die Kraft

Es gibt Tausende Abhandlungen über Gnosis, Tantra und Quabbalah. Alles nur Theorie. Nun wird endlich auch die Praxis verständlich erklärt und belegt, dass die unterschiedlichen Methoden der unterschiedlichen Traditionen auf den gleichen geistigen Grundlagen und Erkenntnissen beruhen.

- **3 Traditionen, 2 Wege, 1 Ziel.** Alle drei Systeme erklären sich aus dem Mysterium der Schlange.
- **Kundalini Shakti - die Schlange** der Tantriker - ist die Schlange der Gnostiker - ist die Schlange der Quabbalisten - ist die Manifestation der Kraft, die etwas ins Leben ruft: ein Bild, einen Gedanken, ein Gefühl, einen Entschluss.
- **Die Schlange ist die Imaginationskraft,** die Macht der Vorstellung, die Schöpferkraft der Gedanken, mit denen jede Handlung beginnt. Sie ist auch die Manifestation der Kraft, mit der man unerwünschte Vorstellungen und Regungen bezwingt. Sie ist Macht und Kraft zugleich.
- **So bekommt man die Schlange in den Griff.** Am Anfang ist immer das Wort, also der Gedanke. Ein Gedanke kann verführen, befruchten oder sich der Macht eines unerwünschten Gedankens entgegenstellen.
- **Tantra, Yoga und die Sexualmagie.**
- **Gnosis bedeutet Erkenntnis.** Es geht dabei nicht um Erkenntnis von Wissen, sondern um das Erkennen von sich selbst. Nicht wer ich bin, oder was ich bin, oder wie ich bin - es geht um die Erkenntnis: "Ich **BIN**" als Zentrum und Bewusstseinsträger. Um dieses Zentrum herum ordnet der Erwachte seine feinstofflichen Organe und Glieder.
- **Der Gott der sich selbst recyclen kann.**
- **Das Fleisch von Geist und Seele.**
- **Die Frequenzen der kosmischen Sprache,** mit denen der Quabbalist sich selbst gestaltet und magisch wirkt, beschreibt Franz Bardon als Wirkkraft von Farbe, Ton, Empfindung und Qualität. Diese Mächte werden mit Buchstaben, die als Behälter und Bausteine dienen, verbunden.
- **Der astrologische Code**, als Schlüssel zum Verständnis von Bardons System der Quabbalah.

Die Bücher der "MAGIE & MYSTIK IM 3. JAHRTAUSEND" in 13 Bänden:

1. Buch: DAS BUCH DER MEISTER UND SEINE ERBEN. Ein spannender Einweihungsroman aus der Welt der Magie, Freimaurerei und jenseitigen Mächte.
ISBN 978-3-900721-24-4, ISBN 978-3-900721-25-1

2. Buch: EXERZITIEN FÜR FREIMAURER. Instruktionen und Logenvorträge über Magie und Mystik. Einblicke in das wahre Wesen der Freimaurer Tradition und in die geheime Magie der christlichen Mystik. *ISBN 978-3-900721-02-2, ISBN 978-3-900721-06-0*

3. Buch: DIE VIER ELEMENTE. Der geheime Schlüssel zur geistigen Macht. Wie man seinen unsterblichen Lichtleib gestaltet, und wie man die geistigen Mächte beherrscht.
ISBN 978-3-900721-22-0, ISBN 978-3-900721-09-1

4. Buch: AUSSERKÖRPERLICHE ERFAHRUNGEN. Wie man lernt, ohne seinen Körper zu leben. *ISBN 978-3-900721-23-7, ISBN 978-3-900721-26-8*

5. Buch: ASTROLOGIE. Navigation für den Lebensweg. Genetischer Code von Geist und Seele. *ISBN 978-3-900721-11-4, ISBN 978-3-900721-12-1*

6. Buch: FRANZ BARDON. Wer war er? Was lehrt er? Wohin führt sein Weg? Tatsachen und Anekdoten um einen echten Eingeweihten.
ISBN 978-3-900721-15-2, ISBN 978-3-900721-16-9

7. Buch: DAS SCHUTZENGELBUCH. Wie erlangt man Kontakt mit den höheren Wesen? Die Genien der Erdgürtelzone, wie sie wirken und was man tun muss, damit sie einem helfen, das Schicksal zu erleichtern.
ISBN 978-3-900721-19-0, ISBN 978-3-900721-05-3, ISBN 978-3-900721-04-6

8. Buch: DER THEBAISCHE KALENDER. Die 360 Vorsteher der Erdgürtelzone und die Gezeiten ihrer Macht. Die Welt der Dämonen, Götter und Geister.
ISBN 978-3-900721-20-6, ISBN 978-3-900721-21-3

9. Buch: DIÄT-YOGA. So schlägt man dem Jo-Jo-Effekt ein Schnippchen: Wie man sein Übergewicht, eine Sucht oder andere Körpertriebe in reine Lebenskraft verwandelt.
ISBN 978-3-900721-07-7, ISBN 978-3-900721-10-7

10. Buch: ANDY MO. Der Sohn des Gnomenkönigs in der Menschenwelt. Ein Fantasie-Roman und trotzdem aufregende, reale Wirklichkeit. Eine Einführung in die Welt der Magie und Mystik. Für Kinder und Erwachsene.
ISBN 978-3-900721-17-6, ISBN 978-3-900721-27-5

11. Buch: AN DER PFORTE ZUR LETZTEN LATERN. Ein ungemein spannender Thriller über die verborgenen Mächte, die über das Weltgeschehen, und das Bewusstsein der Lebenden und der Toten herrschen, und wie man erwacht und sich aus diesem geistigen Netzwerk befreit. *ISBN 978-3-900721-00-8, ISBN 978-3-900721-08-4*

12. Buch: TRÄUMEN KANN GEFÄHRLICH SEIN. Außergewöhnliche, aufregende und provokante Erzählungen über das Mysterium des Wachseins und Sterbens, und die Abgründe, in die man, sowohl im Diesseits, als auch im Jenseits, stürzen kann. Selbstfindung und Erwachen sind das höchste Ziel des hermetischen Weges.
ISBN 978-3-900721-01-5, ISBN 978-3-900721-28-2, eBook: ISBN 978-3-900721-03-9

13. Buch: GNOSIS TANTRA QUABBALAH. Die Schlange, die Macht und die Kraft.
ISBN 978-3-900721-13-8, ISBN 978-3-900721-14-5

Emil Stejnar

1939 in Wien geboren, hat sich seit frühester Jugend mit Magie und Mystik beschäftigt. Zahlreiche Publikationen und Medienauftritte machten ihn im In- und Ausland bekannt. Er leitete, neben seinem Juweliergeschäft, zwanzig Jahre lang das Institut für wissenschaftliche Schicksalsforschung und ist Begründer der gnostischen Hermetik, welche die alten Traditionen ins dritte Jahrtausend führt.

Seine besonderen Anliegen sind die Freimaurerei und die Astrologie, weil er dort die Schnittstellen fand, welche die Welt des Geistes mit der Welt der Materie, also die Welt der Esoterik mit der Welt der Wissenschaft verbinden.

Stejnar gilt als Nachfolger des berühmten Magiers Franz Bardon und wird im Vorwort zur Neuauflage des wohl wichtigsten Werkes über die Gnosis "Fragmente eines verschollenen Glaubens" neben Geistesgrößen wie C.G. Jung, Mozart, Hegel, Nietzsche, Rilke, Kafka, neben Eingeweihten wie Jakob Böhme, Papus, Eliphas Levi und Altmeister Aleister Crowley als letzter bedeutender Gnostiker genannt.

WWW.STEJNAR-VERLAG.COM